다시 복음으로

그 설교에
그 복음이 있는가?

다시 복음으로
- 그 설교에 그 복음이 있는가?

초판 1쇄 인쇄일 2018년 2월 14일
초판 1쇄 발행일 2018년 2월 26일

지은이   하워드 김
펴낸곳   도서출판 유심
펴낸이   구정남·이헌건
마케팅   최진태

주소   서울 은평구 통일로 684 서울혁신파크 미래청 1동 303B
전화   02.832.9395]
팩스   02.6007.1725
URL   www.bookusim.co.kr
등록   제2017-000077호(2014.7.8)

ISBN   979-11-87132-21-9 03200
값   14,000원

다시 복음으로

그 설교에
그 복음이 있는가?

하워드 김

도서출판 유심

새로운 기독교의
지향점이 될 수 있기를…

지금 전 세계는 루터의 종교개혁 500주년을 기념하느라 분주하다. 기독교계의 많은 지도자들은 지금도 개혁이 필요하다며, 기독교의 문제는 무엇이고 그 대안은 무엇인지 열띤 토론을 벌이고 있다. 바로 이러한 시기에 하워드 김 박사님의 책이 출간되었다. 마치 루터의 종교개혁 500주년을 맞아, 이 물음에 대한 하나의 대안을 제시하듯이 말이다.

김 박사는 오늘의 한국 개신교 기독교(이하 한국 기독교)를 '사영리(四靈理) 기독교'로 규정한다. 사영리는 본래 미국에서 시작된 CCC의 전도원리로서, 오늘날 한국 기독교 전반에 무차별적으로 퍼져 있다. 사영리 기독교는 사영리 신학을 낳았고, 사영리 신학은 사영리 목회를 낳았고, 사영리 목회는 사영리 설교를 낳았고, 사영리 설교는 사영리 인생을 낳았다. 사영리 인생은 살아서는 풍요를 꿈꾸고, 죽어서는 천당을 꿈꾼다. 그리고 사영리 인생을 고무하는 기독교 지도자는 뒷전에서 권력과 야합하며 사리사욕을 챙긴다. 저자는 이것을 극명하게 드러낸다. 사영리 인생은 기독교의 뿌리인 예수와는 아무 상관이 없다. 이것이 문제다.

추천의 글을 쓰는 나도 과거에 한국의 유명한 교회 중심으로 5년간 예배를 드리러 다닌 적이 있다. 이때 확인한 것도 사영리 기독교였다. 거의 모든 교회들이 예수 믿고, 구원 받고, 천당 가자고 설교하지만 '예수처럼 살아보자'고 하는 교회는 거의 찾아볼 수 없었다. 예수의 가르침과 삶에 기초한 기독교인의 삶에 대해서는 관심도 없고 언급하지도 않는다. 이것이 한국 기독교의 현실이다.

어떻게 하면 예수를 믿는 것이 예수처럼 사는 것이 될 수 있을까? 이에 대한 김 박사의 대답은 이른바 '역사의 예수'를 되찾는 것이다. 역사의 예수에 기초한 기독교, 역사의 예수에 기초한 신학, 역사의 예수에 기초한 목회, 역사의 예수에 기초한 설교 그리고 역사의 예수에 기초한 삶, 이것이 그 대답이다. 예수를 믿는다는 것은 예수에 대한 절대적인 신뢰를 갖고, 예수가 앞서 간 길을 따라 같은 길을 간다는 것 아니겠느냐 하는 것이다.

역사의 예수에 기초한 삶은 예언자적 삶이 될 것으로 김 박사는 예측한다. 예수의 삶이 예언자적이었던 것처럼, 역사의 예수에 기초한 삶은 당연히 예언자적일 것이라는 말이다. 예언자적인 삶은 김 박사의 개인적인 삶의 여정과 맞닿아 있다. 책의 전반부에 소개한 그의 삶은 그 자체가 예언자적이다. 김 박사는 자신의 삶이 예수를 닮은 예언자적 삶이기를 원하고, 자신이 목회하는 교회의 청중 또한 그 길을 가기를 기대하는 것 같다.

루터의 종교개혁 500년이다. 더러는 루터에게로 돌아가야 한다고 하지만, 돌아가기에는 지금 너무 멀리 와 있다. 지금은 돌아갈 때가 아니라, 넘어서야 할 때다. 루터가 사영리 기독교에 책임이 있는 것은 아니지만, 무관한 것도 아니다. 역사의 예수에 기초한 기독교가 종교개혁 500주년에 루터를 넘어서는 새로운 기독교의 지향점이 될 수 있기를 바란다. 그러한 점에서 김 박사의 이 책은 우리 모두가 꼭 읽어봐야 할 매우 시의적절한 책이 아닐까 생각한다.

한 인 철 _연세대학교 연합신학대학원 교수 겸 교목실장

추천의 글

식상한 시대의 성도와 교회를 향한
도전적인 문제제기

이민사회에서 오랫동안 목회와 봉사활동을 해온 하워드 김 목사는 자신의 목회와 봉사 그리고 신학적 연구를 연결시켜 학위논문을 준비하였고, 이를 발전적으로 개정하여 『다시 복음으로』라는 좋은 책을 내게 되었다. 나는 목회자의 사회적 책임과 현실참여를 강조하는 초지일관한 목회자로서 그의 모습을 오래전부터 읽을 수 있었다.

짧지 않은 기간 동안 남캘리포니아 교협에서 또 시민교육재단이라는 단체를 통해서 그와 함께하였다. 만났다 헤어질 때마다 주차장에서 차마 헤어지지 못하고 오랫동안 이야기를 나누었던 기억이 적지 않다.

나는 그가 이 책을 통해 종종 비판하는 복음주의 목회자다. 그러나 나는 그의 비판의 채찍이 나의 마음을 시원하게 만들었다고 생각한다. 그것은 나와 같은 보수적인 복음주의자들이 빠지기 쉬운, 아니 이미 빠져든 값싼 복음을 만든 실수를 깊이 있게 거론하기 때문이다.

C. S. 루이스가 『스크루테이프의 편지』에서 말한 것처럼, 복음을 눈높이로 전하겠다는 목회자들이 결국에는 악한 영 웜우드의 친구가 되기까지 세속화되고 형편없는 영성으로 전락되는 경향이 없지 않을 것이다. 그러한 조심스런 상황 속에서, 하워드 김 목사의 외침은 내 마음의 등짝을 시원하게 후려치는 큰 소리 나는 죽비이다.

그의 지적 중에서 죄에 대한 심도 깊은 인식은 핵심적인 가르침이라고 생각한다. 소위 사영리적 회심이라는 전도의 방법으로는 다 감당할 수 없는, 죄에 대한 깊이 있는 인식이 정말 필요한 시대가 되었다. 가벼운 신앙, 패스트푸드와 같이 단순화된 신앙, 참을 수 없이 가벼운 신앙은 죄에 대한 심각한 인식에서 한참 벗어나 있기 때문이다.

죄는 개인적이며 구조적이다. 죄는 심리적·정신의학적이며 집단적이고 제도적이다. 3분 또는 5분의 회개와 결단은 회심의 출발점이 될 수는 있다. 그러나 신앙의 생활은 평생 죄의 문제와 다투며, 성령의 생명의 능력으로 죄와 사망의 능력을 격파하고 십자가에서 날마다 죽는 심각한 영적 전쟁이다. 하워드 목사는 심리학과 사회신학 그리고 타운에서 발생하는 문제를 해결하는 과정에서 죄의 깊이를 누구보다도 잘 알게 되었고, 그에 대한 복음적 해결책으로, 공공신학적 대안을 제시하기 위하여 오랜 노력을 하였다. 나는 이러한 공헌만으로도 그에게 후한 점수를 주고 싶다.

이벤트처럼 되어버린 성도들의 만남, 쇼가 되어버린 예배 그리고 시대적 적실성을 상실한 설교자를 향하여 하워드는 통렬한 분석, 곪아있는 문제를 지적함으로 한편으로는 매우 시원한 치유를 위한 화두를 던졌다.

의식의 명료함과 투철함에 있어서 심원한 깊이를 가진 목회자가 되어야 한다. 그리고 이러한 의식에서 출발하여 세상을 개혁할 수 있는 기폭제가 되는 목회자가 되어야 한다. 이러한 창조적 목회자의 삶을 살기 위하여 필요한 인식의 고양을 위한 자극적이고 도전적인 화두를 하워드 김 목사에게서 발견한다.

복음주의자의 나약함을 극복하라는 도전을 즐거움으로 받는다. 성령 체험으로 신학을 시작한 하워드 목사가 사회참여와 정의의 구현이라는 또 다른 성령의 인도하심 속에서 의식적으로 극복하려 했던 노력이 인상적이다.

그의 책은 많은 설교로 식상한 시대를 살아가는 성도와 교회를 향하여 던진 도전적인 문제제기라고 생각한다. 진지한 일독을 권하고 싶다.

민 종 기 _충현선교교회 담임목사

감사의 글

책을 내면서

조금은 무거운 마음으로 이 책을 출판하게 되었다.

그 이유는 두 가지다.

하나는 이 책을 읽는 어떤 사람들의 마음이 불편해질 수 있을 것이라는 생각 때문이다. 특히 많은 설교자들의 마음이 그럴 수 있겠다. 이 책이 대체로 한국 교회 강단의 설교를 사영리 설교로 규정하고 비판하고 있기 때문이다. 또 하나는 이 책이 어떤 사람들의 신앙적 고민에 다소 혼란을 줄 수 있다고 생각하기 때문이다.

즉 전통적인 신앙에서 벗어나기를 완강하게 거부하는 독자들은 이 책의 내용이 매우 도전적이며 신앙의 혼란을 초래할 수 있을 것이다. 그래서 이 책의 출판을 두고 한참을 망설였다.

나의 목회학 박사 논문을 수정하여 출판하면서 주위의 여러 사람들에게 부탁해 읽은 소감과 비평을 들어보았다. 어떤 이는 "이 책은 꼭 출판해야 한다"며 "100권은 책임지고 사서 돌리겠다"고 출판 비용의 일부를 분담해 주었다. 그는 "한국 교회에 꼭 필요한 책이다. 우리들이 하고 싶은 이야기를 대신 해주고 있다"며 나를 부추겼다. 또 다른 어떤 목회자는 "우리도 하고 싶은 얘기지만 우리들이 속한 교단 내에서는 말하기가 힘들다"고 한다.

그러므로 나는 지금 대화하기 힘든 상대를 앞에 놓고 긴장하며 얘기를 풀어가는 심정이다. 꼭 넘어서야 할 큰 산을 마주보고 그 앞에 홀로 서 있는 기분이다. 하지만 한국 교회는 이 산을 넘어야 하고, 지금 서서히 넘어가고 있는 중이기도 하다.

나는 이와 같은 '산 넘어가기'의 일환으로 수년 전부터 한국과 미주[미국]에서 실시한 '예수목회' 모임에 참여했다. 나는 이 모임에서 사영리를 넘어서야 한다는 데 대한 동의와 부추김을 받은 느낌이다. 역사의 예수에 대한 탐구와 탈사영리 설교는 여기서부터 본격적으로 연구의 틀을 잡아가기 시작했다.

나는 이 책을 통해 개인적으로 어느 누구를 공격하고 싶은 마음은 전혀 없다. 다만 나의 신앙여정 가운데서 여기까지 오게 된 경위와 중간점검을 글로 표현하고 싶었다. 나와 비슷한 신앙경로를 걸어가고 있는 사람도 적지 않으리라는 믿음도 있다. 나의 지난한 신앙경로는 값진 경험이었으며, 그것을 글로 나누고 싶었다.

목회를 하며 늘 시간에 쫓기면서 이런 주제를 연구할 수 있는 짬을 낼 수 있었던 것은 참 감사한 일이다. 시무하는 교회에 감사한다. 또한 학비를 도와준 몇몇 교우들의 사랑에 깊은 감사를 드린다. 그들의 물질적 후원이 없었다면 목회학 박사 학위도, 이 책도 빛을 보지 못했을 것이다. 그리고 논문을 완성하도록 도움을 준 클레어몬트 신학교의 이경식 교수와 캐나다 성 앤드루 신학원의 김혜란 교수께도 감사를 드린다.

나의 아내(Gail M. Kim)는 이민교회 목회의 동역자로서 사랑의 수고를 쉬지 않고 나를 늘 깨어있게 해준다. 매주일 집으로 돌아오는 차 안에서 나누었던 나의 설교에 대한 아내의 비평은 이 글을 쓰는 데 많은 도움이 되었다. 그는 다음 주일 오후에도 분명히 또 질문을 할 것이다. "그 설교에 그 복음이 있는가?"라고. 이 책을 나의 아내에게 감사의 선물로 바친다.

마지막으로 유심출판사와 이헌건 이사님에게 감사한다. 논쟁이 될 만한 책의 출판을 맡아주었을 뿐 아니라 책의 디자인과 교열 작업에 정성을 기울여준 데 대해서도 매우 감사한다.

미국 로스앤젤레스에서 하워드 김

CONTENTS

I. 들어가는 말

CONTENTS

1

들어가는 말

들어가는 말

이 책은 나의 목회학 박사(D. Min.: Doctor of Ministry) 논문을 수정하고 보강해 쉽게 풀어서 쓴 것이다. 나는 미국 남부 캘리포니아 지역에서 한인 이민목회를 하면서 근교에 있는 클레어몬트 신학교(Claremont School of Theology)를 다녔다. 그리고 이 논문으로 목회학 박사 학위를 취득했고, 2017년 5월에 졸업했다. 이 논문의 영어 제목은 「Analysis of Korean Evangelical Sermons Based on the Four Spiritual Laws of Campus Crusade for Christ and Prophetic Preaching」이고, 한국어 제목은 「대학생선교회의 사영리 신학에 기초한 한국의 보수적 복음주의 설교의 분석과 제안」이다.[1]

'사영리'란 미국의 빌 브라이트(Bill Bright) 목사가 미국에서 발생한 근본주의 신학을 바탕으로 만들었다. 그 핵심은 효과적인 전도를 위해 고안한 네 가지의 '영적 원리'로, 1960년에 한국대학생선교회를 창설한 고 김준곤 목사에 의해 한국으로 전해졌다.

---

[1] 본 논문은 Claremnt School of Theology, CA, USA 전자도서관을 통해 열람할 수 있다.
http://cdm17069.contentdm.oclc.org/cdm/singleitem/collection/p17069coll5/id/0

나중에 자세히 설명하겠지만 사영리를 간단히 정리하면 이렇다.

첫째, 하나님은 우리를 사랑하시며 우리를 위해 놀라운 계획을 가지고 계신다. 둘째, 그러나 사람은 죄에 빠져 하나님으로부터 떠나 있어서 하나님의 사랑과 계획을 알 수 없고 또 그것을 체험할 수도 없다. 셋째, 그러므로 예수 그리스도만이 사람의 죄를 해결할 수 있는 하나님의 유일한 길이다. 마지막 넷째, 각 사람은 예수 그리스도를 '나의 구주, 나의 하나님'으로 영접해야 한다. 그러면 각자가 하나님의 사랑과 계획을 알게 되며, 또 그것을 체험하게 된다.

네 가지 영적 원리는 시간이 지나면서 이해하기 쉽도록 한 문장으로 줄여졌다. 그것은 바로 "누구든지 예수를 믿으면 영생을 얻고 천국에 간다"이다. 즉 예수를 개인의 구주로 시인하고 영접하면 누구든 천국에 갈 수 있다는 말이다. 이런 생각은 복음성가 '이 세상은 내 집 아니네'를 부르며 '저 높은 곳을 향해' 살기를 추구하도록 교인들을 인도한다. 그러나 최근 들어 이런 신앙은 매우 비성서적이고 탈세상적이며 반역사적, 반지성적으로 비평을 받는다. 이것이 왜 신학적으로 잘못된 것인지 차차 설명하겠다.

나는 지금 한 지역교회의 담임 목회자로 매주일 설교를 하고 있다. 그러면서 설교에 대해 많은 것을 생각하게 되었다. 목회에서 주일설교가 차지하는 비중은 생각보다 크다. 그래서 좋은 설교, 은혜로운 설교, 성서적인 설교를 준비하는 것은 만만치 않다는 것을 잘 안다. 그래서인지 요즘도 심심찮게 유명 목회자들이 설교 표절로 구설에 올라 곤욕을 치르곤 한다. 어디 큰 교회의 목회자들뿐이겠는가? 한국 교회는 예배와 설교가 너무 많다.

나는 인터넷을 통해 국내외의 여러 한국어 설교를 많이 시청했다. 그 과정에서 발견한 것은 대부분의 한국어 설교가 내가 명명한 '사영리 설교'라는 점이다. 사영리 설교라고 이름을 붙인 이유는 이 설교들이 앞서 말한 사영리를 설교의 기본구조로 삼고 있기 때문이다. 한국 교회는 이 개인 전도 원리로부터 역시 내가 이름을 붙인 '사영리 신학'과 '사영리 목회'를 조성했다.

무슨 말인가? 한국 교회에는 1960년대에 사영리 개인전도 원리가 광범위하게 수용되고 환영을 받아서 정착하게 되었다. 그리고 시간이 지나면서 자연스럽게 사영리 원리를 충실히 따르는 '사영리 목회'와 '사영리 신학'이 한국 교회 안에 든든히 자리 잡게 되었다.

앞으로 이 책에서는 사영리 설교, 사영리 신학, 사영리 목회 그리고 사영리 인생을 아무런 부호 없이 그대로 일반명사로 사용할 것이다.

거의 모든 한국 교회의 행정과 목회 원리, 목표 등이 사영리 개인전도 원리를 극대화하여 수적 성장을 위한 수단으로 유용하게 사용했다. 이런 연유로 한국 교회 강단에는 자연스럽게 사영리 설교가 자리를 잡은 것이다.

사영리 설교는 오늘날에도 매우 흔하게 발견된다. 지난 반세기 동안 한국 교회 대부분의 강단을 독점해 오고 있으며 신앙인들을 사영리 인생으로 이끈다. 그래서일까, 사영리 설교의 신학적인 구조를 변경시키는 것은 결코 쉽지 않아 보인다. 물론 이 기간에 한국 교회는 수적으로 급성장했다. 그러나 사영리 설교의 문제점을 발견해서인지 모르지만 근래에는 대부분의 교회에서 '사영리'라는 단어조차 잘 사용하지 않는다. 심지어 많은 교인들이 사영리가 무엇이냐고 묻기까지 한다.

사영리 신학의 영향을 받은 수많은 한국의 설교자들은 자신이 사영리 신학에 기초한 사영리 설교를 하고 있는지조차 잘 모르고 있는 실정이다. 자신은 사영리 설교를 하지 않는다고 강변하고 싶겠지만, 사영리 목회와 사영리 신학은 곧 사영리 설교자들과 사영리 인생을 양산해 왔다. 이들 중 일부는 사영리 설교에서 벗어나려 하지만 그 출구를 찾지 못하고 있다. 물론 극소수지만 사영리 설교의 길을 가지 않고 탈사영리 설교로 강단을 지키려 애썼던 설교자들도 있었다. 이러한 상황은 지금도 비슷하다.

이 책을 통해 나는 사영리 설교를 벗어나야 하는 이유를 설명할 것이다. 즉 '탈(脫)사영리' 설교를 설명하고, 한 가지 방법을 제시할 것이다. 그 방법은 이미 한국의 신학계에도 좀 알려진 『역사의 예수(Historical Jesus)』라는 학문적 성과로부터 큰 도움을 받았다.[2] 물론 역사의 예수 연구에 대해 부정적인 의견을 가진 사람들에겐 이 제안이 별로 도움이 되지 못할 것이다. 그러나 나는 역사의 예수를 만남으로써 탈사영리를 할 수 있었다. 탈사영리 설교를 하게 되는 계기는 사람마다 다르겠지만, 나의 경우에는 그렇다는 얘기다. 나의 경험은 사영리 신학으로부터 탈사영리 신학으로 전환하는 개인적인 여정이고 간증이고 공부였다.

그리고 여기에 덧붙여 예언자의 설교를 강조하게 될 것이다. 이것은 내가 설교를 하면서 부단히 시도해본 결과이고, 내가 선택한 방법이다.

지금까지 사영리 설교로 부흥한 대부분의 중대형 교회 설교자들에게 이 글은 불편할 수 있다. 사영리 설교를 통해 많은 사람을 한꺼번에 구원한다는 소위 '대중추수주의' 설교자들은 자신의 설교가 사영리 설교라는 것을

---

2) 송기득, 『역사의 예수: 그는 누구이며 우리에게 무엇인가?』(서울: 기독교서회, 2009), 405. 송기득은 '역사적 예수'는 "Historical Jesus를 그대로 옮긴 말인데 이 말에는 역사의 예수가 지닌 '역사적 의미'까지 포함될 수 있으므로, 역사에서 실제로 살았던 예수를 가리키는 말로는 '역사의 예수'가 훨씬 알맞다"고 보았다. 안병무도 『갈릴레아의 예수』에서 '역사의'를 사용했고 나도 동의한다.

시인하기 힘들 것이다. 더구나 사영리 설교가 비성서적이라는 것을 인정하기는 더욱 힘들 것이다. 나는 이들로부터 혹평을 받거나 심지어 뭇매를 맞게 될지도 모른다고 예상한다.

혹평이나 비평 혹은 논쟁이 시작되면 아주 쉽게 비이성적으로 흐를 수 있다. 특히 종교나 신앙에 관한 논쟁은 그럴 개연성이 매우 높다. 그러나 나의 이러한 노력이 기독교 개혁 500주년을 맞이해 한국 교회 강단의 어느 한 부분이나마 갱신하는 기초가 될 수 있다면 다행이다. 물론 계란으로 바위 치기일 것이다. 심지어 주위에서는 이 책을 출판하면 교계에서 큰 변을 당할 것이라고 걱정하기도 한다.

사영리의 한계를 직시하고 시인하고 빠져나오기까지 꽤 많은 어려움을 겪었다는 것만은 동역자로서 인정해 주길 바란다. 여기에 따른 부담도 적지 않았으며 커다란 용기도 필요했다. 이제부터 어떻게 나의 신앙이 여기까지 변화와 발전을 해 왔는지 설명하겠다.

A
신앙 여정의 시작

나는 한국에서 기독교회를 다녀본 적이 없다. 나의 가족 중에도 없다. 한두 번 성탄절에 교회에 놀러간 적은 있지만, 우리 집안은 비기독교 집안이었다. 오히려 친불교적이며 친유교적이었다. 미국으로 이민 오기 직전에 가졌던 송별식을 겸한 친척들과의 가족 모임도 서울의 어느 절에서 했다. 나역시 교회보다는 제사를 포함한 유교의식에 더 익숙했다. 학창시절에는 소풍도 대개 절로 갔다. 초등학교 때는 소풍을 가면 누가 시키지 않아도 홀로 대웅전에 들어가 불상 앞에서 큰 절을 하곤 했다. 왠지 모를 큰 능력의 신에 대한 경외심을 경험했던 것 같다. 교회를 다니지 않는 대부분의 한국 사람들도 이럴 것이다.

나는 1977년 말, 군 입대 직전에 가족 이민으로 미국에 왔다.

처음에는 남캘리포니아의 얼바인(Irvine)이라는 도시에서 몇 달을 살다가 미션 비에호(Mission Viejo)에 정착했다. 당시 얼바인 지역에는 한인

이 거의 없었다. 지금은 한인 시장이나 시의원까지 배출한 도시가 되었지만 말이다. 오늘날 얼바인은 한국에까지 잘 알려진 부유한 도시이자 교육 도시다.

당시 나는 함께 이민을 온 연로하신 부모님의 외로움을 달래드리려고 일요일마다 집 근처의 작은 한인 이민교회를 함께 다녔다. 내가 운전을 해드려야 했기 때문에 교회를 함께 간 것이다. 몇 년 후 그 교회는 라구나 니겔(Laguna Niegel)로 이사를 갔다가 다시 얼바인으로 돌아왔고, 지금은 잘 알려진 대형 이민교회가 되었다.

그 시기의 나는 갓 이민을 온 사람들의 대부분이 그렇듯 미국에 대한 환상이 깨어지면서 인생에 대한 궁극적인 질문들이 꼬리에 꼬리를 물고 있었다. 영생에 대한 의문도 많았다. 당시 나를 전도했던 그 교회의 어느 장로 부부는 마치 벽에 공을 던지면 도로 튀어나오듯, 내가 아주 심하게 복음을 거부했다고 회상했다.

1979년 5월 현충일이었다. 휴가기간에 마땅히 갈 곳이 없었던 터라 난생 처음으로 그 교회의 산상기도회에 자의반 타의반으로 참석했다. 이때부터 나의 기독교 신앙 역사가 시작되었다. 그 기도회에서 방언을 포함한, 소위 말하는 불과 같이 뜨거운 성령세례를 경험했던 것이다.

첫날에는 산상기도회까지는 참여했지만 저녁 집회가 끝난 뒤 늦은 밤에 기도실에 들어가 철야기도까지 하는 것은 좀 꺼렸다. 그러다 여러 교인들의 권유로 기도실에 들어가 한참을 머뭇거리다 엉겁결에 안수기도를 받게 되었다. 그때 갑자기 등짝이 벌겋게 달궈진 굵은 쇠몽둥이에 닿는 것처럼 몹시 뜨거워지며 알 수 없는 방언이 터져 나왔다. 지체할 수가 없었다. 꽤 오랜 시간 동안 정신없이 눈물과 콧물이 범벅이 된 채 울기도 했다. 처음으로 진솔한 회개 기도를 했다. 정신을 차린 뒤, 정말로 하나님의 존재가 믿어졌다. 그 후로 나는 꽤 열성적인 신앙생활을 수년간 지속했다.

그리고 일 년 반이 지날 즈음 또 다른 영적 체험을 하게 되었다. 한국에서 큰 교회와 기도원을 운영한다는 어느 유명한 부흥사의 가정 집회에서 안수기도를 받았는데, 그는 사람들 앞에서 내가 "앞으로 주의 종이 될 것"이라고 예언했다. 그러나 나는 그 기도가 이해되거나 믿어지지 않았던 터라 예전 그대로 기쁘고 열성적으로 신앙생활을 하며 지냈다. 그런데 주위에서는 "신학교 간다며?" 하고 묻는 교인들이 있었다.

그때마다 나는 화를 내면서 "내가 아니라는데 왜 자꾸 그래!" 하고 대꾸했다. 이상하게 그 얘기가 매우 신경이 쓰였다.

그렇게 고민 중일 때 꿈과 기도로 응답을 받았다. 내가 평상시에 가장 아끼던 것들이 실상은 오물덩어리라는 것을 나만 모르고 있었다는 것을 깨달은 것이다. 그러나 그것은 내 마음에 드는 기도의 응답은 아니었다. 사실은 이미 느낌으로 답을 알고 있었지만, 그것을 인정하고 마음으로 순종하기까지는 어느 정도의 세월이 필요했다.

얼마 뒤 몸이 좀 안 좋아지면서 나는 일단 집 근처의 어느 신학교에서 한 과목씩 야간 신학 수업을 듣기 시작했다. 일종의 순종의 표시였던 셈이다.

당시 나는 미션 비에호의 시립대학인 새들백 커뮤니티 컬리지(Saddleback Community College)에서 경영학을 전공하고 있었는데, 기독교인으로서 하나님의 부르심을 확인한 뒤 라미라다(La Mirada) 시에 있는 기독교

사립대학인 바이올라 대학교(Biola University)로 전학을 했다. 전공도 성서신학(Biblical Studies)으로 변경했다. 목사가 되기로 한 것이다.

　부모님이나 형제들은 나의 이러한 변화를 긍정적으로 받아들이지 못했다. 열심히 공부해서 성공할 것이라고 했던 기대가 무너졌기 때문이다. 부동산 관련 법률을 공부하다 갑자기 목사가 되겠다고 했으니, 주변 사람들도 모두 의아해 했다.

　당시 나는 로스앤젤레스와 오렌지카운티의 한인교회에서 열리는 부흥회는 하나도 빠지지 않고 다 참석할 정도로 열성적이었다. 신앙생활을 적당히 하라는 얘기들이 들리기 시작했다. 딱히 대답할 말이 없었다. 비기독교 집안이다 보니 모든 식구들이 나의 변화에 얼떨떨해 했다.

　덕분에 가족 내에서는 아무도 상의할 만한 사람이 없었던 반면 교회에서는 신앙생활을 열심히 한다고 칭찬을 받는 어정쩡한 상태에 놓이게 되었다. 사실 우리 가족들은 어느 정도 신학을 공부하다 말겠지 하는 눈치들이었다. 15여 년 전에 돌아가신 아버님은 특히 잘 알지 못하는 새로운 길에 들어선 나를 매우 걱정스러워하셨다. 결국 아버님은 내가 목회하는 모습을 한 번도 보지 못하셨다. 아버님이 소천을 하실 때까지 나는 기관 목회를 하고 있었기 때문이다. 지금도 살아 계신다면 작은 이민교회를 간신히 꾸려나가는 나의 모습을 매우 안쓰러워하실 것이다.

　바이올라 대학으로 옮기고 나서 첫 학기에 나는 한인 대학생들의 동아리 모임을 만들었다. 10여 명 남짓의 작은 모임이었다.

　그리고 남캘리포니아의 한인 사회와 가까운 곳에 위치한 바이올라 기독교 사립대학교를 한인교회에 알리기 위해 남캘리포니아의 목사님들을 초청해서 간증을 하기도 했다. 그랬더니 실제로 다음 학기부터 목사님과 장로님의 자녀들이 이 학교에 많이 들어왔다. 때마침 미국에서 한인 이민교회들이 한창 부흥하는 시기였다. 2년 뒤 내가 졸업을 할 무렵에는 학부에만 한인 학생이 40여 명이 되었고, 같은 캠퍼스에 있는 탈봇(Talbot) 신학대학원에도 15명 정도가 다니고 있었다.

나는 바이올라에서 성서신학을 전공하는 한인 학생들을 부추겨서 새벽기도를 시작했다. 덕분에 교수들로부터 많은 칭찬을 받았다. 이렇게 새벽기도를 함께한 이들 가운데 훗날 목사가 된 사람이 많았다. 이때부터 남캘리포니아의 많은 한인교회에 이 학교 출신의 전도사들이 대거 유입되기 시작했다.

1. 내가 인도한 첫 부흥집회

당시 신앙적으로 열심이었던 나는 이 학교의 한 한인 학생의 초청으로 그가 다니는 한인교회의 대학부 수양회를 인도한 적이 있다. 1983년 여름, 중부 캘리포니아 킹스 캐년(Kings Canyon)에서 열린 2박 3일의 수양회였다. 참석 인원은 15명 정도였다. 큰 텐트 안에서 진행된 수양회는 첫날 저녁부터 꽤나 뜨거웠다.

나는 내가 다니던 교회의 구역예배 집회에서 하던 방식대로 수양회를 인도했다. 잠시 후 텐트 바닥은 눈물과 콧물이 범벅이 되어 미끄러울 지경이었다. 학생들에게 기도를 해주기 위해 이리저리 발길을 옮길 때마다 그것이 느껴졌다. 대부분 나보다 서너 살 어린 청년들은 큰 은혜를 받았다며 진심으로 고마워했다.

그런데 나는 어느 순간부터 영적으로 이상한 것을 감지하기 시작했다. 무엇인가 잘못되어 가고 있다는 것을 느낀 것이다. 사실 나는 어떻게 하면 집회를 뜨겁게 인도할 수 있는지 잘 알고 있었고, 자신감도 충만했다. 덕분에 청년들은 큰 은혜를 받았다고 고마워하며 나를 극진히 대우했지만, 왠지 내 양심은 매우 불편했다.

모두들 잠든 시간, 홀로 밖에 나와 둥근 달을 바라보며 생각해보니 참으로 잘못된 일이었다. 성령의 역사라기보다는 '습득한 대로'만 하면 되는 일, 늘 일어나는 일이었다. 가령 집회를 시작하면서 이런저런 찬송을 하고, 이어서 이런저런 성서 구절을 인용하면 이러저러한 역사가 일어나곤 하는 것이었다. 나는 늘 이런 방식으로 교회의 구역예배와 청년 모임을 인도하곤 했고, 그때마다 예상대로의 결과가 나타났다.

당시 나와 같은 교회에 다니면서 탈봇 신학대학원에 다니던 전도사와 장로가 있었다. 나는 학교나 교회에서 한참 선배인 그들과 늘 붙어 다녔고, 그들의 사역을 옆에서 보면서 어느새 나도 그들을 닮아갔다. 교인들은 나의 말투나 제스처까지 그들과 비슷하다며 은혜가 넘친다고 칭찬을 했다. 그때는 그랬다. 그런 일들이 기독교의 진수인 줄 알았다. 말하자면 나는 이미 성령이 충만한 집회의 '영업비밀' 같은 것을 꿰뚫어 알고 있었던 것이다. 이런 집회는 하면 할수록 더 잘할 수 있었고, 20대 후반에 이미 나는 노련한 인도자가 되었다. 그만큼 청중을 다룰 줄 아는 재주가 생겼다. 심지어 음치에 가까운 내가 집회 때에는 앞에 나가서 찬송을 인도하기도 했다.

그런데 그 여름의 수양회를 인도하던 밤부터 무엇인가 크게 잘 못 되었다는 자각이 들기 시작하면서 나는 괴로워지기 시작했다. 이러한 신앙적 갈등과 열성을 동시에 품은 채 2년 만에 신학대학을 마치고 졸업을 했다. 1984년이었다.

나는 커뮤니티 칼리지에서 일반대학 과정의 2년 공부는 이미 되어 있었다. 즉 부전공이나 교양과목은 이미 다 끝난 상태였다. 그래서 바이올라 대학교에서는 2년 동안 기숙사에 거주하면서 전공과목인 성서신학을 공부하고 졸업을 할 수 있었던 것이다.

바로 그때 나는 처음으로 한국대학생선교회(KCCC)의 사영리 개인전도 원리를 배웠다. 돌아보면 내가 다니던 교회의 신학생이었던 그 장로의 가르침도 사영리였다. 그는 거기서 한 발 더 나아가 당시 한국에서 기승을 부리던 한국의 모 침례교회 김모 씨의 귀신론을 강하게 설파했다. 그 일로 인해 그는 학교에서는 물론 그의 개척교회 초창기에 남캘리포니아 한인교계로부터 심한 질책을 받기도 하였다. 하지만 그는 교계 지도자들에게 "다시는 귀신론을 안 가르치겠다"고 약속했다는 이야기를 마치 무용담처럼 자랑스럽게 말하면서 계속 그렇게 가르쳤다. 그리고 그 교회는 아주 크게 부흥하여 지금은 남캘리포니아에서 아주 유명한 '은혜로운' 큰 교회가 되었다.

이 뜨거운 교회로부터 분파된 또 다른 교회들이 남캘리포니아에 적어도 서너 개 더 있는데, 모두 중대형 교회들이다. 내가 다니던 첫 교회의 열성적인 중장년 교인들도 그 장로가 신학을 마치고 새 교회를 개척할 때 단체로 옮겨갔다. 그러나 나는 연말까지 주일학교의 일을 맡은 것이 있어서 갈 수 없다며 따라가지 않았다.

사실 나는 이미 설교와 집회를 위한 그의 기술들을 잘 알고 있었고, 마음속으로는 그의 신학과 신앙에 강한 의구심을 가지고 있었다. 그는 나의 신앙적인 질문들을 오히려 질책했다. 하지만 무조건 순종으로 받아들이고 믿으라던 그의 의견을 더 이상 받아들이고 싶지 않았다. 그래서 나는 그를 따라 나설 수가 없었다.

당시 나는 대학을 다니면서 시간당 11-13달러를 받고 집 근처 라구나 니겔(Laguna Niegel) 슈퍼마켓의 과일 및 채소부에서 일했다. 보통 미국인 대학생들의 시급이 5-6달러 정도였으니 꽤나 좋은 대우였다. 오후 5시 이후 또는 주말에는 시급의 1.5배를 주었고, 휴일엔 2배까지 주기도 했다. 그 부서의 책임자는 대학에 다니는 나를 배려해서 주말인 금요일 오후와 토요일 그리고 휴일에 일하게 해주었다.

물론 처음 근무를 시작할 때부터 주일에는 일을 하지 않기로 약속을 했다. 언젠가 주일에도 일을 하라고 한 적이 있는데, 그 즉시 일을 그만두겠다고 했더니 다시 원상태대로 주일에는 쉬게 되었다.

나는 보통 금요일 오전 수업을 마치고 한 시간 정도 운전해서 슈퍼마켓으로 내려가 일했다. 그리고 근처에 있는 부모님 댁에서 자고 토요일은 오전부터 8시간씩 일을 했다. 주일은 교회에서 하루 종일 시간을 보내고 오후에 다시 학교 기숙사로 돌아왔다. 한 주당 16시간만 일하면 노동조합에 가입이 되고, 건강보험 등 여러 가지 혜택도 주어졌다.

대학에서의 마지막 일 년은 교회에서 금요일 저녁마다 전도사로 일을 하기 시작했다. 봉급은 한 달에 200달러였다. 덕분에 나는 시급이 꽤 좋았던 슈퍼마켓 일을 접었고, 교회에서는 학비 전액을 장학금으로 대주었다. 교회의 입장에서 나는 장래가 촉망되는 이민교회의 젊은 목회자 후보였다.

나는 마침내 대학을 마무리 짓고 신학대학원을 향해 떠났다.

2. 신학대학원의 추억들

나는 신앙 연조가 짧았던 터라 신학대학원은 오랜 전통이 있는 곳을 찾게 되었다. 그래서 미국 연합감리교단과 미국 장로교단을 두고 기도했다. 그러다 보니 내가 다니던 교회[C&MA교단(Christian and Missionary Alliance)]나 대학[초교파]의 입장과 다른 학교를 선택하게 되었다.

나는 가끔 바이올라 대학에서 외부 강사의 설교나 강의를 듣곤 했는데, 그때마다 진보적인 강사들에게서 더 많이 깨닫고 배우는 나를 발견했다. 뭔가 통하는 느낌이 들었다. 그리고 열린 신학에 대한 목마름을 해결하기 위해 LA 한인타운에서 간혹 열리곤 했던 한국에서 온 신학자들의 집회에도 참석했다. 그때 처음으로 한국의 민중신학이나 진보신학에 대한 설교 및 강의를 접했다.

서남동 교수, 김재준 교수, 박준서 교수 등의 강의는 나를 완전히 사로잡아 버렸다. 상상도 못했던 진보신학 강의를 한국말로 접한 것이다. 그동안 내가 다니던 학교나 교회의 주장과는 사뭇 달랐다. 그러나 교회나 학교에는 이런 신앙적인 감흥을 터놓고 나눌 사람이 없었기에 늘 혼자 찾아다

넜다.

　당시 탈봇 신학원에 다니다 한국의 초대형 교회로 옮긴 후 유쾌하지 못한 뉴스에 자주 등장하는 목사가 있다. 그는 기회만 되면 바이올라 한국 학생회를 통해 자신에게 익숙한 사영리 방식대로 신앙지도를 하려 했다. 잘 준비된 사영리로 자기 그룹을 확대하려고 했던 것이다. 하지만 나는 이미 그런 방향을 거부하는 사람이 되어 있었다. 그러다 보니 같은 학교의 한국 학생들 사이에서 매사에 의견이 서로 달랐다.

　당시 바이올라 대학과 탈봇 신학대학원은 심지어 이웃에 있는 복음주의권 풀러 신학대학원도 자유주의 신학으로 매도했다. 내가 가끔 탈봇 신학대학원의 강의를 청강하다 보면 너무 답답하고 힘들었다.

　당시 내가 그나마 좋아했던 로마서 담당 교수가 학기 중에 진보적인 신학을 가르친다고 모함을 받아 징계를 당하는 일이 있었다. 탈봇과 댈러스(Dallas) 신학대학원을 최우수로 졸업했다는 그 교수도 그렇게 교수직을 박탈당했다. 그는 전혀 진보적인 성향의 교수가 아니었는데, 그 학교의 풍토가 그랬던 것이다. 그는 수업시간에 학생들이 각자 발표를 하도록 하곤 했는데, 나는 그런 교수법을 매우 즐겼다.

　결국 그 교수는 학교 근처에서 신학서적을 판매하는 서점을 운영하게 되었다. 나는 이 일로 적잖이 충격을 받았다. 그리고 그런 학풍을 미련 없이 떠나기로 마음을 먹었다. 나는 이미 그때 탈봇에서 입학 허가를 받은 상태였지만, 내 마음은 완전히 돌아섰다. 그리고 미국 동남부 조지아 주의 미국장로교단(PCUSA) 소속 컬럼비아 신학대학원(Columbia Theological Seminary)을 선택했다.

나는 이때 남캘리포니아에서 조지아 주까지 10여 일 동안 운전을 하며 대륙을 횡단했다. 그리고 컬럼비아 신학원에서 3년 동안 공부해서 1987년에 교역학 석사(Master of Divinity) 학위를 마쳤다. 대학에서 성서신학을 공부하며 히브리어와 헬라어를 어느 정도 익혀둔 터라 신학대학원 수업을 듣는 데 큰 도움이 되었다. 또 신학 용어에도 제법 익숙해져 있는 편이어서 일반 학과를 전공하고 온 미국 학생들보다 한결 공부하기가 편했다.

이 당시에도 주말에는 작은 한인 장로교회에서 전도사 사역을 병행했다. 그 교회 역시 훗날 애틀랜타 지역에서 가장 큰 교회로 성장했고, 지금도 상당한 교세를 유지하고 있다.

컬럼비아에서 공부를 하다 보니 바이올라 대학 시절 '자유주의 신학'이라고 의심했던 미국 장로교 신학이 오히려 내 마음에 들었다. 걱정했던 것처럼 자유주의 신학이라는 생각도 안 들고 성서적인 좋은 신학교라고 느껴졌다. 마음껏 토론을 할 수 있도록 열려 있고 존중하는 분위기가 정말 좋았다. 믿는 사람들의 공동체라는 느낌을 가질 수 있었다.

나의 교적은 미국 장로교단 애틀랜타 노회로 옮겨졌고, 그 노회를 통해 미국 장로교단의 규례서(Book of Order)에 따라서 목사 후보생의 명단에 이름을 올렸다.

컬럼비아 신학대학원생일 때, 언젠가 뉴욕의 스토니 포인트(Stony Point) 수양관에서 3일 동안 열린 '전 미국 장로교단 유색인종 신학대학생 수련회'에 다른 흑인 학생과 함께 학교 대표로 다녀온 적이 있다. 그리고 학교 교수회의 석상에서 떨리는 마음으로 참석 보고를 했는데, 눈치 빠른 신학대학원장이 일어나서 박수를 쳐주는 통에 모든 교수들이 기립박수를 쳐주었다. 특별한 응원이었던 셈이다.

그리고 신학원생들의 자치단체인 국제선교위원회에서도 임원으로 활동했다.

1986년 여름방학에 하계 중국교회 연구를 위한 탐방을 갈 때 학생 대표를 뽑았다. 나는 어느 정도 한문을 읽을 수 있으니 내가 가면 더 많은 것을 이해할 수 있을 것이라 주장했다. 그래서 그랬는지, 나는 우리 학교의 학생 대표 두 명 중 하나로 뽑혔다. 여행 형식의 세미나였으므로 학점은 물론 경비도 학교에서 전액을 지불해 주었다.

그 덕분에 나는 1986년 여름에 컬럼비아 신학대학원 학생 대표로 막 문이 열리기 시작한 중국 교회를 한 달간 탐방할 수 있었다. 미국 동남부 지역의 신학생, 목사, 장로, 교수 등 36명으로 구성된 우리 탐방단은 홍콩에서 일주일간 중국 교회에 대한 공부를 한 다음 중국으로 들어갔다. 중국에서는 삼자교회의 협의회장인 정광훈 K.H. Ting 주교 등의 강의를 통해 중국에서 어떻게 기독교가 개방되었는지 그 비화 등을 들을 수 있었다. 문화성 장관이 검은 커튼이 쳐진 관용차를 타고 와서 교회와 정부 간의 관계에 대한 설명도 해주었다.

당시 많은 사람들이 중국의 삼자교회는 중국 공산당의 어용교회라고 비난하고 있었다. 그리고 우리가 그들의 선전에 속아 넘어간다고 우려하고 있었다.

우리는 남경 신학원과 북경 신학원을 비롯하여 많은 교회를 방문했으며 조선족 신학생도 몇 명 만났다. 이때는 이미 미국 장로교단이 지원한 애덕

기금회(Amity Foundation)가 마련한 인쇄소를 통해 북한의 한글성경이 중국에서 출판되고 있었다.

당시 중국 선교 탐방을 계기로 하나님은 우리의 생각 이상으로 이미 그곳에서 선교를 하고 계신다는 믿음을 갖게 되었다.

남경 신학교 학생들은 우리에게 진지하게 물었다. "미국에서는 어떻게 자본주의와 기독교회의 공존이 가능한가?"

사실 우리는 그들에게 "중국에서는 어떻게 기독교와 공산주의의 공존이 가능한가?" 하고 물어보려다 참고 있었던 참이었다.

한편 우리 일행은 돌아오는 길에 마카오도 다녀왔지만 여권에는 그 내용을 기재하지 않았다. 누가 손을 썼는지는 모르겠다. 다만 우리의 인솔자였던 고(故) 토미 브라운(Tommy Brown) 선교학 교수의 아들이 당시에 주한 미국 대사관에 근무하는 것은 알고 있었다.

나는 한국을 떠난 지 거의 10여 년 만에 처음으로 한국을 들렀다. 추가 경비를 들이지 않고 한국까지 방문했지만, 중국에 갔다 왔다는 이야기를 내놓고 하기가 쉽지 않았다. 이때만 해도 한국 여권으로는 중국에 가기가 힘들었다. 당시 나는 미국 시민권자였다. 결국 나는 한국을 떠나기 2-3일 전에야 몇몇 교회에서 슬라이드를 보여주며 중국 교회 탐방 이야기를 할 수 있었다. 사실은 미 대사관에서 이렇게 하라고 미리 주의를 주었던 것이다.

당시 조지아 주 컬럼비아 신학대학원에서 결혼한 학생들이 함께 사는 학교 아파트 단지에서 급우들과 자발적인 기도 모임 등이 있었다. 학교 생활이나 기도 모임, 예배 참여 등이 모두 자발적이고 자유스러웠다. 이때에 비로소 나는 여성 안수에 대한 편견을 무너뜨릴 수 있었다. 당시만 해도 나는 여성 안수 반대의 입장이 성서적인 것으로 알고 있다가 순전히 나의 문화적 편견임을 알았다는 사실을 학우들에게 고백하기도 했다.

술이나 담배 등 한국 교회에서 금기시하는 사안들에 대한 이해가 수정되었고, 신앙의 우선순위에 변화가 생기기 시작했다.

언젠가 좋아하는 조직신학 교수의 방에 찾아간 일이 있었다. 언제나 친절하고 겸손하고 박식한 분으로, 스위스의 칼 바르트(Karl Bart)의 직제자이다. 그때 그는 당연한 듯 자연스럽게 곰방대를 물고 있었는데, 그 모습이 얼마나 멋지던지 내 마음속에서는 아무런 이유 없이 그를 더욱 멋지게 보는 불상사(?)가 일어나고 말았다. 머리가 아닌 마음으로 그렇게 된 것이다.

그렇게 학교를 다니는 중에 남캘리포니아에 계시던 큰누님이 돌아가셨는데, 세계적인 구약학 교수인 월터 브루그만 등이 자신의 방으로 나를 초대해 친절하게 위로해 주었다. 나는 '이런 곳이 진짜 신학교구나' 하고 감동했다.

그러나 방학을 맞아 남캘리포니아에 오면 전에 느끼지 못했던 차가운 눈길들이 느껴졌다. 함께 신앙생활을 하던 옛 교우들이나 목사님들 그리고 대학교 때의 친구들도 나를 멀리하기 시작했다. 나의 신학노선을 이해하기 힘들다고 하면서 노골적으로 경계했다. 그래서 늘 외로웠다. 그렇게 몇 번의 경험을 더 쌓은 뒤 남캘리포니아에서는 더 이상 신학이나 신앙에 대한 이야기를 하지 않게 되었다.

이 부분은 지금도 비슷하다. 신학이나 신앙이 다를 뿐인데, 친구들을 다 잃었다. 신학노선이 다르다고 배척을 당했고, 바이올라나 탈봇에서 알았던 모든 사람들과 멀어지고 결국은 절연하게 되었다. 그러나 나는 컬럼비아 신학대학원에서의 좋은 추억을 이어가기 위해 또 다른 장로교 신학대학원에 진학을 했다. 이번에는 미국 동부 뉴저지 주의 프린스턴 신학대학원(Princeton Theological Seminary)이었다.

나는 컬럼비아 신학대학원에서 교역학 석사 과정을 하면서 신학의 여러 분야 중에서 특히 목회 상담에 흥미를 느꼈다. 1980년대 중반 미국에서 목회상담학은 한창 떠오르는 학문이었다. 병원이나 감옥 등에서 임상 상담심리를 실천신학으로 배울 때 매우 좋은 공부라고 생각했다. 이 공부는 또한 나를 심층적으로 들여다보는 기회를 제공해 주었다. 즉 나의 상처나 아픔의 근원 등에 대해서 좀 더 솔직해질 수 있는 기회가 되었다.

컬럼비아 신학대학원의 목회상담학 교수 브라이언 차일즈(Brian Childs)는 자신이 공부한 프린스턴 신학대학원에 기꺼이 추천서를 써 주었다.

프린스턴 신학대학원은 그때까지 공부한 어떤 학교보다 분위기가 좋았다. 공부한다는 기쁨이 무엇인지를 알게 되었고, 학업에도 능률이 올라 개인적으로 더 좋은 성적을 올렸다.

당시 나는 복잡한 뉴욕의 브루클린(Brookyn)에 살았다. 교회도 브루클린 하이츠에 있었다. 내가 전임으로 사역했던 한인교회는 백인이 주류인 미국인 장로교회당을 빌려 쓰고 있었는데, 때마침 컬럼비아 신학교의 흑인 교수가 그 교회의 담임목사로 부임해 왔다. 그는 흑백통합 목회를 시도하고 있었다.

당시 그 한인교회가 진보적인 교회로 알려져 있었기 때문에 자원해서 갔는데, 사실 소문만 무성했지 교회 분위기는 엉망이었다. 끊임없는 교회 내의 파벌 싸움도 문제였지만 담임 목사의 행정적 미숙도 한몫을 했다. 어떤 일이건 그는 늘 즉흥적이었다. 여기에다 교인들도 한국의 민주화 운동을 지지하는 쪽과 기도 등을 중히 여기는 영성 운동 쪽이 늘 대치하고 있는 형국이었다.

수년 전에 그 교회의 개척 초창기부터 시무했던 목사가 은퇴하면서 그 교회는 아예 문을 닫았다. 그렇게 나는 미국의 한인 이민사회에서 진보적인 교회의 운영이 참 힘들다는 것을 가까이서 보았다. 게다가 그분은 개인적으로 나의 목사 안수에 전혀 도움을 주지 않았다. 내가 안수를 받으면 나를 좋아하는 몇몇 사람들과 함께 나가서 교회를 따로 개척할까 의심했기 때문이다. 그럴 마음이 전혀 없다고 했지만, 못 믿는 눈치였다. 이처럼 당시의 이민교회는 참 유아기적인 미숙한 시기를 보내고 있었다.

나는 2년 동안 나의 휴일인 월요일마다 뉴욕의 브루클린에서 뉴저지 트렌턴(Trenton)까지 자동차로 통학을 했다. 그리하여 1989년 5월에 프린스턴 신학대학원에서 목회 상담학(Pastoral Care and Counseling) 과정을 마치고 신학석사 학위(Master of Theology)를 취득했다.

교과 과정은 월요일 오전에 두 과목의 이론 강의를 듣고, 오후에는 학교 외곽의 트리니티 카운슬링센터(Trinity Counseling Center)에서 임상지도를 받았다. 주중에 상담을 하면서 준비한 영상을 보여주며 상담 슈퍼바이저 교수와 4-5명의 학생이 함께 자세하고 정직한 비평을 하는 것이다. 많이 배우기도 하지만 발표하는 차례가 되면 늘 대중 앞에서 벌거벗겨지는 듯한 기분이 들었다.

참여하는 학생들은 모두 나처럼 교회에서 전임으로 사역하는 목사들이었는데, 여성이 둘이고 남성이 셋이었다. 각자의 삶과 사역에 관한 세세한 부분들까지 심리적으로 적나라하게 터놓고 대화하며 성장하려고 애썼다. 이 훈련은 훗날 LA 한인가정상담소에서 일할 수 있는 좋은 준비가 되었다.

1989년 5월에 신학대학원을 졸업하고, 곧 이어 6월에 내가 소속되어 있던 애틀랜타 노회의 정기노회 석상에서 목사 안수를 받았다. 미국 장로교단의 목사고시를 이미 2년 전에 합격했기에 목사로 안수를 받을 수 있었던 것이다. 그리고 7월에 그 교회를 사임하고 뉴욕을 떠났다.

나는 교회를 분리하거나 어려움을 주고 싶지 않았다. 이 때문에 교인들에게 마지막 인사를 하는 자리에서 향후 3년간은 누구와도 연락하지 않겠다고 약속하고 이해해 달라고 했다. 그리고 약속한 대로 나는 그 교우들과 전혀 연락을 하지 않았다. 그렇게 첫 번째 전임 목회지의 경험은 아쉬웠지만 학위를 취득한 것으로 위로를 삼았다.

3. 신학 수업을 마치고

목사 안수를 받은 때는 이미 신학을 공부한 지 7년의 세월이 흐른 뒤였다. 돌아보면 내 속에는 처음으로 신앙생활을 하며 습득한 신앙과 훗날 깊이 있게 열정을 품고 배운 신앙이 뒤섞여 있는 것 같다. 아마 많은 사람들이 이럴 것이다. 나는 지금도 많은 사람들의 신앙이 그가 다닌 신학교보다 그가 다녔던 교회의 영향을 더 많이 받는다고 생각한다.

내 경우를 보면, 신앙생활의 초기인 대학생 때 각인된 사영리 기반의 신학적 사고와 신앙형태가 꽤 깊은 것 같다. 당시 열정적으로 습득했던 지식들은 뇌리 속에 깊이 자리를 잡았다. 그리고 내 머릿속에는 그 후 수년간 신학대학과 대학원에서 배운 진보적 성향의 신학이 있었다. 다시 말해 내 속에는 진보적 성향의 신학과 근본적이며 보수적인 사영리 신학이 혼재해 있었다. 이런 혼재 속에서 나는 사영리 기반의 신학에 대해 내적 갈등을 겪기 시작했다. 더 이상은 사영리의 방향으로 가려 해도 갈 수가 없었다. 정직하게 나를 살펴볼수록 더 그랬다. 적어도 나에겐 이것이 양심의 문제, 정직성의 문제가 되었다. 그래서 사영리 신앙을 바탕으로 하는 사영리 설교를 하는 것은 나 스스로 용납할 수 없게 되었다.

나 자신을 먼저 설득할 수 있는 설교를 하려고 했지만 늘 그게 어려웠다. 나의 지성은 배운 대로 설교를 하려고 하지만, 마음속으로는 모든 것이 헝클어져 있었다. 혼돈에서 탈출하고 싶었지만 도무지 출구가 보이질 않았다. 어떻게 해야 할지를 몰라서 괴로웠다. 한국에 가서 1년간 목회 경험을 하기도 했다. 그래도 출구는 보이지 않았다. 모두가 더 큰 교회의 교역자가 되기 위해 불철주야 노력하고 있었다.

좀 더 좋은 신학을 공부하기 위해 동분서주하며 달려왔는데, 길을 잃어버린 것 같았다. 대부분의 사람들은 신학교를 졸업하자마자 곧바로 잘 내달리는데 나는 그렇지 못했다. 일단 호구지책으로 몇 군데 작은 교회에서 2세들을 위한 영어 목회를 도왔다. 그러나 신학교 때부터 하던 일이라 그런지 곧 싫증이 났다. 이런 일들이 내면적으로 겹치면서 나는 교회에 대한 사회의 부정적인 평가에 내심 동조하게 되었다. 정직하게 교회와 사회를 보면 그런 비평적인 말들이 틀리지 않았다. 괜히 신학을 공부했구나 하는 자괴감이 들기 시작했다.

이런 고민들 속에서 수년간 속앓이를 했다. 경제적으로, 가정적으로 그리고 신앙적으로 모든 것이 힘들어졌다. 고민의 핵심은 신앙과 신학의 혼돈과 방황 그 자체였다.

이런 생각들이 커지면서 교회 사역은 하고 싶지 않아졌다. 신학을 했지만 교회 밖의 일을 찾기 시작했다. 교회의 사역보다는 지역공동체를 섬기는 일을 찾아보기 시작했다. 인생과 신앙의 아이러니다. 말하자면 설교는 안 하고 목사로 사는 길을 찾기 시작한 것이다.

4. 설교 안 하고 목사하기

매 주일 설교를 해야 하는 교회의 목회 대신 지역공동체의 비영리 기관 일을 찾기 시작했다. 마침 LA 한인타운에 있는 한인가정상담소(Korean American Family Service Center)에서 상담자를 구하고 있었다. 목회상담을 전공했으니 괜찮을 것 같아서 바로 응시했다. 면접을 보고 프로그램 담당자로 채용되어 6년간 일했다.

이민을 와서 힘들어하는 한국인 가정과 개인을 치유하는 프로그램을 개발하고 사회사업을 해 나가면서 전임 직원이 4명에서 16명으로 급성장했다. 나는 각종 매스미디어를 통해 프로그램들을 홍보하고 설명하였다. 여러 공립학교와 교회에 가서 한인 학부모들을 위한 부모교육을 실시했다. 어린이 학대 방지 프로그램, 미국 문화 교육, 미국 학교 제도 등에 관한 교육들이 많았다. 또 여러 공립학교에 직접 나가서 한인 부모들을 위한 상담도 하고 학생들과 부모 간의 원활한 의사소통 등을 도왔다. 이런 경험을 바탕으로 수년 후에 세리토스 지역의 ABC교육위원 공직선거에 출마를 하기도 했지만 고배를 마셨다.

이와 더불어 한인사회를 위한 가정폭력 치유 프로그램을 특히 많이 개발하고 시행했다. LA 시나 캘리포니아 주 등에서 프로그램 보조금을 지원받는 일들이 잘 풀려 나갔다. 당시 주정부 보조금으로 30초짜리 가정폭력 예방 프로그램을 공익 방송용으로 만들었는데, 주정부에서 최우수상을 받았다. 이 프로그램은 아시아의 여러 나라 언어로 더빙되어 텔레비전을 통해 몇 년 동안 아시안 방송에서 방영되었다. 또한 최초의 '전국 한인 가정폭력 치유 학술대회'를 한인타운에서 이틀간 개최하기도 했다. 미 전역에서 이 분야의 한인 전문가들이 모여서 향후 계획을 세우고 정보망을 구축했다.

당시 한인 사회에서는 가정폭력이 매우 심했다. 몇 년 동안 52주간의 법정 필수교육을 약 1,000여 명에게 시킨 다음 샘플을 만들어 보니 가정폭력 가해자는 '미국에 온 지 10년 정도, 한국에서 대학을 마친 40대의 남자로 개신교회에 다니는 사람'이라는 결론이 나왔다. 즉 대부분의 가해자가 '한인 이민교회의 남자 집사'라는 얘기나 마찬가지였다. 교회가 힘을 써야 할 문제였다.

'치유를 위한 52주 교육 프로그램'을 번역해 교재로 사용했다. 일주일에

100여 명을 5개의 반으로 나누어서 매일 두 시간씩 교육을 했다.

정말 바쁘게 일하면서 커뮤니티를 돕는다는 자긍심도 있었고 보수도 괜찮았다. 하지만 이런 모든 일들이 결국은 깊은 상처에 일회용 밴드에이드를 붙이는 격이나 마찬가지라는 생각이 들기 시작했다. 이쯤 되니 창조성이 떨어지고, 일에 싫증이 나고 재미가 없어졌다.

상담소를 중심으로 이사들 사이의 끝없는 분쟁도 나를 피곤하게 만들었다. 내가 일하는 6년 동안 4명의 소장이 교체되었다. 새로 소장이 부임하면 그들이 자리를 잡기까지 프로그램 담당자로서 상담소 운영에 관한 이런저런 사정을 잘 알려주어야 했다. 하지만 소장이 자주 바뀌니 그런 일들이 참 허탈해졌다. 그때쯤 나는 사회봉사보다 좀 더 근본적으로 사회구조를 혁신하는 일을 알아보기 시작했다.

5. 좀 더 사람들 속으로

그때 찾아낸 기관이 1930년대 말 시카고 지역에서 러시아계 유대인 사울 알린스키(Saul Alinsky)가 시작한 산업지역재단 IAF(Industrial Areas Foundation)다. 이 단체는 같은 지역의 여러 종교기관과 사회단체를 연대하는 대중조직으로, 미 전역에 퍼져 있다. 미국 대중조직 운동의 효시이자 가장 큰 조직체이기도 하다. 버락 오바마 전 대통령과 힐러리 클린턴 전 국무장관도 젊은 시절에 이 조직운동의 훈련을 받은 것으로 알려져 있다.

IAF의 역할은 각 지역 주민들이 연대해 당면한 각종 사회문제를 스스로의 힘으로 근본적으로, 정치적으로 해결하도록 하는 것이다. 그 방법은 많은 대화와 타협 그리고 토론을 통해 민주주의를 배우고 증진시키는 것이다. 각 지역 단체마다 다른 이름을 사용하는데, LA 지역에선 'ONE LA-IAF'라고 부른다. 나는 IAF에서 유일한 한인 조직가(Organizer)로 기용되어 6년간 일했다.[3] 처음에는 LA 근교 파사디나(Pasadena)와 알타디나(Altadena) 지역의 교육정책을 정의롭게 혁신하는 일을 했다. 교육정책을 통해 산자락의 가난한 마을인 알타디나와 부촌인 파사디나의 주민들을 함께 모아 정의와 평등을 추구하는 일이었다. 그리고 3년 후에는 나의 요청으로 한인사회 및 한인타운으로 담당지역을 옮겼다.

당시 한인사회와 관련해 이룬 성과 중 가장 획기적인 것은 LA마라톤 시행 요일을 변경한 것이다.

LA는 1984년 'LA올림픽'을 성공적으로 치른 후, 여세를 몰아 1986년부터 매년 3월 첫 주일에 세계적인 규모의 LA마라톤 대회를 열기 시작했다. 그런데 마라톤 구간이 하필 한인타운을 둥그렇게 둘러싸고 있어서 매년 마라톤이 열리는 날마다 한인타운의 모든 길은 시공무원과 경찰력으로 막혀버리곤 했다. 물론 다른 지역으로 가는 것도 힘들었다. 이 때문에 많은 교인들은 교회까지 빠질 수밖에 없었다. 마라톤은 아침 일찍 시작되는데 왜 오후 늦게까지 도로를 막는지 알 수가 없었다.[4]

2003년쯤부터 한인교회들은 마라톤 대회의 요일을 바꾸려고 부단히 노력했지만 성과가 없었다. 심지어 「LA타임스」 등에서는 한인교회들이 그날 하루 헌금을 못 걷어서 요일을 변경하고자 한다는 식으로 비아냥대기도

---

3) 미국 LA 소재 한인가정상담소에서 상담실장으로 그리고 IAF의 남캘리포니아 주 조직체인 ONE LA에서 조직가로 일했다.
4) https://www.lamarathon.com/press/race-history

했다.

나는 한인교회들을 'ONE LA-IAF'로 끌어들이기 위해 이 이슈를 선점하기로 했다. 많은 사람들이 '요일 변경'을 종교적인 문제로 봤지만 나는 처음부터 이를 명백한 정치 문제로 보고 끊임없이 정치적으로 쟁점화시켜 나갔다. LA마라톤위원회에서 구간을 정할 때 LA 서부의 유대인 밀집지역은 그곳 주민들이 요청하지 않아도 알아서 회피하는 것을 보고 정치적인 문제라는 확신을 가질 수 있었다. 이것이 정치 문제가 아니면 무엇이 정치 문제란 말인가?

또한 마라톤과 관련해 대부분의 LA 시민들이 잘 모르는 이야기가 있다. 당시까지 이 대회를 주관했던 회사는 LA카운티 고위공직자의 남편이 주인이었다. 나중에 그는 매우 비싼 가격에 이 회사를 시카고 지역의 다른 마라톤 대회 회사에 팔아 넘겼다. 쉽게 말해 권력층의 개인 스포츠 사업에 LA의 경찰력이 동원되어 도와 주었던 것이다. 시민의 세금으로 개인의 사업을 일으켜준 것이니, 이건 명백하게 법을 악용한 것이다.

나는 마라톤 요일 변경 문제를 남캘리포니아 한인들의 정치력 신장을 높이는 기회로 삼기로 했다. 함께 뭉쳐서 성공하면 큰 자산이 되고 용기를 가질 수 있다고 판단한 것이다. 이를 위해 선거 기간 동안 시의원과 시장 후보들을 불러서 한인들이 추구하는 한인사회의 공약에 찬성하도록 압력을 행사한 것은 매우 뜻있는 일이었다. 그들은 한인타운에 더 이상 신규 주류 판매점 허가를 발급하지 않기로 약속했고, 마라톤 요일 변경에도 협조하기로 했다. 이외에도 사고가 빈발한 한인타운 8가의 신호등 체계를 바꾸고 여러 곳에 좌회전 신호를 더 만들기로 했다. 뿐만 아니라 한인타운 관할 시의원과 정기적인 회합도 갖기로 했다.

또한 당시 멕시코 영사관에서 일명 불법체류자로 불리는 미국 체류 서류 미비자들에게 신분증을 발급해준다는 사실을 ONE LA-IAF 내의 멕시코 단체들을 통해 알게 되었다. 이를 바탕으로 나는 LA주재 한국 영사관을 거의 1년여 동안 차근차근 압박했다. 그때마다 ONE LA-IAF 소속의 타인종 신부님과 목사님들이 많이 동행해 주었다. 덕분에 한인들에게도 영사관 발행 신분증이 발급되어 오늘까지 시행되고 있다.

당시 LA영사관의 이모 영사는 이 일을 자신들이 한 것으로 발표하게 해달라고 부탁을 해왔다. 내부에서 여러 이야기들이 있었지만, 그렇게 하기로 하고 한인 서류 미비자들을 위한 영사관 발급 신분증 기자회견에 기쁘게 불참했다.

한편 시장 및 시의원 선거철에는 한인타운의 대형 교회에 400여 명의 한인 유권자들이 모여서 우리가 원하는 공약을 약속하도록 후보들에게 압력을 가하고 약속을 받아냈다. 모든 것은 결국 정치적으로 시의회 등을 통과하여 해결되었다.

나는 ONE LA-IAF의 조직가로서 부지런히 여러 타 인종 단체들과 교회를 연대해 나갔다. 마라톤 경기 때문에 주일에 길이 막혀 불편을 겪는 대형 흑인 교회와 성당 그리고 여러 갈래의 동방정교들을 차례로 연대해 나갔다. 마침내 천주교의 LA대교구 마호니 추기경까지 합세하기에 이르렀다.

나는 수많은 모임을 통해 이들을 규합했고, 성실한 교인들에게 사회참여와 성서적인 시민 불복종의 당위성을 가르치고 토론했다. 그들과 사회단체들을 연대하여 선거철에는 후보들에게 강한 압박을 가하고 우리가 원하는 바를 지키겠다는 약속을 받아냈다. 그리고 평상시에는 지역사회의 현안들을 민주적으로 절충해 나갔다.

2004년에는 LA 다운타운의 컨벤션센터에서 1만 3,000여 명이 모여서 ONE LA-IAF의 창립대회를 열었다. 그 자리에 한인도 200여 명이 참여했고 우리의 고유문화를 소개하기 위해 UCLA 교수인 김동석 단장이 이끄는 사물놀이패도 등장시켰다. 한인들이 타 인종들과 정치적, 사회적 현안들에 대해 처음으로 물심양면으로 합세를 시도해 본 것이다. 그래서 한인교회들의 관심을 끌기 위해 마라톤 문제를 들고 나왔던 것이다.

타 인종들은 처음엔 마라톤 문제를 비정치적으로 판단했다. 그러나 나는 이런 문제에 합세해야 한인교회의 참여를 끌어낼 수 있다고 설득했다. 4-5년 동안의 쉬지 않는 투쟁 끝에 현재의 마라톤 구간을 확정하게 되었다.[5]

물론 처음엔 요일 변경을 하려고 힘썼다. 그래서 한번은 2009년 5월의 현충일인 월요일에 뛰었다. 그러나 너무 더운 날씨 때문에 참여가 저조해서 주최 측에서 손실을 보았다고 한다. 결국 요일 변경보다는 구간 변경을 하기로 마라톤위원회와 합의했다.

이때쯤 LA마라톤 대회의 소유주가 LA다저스 야구팀의 구단주에게 넘어갔다. 그래서 출발은 다저스 구장에서 하기로 했다. 그리고 산타모니카 불러버드를 타고 서쪽 방향으로 가서 태평양 바다 쪽으로 달리게 되었다. 덕분에 한인타운은 LA세계마라톤 구간에서 제외되었다.

---

5) 인터넷 뉴스 기사 2009.12.09 뉴스 M 아카이브 "'주일 성수' 안 하고 달린다는데 손 놓고 있는 까닭은?" http://www.newsm.com/news/articleView.html?idxno=1643

그러나 일이 진행되는 동안 한인교회의 지역사회에 대한 정치적 참여도는 점점 떨어졌다. 주류사회의 정치적인 문제와 연관될 때면 목사들은 교인들의 눈치를 봐야 했다. 한인들은 열정은 있어도 언어의 문제가 컸고, 무엇보다 정치적 경험이 부족해서 과정을 이해하기가 힘들었다. 결정적으로 주류사회와의 정치적 대화 부족과 무경험이 드러났다.

또한 한인교회의 지도자들로부터 이해와 협조를 받아내기가 쉽지 않았다. 요일 변경은 보수적인 한인교회가 그토록 중시하는 주일 성수와 직결되는 문제였지만 한인교회들 중에 끝까지 함께해 준 교회는 겨우 세 곳에 불과했다.[6] 오히려 어느 대형 한인교회는 담임목사가 주일에 교인들과 함께 마라톤에 참가하는 촌극을 벌이기도 했다.

그러나 되돌아보면 내가 미국에서 배운 것 중에 가장 값지고 유용한 것이 바로 IAF에서 배운 조직력의 예술이다. IAF의 주장대로 '움직이는 대학원'에서 또 다른 석사학위를 하나 취득한 느낌이다.

그러나 한국 이민자들과 주류사회와의 벽은 너무나 높았다. 나는 차라리 나의 경험과 지식을 한국으로 이식시키고 싶어졌다. 한국이야말로 좀 더 발전적인 민주시민 교육과 토론문화가 필요하다고 판단했기 때문이다. 이명박과 박근혜 시대처럼 민주주의가 역행하는 것을 보면 더욱 그렇다.

나는 2006년경에 이 일로 한국을 몇 번 다녀왔다. 한국에도 IAF와 같은 조직을 알려주고 훈련시켜서 새롭게 해보고 싶었다. 물론 지금도 그렇다. 그러나 한국에서 대학이나 신학대학원을 다니지 않은 나로서는 아는 목사님들이 거의 없었다. 이 때문에 남캘리포니아의 몇몇 목사님들로부터 소개받은 분들에게 교회를 통한 주민조직의 필요성을 역설했지만 별 호응은 얻지 못했다.

---

6) 미주평안교회, 충현선교교회, 경은교회.

6. 다시 설교하는 목사로

그러던 차에 내가 속한 미국 장로교단의 태평양 노회(Pacific Presbytery)로 부터 연락을 받았다. 갑자기 세상을 떠난 목사 대신 임시로 6개월간 교회를 맡아달라는 것이었다. 전임자는 18년간을 시무했는데, 과로로 인한 간암으로 타계했다. 얼마나 많은 이민교회의 목회자들이 갖은 마음고생을 하면서 병들어 가는지를 교인들은 모를 것이다. 참으로 안타까운 일이다.

나는 이렇게 우연한 기회에 이민교회 목회에 발을 들여놓게 되었고, 그 때부터 매주일 설교를 하게 되었다. 훗날 노회의 만장일치 결정으로 그 교회의 담임으로 사역하게 되면서 나의 설교에 대해 근본적으로 과감한 비평을 하게 되었다. 그때부터 알게 된 '역사의 예수' 연구는 나로 하여금 사영리 설교로부터 탈피하여 성서적인 예언자의 설교로 가는 길을 안내해주었다.

사영리에 바탕을 둔 신학의 문제점은 옥한흠 목사의 관점을 통해서도 볼 수 있다. 옥한흠 목사는 사영리 전도 원리를 설명하며 "이 작은 책자를 이해하면 성경 전체를 읽는 것과 같습니다"라고 했다.[7] 하지만 이 원리들은 성서와 그리스도인의 삶의 현실적 정황을 전인적, 역사적 그리고 통전적으로 해석하지 못한 채 네 가지의 간단한 영적 원리에 동의하고 시인하면 영생을 얻는다는 것에 초점을 두고 있다. 참으로 값싼 구원이다. 구원관에 대해서도 너무 왜곡되어 있다.

앞서 밝힌 대로 사영리 원리는 한때 복음 전도 및 교회 성장에 중요한 역할을 했지만 이제는 한국 개신교인들이 교회를 떠나는 이유 중의 하나다. 사영리 설교가 지나치게 비성서적이고 시대의 요구에 부응하지 못하기 때

---

7) 옥한흠, "영생을 얻게 되는 영적 원리 4가지." 새군산교회, February 19, 2008, http://blog.daum. net/_blog/BlogTypeView.do?blogid=0IICk&articleno=2368645(Accessed March 3, 2016. 교회 Homepage에서)

문이다. 따라서 탈사영리 설교로 전환하는 것이 한국 교회의 목회와 설교에서 시급하다고 본다.

미국이나 한국에서는 1980-90년대부터 교회 성장 세미나가 많이 개최되었다. 그러나 나는 등록비를 내고 이런 세미나에 참석해본 일이 없다. 우선 그쪽으로 마음이 쓰이질 않았다. 오히려 교회 성장의 비결이 마치 잔머리를 굴리는 수준인 것 같아서 멀리했다. 때로는 한심스럽다는 생각마저 드는 것이 정직한 나의 속내다. 지금도 그렇고 앞으로도 마찬가지일 것 같다.

우선 교회 성장 세미나를 인도하거나 주최하는 사람들을 인격적으로 신뢰하기가 힘들었다. 그들은 하나님이 교회를 성장시켰다고 광고한다. 그러나 실상은 자신의 노하우 전수나 자기 자랑이다. 혹자는 그래도 교회만 성장하면 되는 것 아니냐고 할지 모르지만, 결코 그렇지 않다. 교회는 제대로 커야 한다. 바른 성장이나 성숙을 기대하기 힘든 작금의 세태에서는 더욱 그러하다.

나와 같은 생각을 가진 목회자는 외롭다. 잘 안다. 그래도 나는 이 길이 2000년 전 예수께서 팔레스타인 땅에서 하나님의 길을 가려고 고군분투했던 길이라고 믿는다. 그럼에도 불구하고 나 역시 지금까지 예수님보다는 나의 몸을 사리며 안전하게 목회를 했고, 이제는 은퇴를 생각하는 나이까지 됐으니 뭐 자랑할 것이 있겠는가?

많은 사람이 인정하듯이 한국 교회는 1960년대부터 경이로운 수적 성장을 이루었다.[8] 그러나 1990년대에 이르러 성장의 둔화와 더불어 확실한 정체현상을 겪기 시작했다.

---

8) 이만열, 「한국 교회 성장과 그 둔화현상의 교회사적 고찰」, 교갱협 - 「기독신보 공동포럼」, June 19, 1997, http://www.churchr.or.kr/news/articleView.html?idxno=2836(Accessed February 29, 2016).

수적 성장이 가능했던 요인은 여러 가지다. 그중 두드러진 한 가지는 제도권 교회 밖에서 활동했던 여러 선교단체들의 노력을 들 수 있다. 특히 김준곤 목사가 시작한 한국대학생선교회(KCCC, Korean Campus Crusade for Christ)의 활동이 두드러졌다. 그리고 이들이 확산시킨 사영리 개인전도 훈련의 성공을 들 수 있다.[9] 이 원리들은 점차 사영리 신학과 사영리 목회로 그리고 사영리 설교로 발전하여 사영리 인생을 살도록 도와주었다.[10] 이들이 바로 한국 교회 성장의 중심적인 역할을 했다고 자타가 공인할 정도다.

그러나 2000년대 초반부터 한국 교회에는 교인 수 감소 현상이 일어나기 시작한다. 그 원인 중 하나가 바로 사영리 설교라는 것이 나의 주장이다. 늘 같은 내용에 똑같은 결론의 사영리 설교는 새로운 시대와 함께 변화된 교인들의 요구를 충족시켜주지 못한다. 한국 교회는 한때 사영리 설교로 급속한 부흥을 경험했지만 이제는 사영리 설교로 인해 교인의 감소를 경험하고 있다. 참 아이러니한 현상이다.

나는 한국 교회의 보수적 복음주의 설교자들의 사영리 설교 문제를 신학적으로 분석하고 그 보완점을 제시하기 위해 이 연구를 시작하게 되었다. 그리고 그 대안으로 역사의 예수 연구를 신학적 기반으로 하는 예언자의 설교를 제시하고자 한다. 물론 사영리 설교를 벗어나는 방법이 이 길밖에 없다고 주장하는 것은 아니다. 다만 역사의 예수 연구의 도움을 받아 예언자의 설교를 시도해본 것이다.

통계에 의하면 2000년대에 이르러 한국 교회는 수적으로 감소의 길로 들

9) 박용규, 「특별기고- 한국 교회와 젊은이들 가슴에 선교의 불을 지핀 김준곤 목사」, 「국민일보」, September 30, 2009, http://news.kmib.co.kr/article/view.asp?arcid=0000662704&code=23111111(Accessed February 29, 2016).
10) 김준우, 「교회의 영적인 전쟁과 사영리목회」, 한국기독교연구소, January 16, 2008. http://www.historicaljesus.co.kr/xe/article/21286(Accessed May 25, 2015).

어서게 되었다.[11] 이러한 전반적인 한국 교회의 하락세는 강단의 설교들과 무관하지 않다. 그 이유는 한국 교회의 목회에 있어서 설교가 차지하는 횟수나 비중이 매우 크기 때문이다. 한국에서는 대개의 교회가 주일뿐 아니라 거의 매일 새벽기도 시간에도 설교를 한다. 수요일 저녁 예배시간에도 설교를 하고, 금요일 저녁 예배시간에도 한다. 교회에 따라 주일 오후 예배시간에 설교를 하기도 한다. 그리고 구역예배나 각종 모임에서도 늘 설교한다. 가히 설교의 홍수다. 홍수가 나면 정작 마실 물은 구하기가 힘든 법이다.

이처럼 수많은 설교는 대부분 사영리 설교다. 이들의 공통점은 KCCC의 사영리 개인전도 원리를 신학적 기반으로 삼고 있다는 점이다.[12]

이 책에서는 사영리의 근간이 되는 네 가지의 신학적인 원리를 자세히 살펴볼 것이다. 그 네 가지는 바로 신론, 인간론, 기독론 그리고 구속론이다. 나는 먼저 이들을 하나씩 구체적으로 설명한 다음 이들의 문제점들을 자세히 밝힐 것이다. 그런 다음 역사의 예수 연구의 관점에서 이들을 수정하고 보완할 것이다. 그리고 역사의 예수 연구를 기반으로 하는 탈사영리 설교를 설명하면서 예언자의 설교가 되도록 제시할 것이다.

나는 탈사영리 설교가 설교의 전인성, 통전성 그리고 역사성을 포함하기를 바란다. 그리하여 우리 사회의 정치, 경제, 문화와 관련하여 기독교인들이 어떻게 이 시대를 읽고 해석하고 행동하여야 할지를 선포하는 예언자의 설교가 창조되기를 원한다. 예수가 전했던, 예수의 정신이 깃든 신학과 설교가 필요하다. 이 시대에 진실로 예수 따름이로 살기 원하는 사람들에게 탈사영리 설교가 필요한 이유다.

---

11) The Christian World Monitor, 「한국 교회 전반적인 하락 추세 뚜렷」, October 15, 2014, http://www.cwmonitor.com/news/articleView.html?idxno=40891(Accessed September 15, 2015).
12) 김준우, 「교회의 영적인 전쟁과 사영리목회」, 한국기독교연구소, January 16, 2008, http://www.historicaljesus.co.kr/xe/article/21286(Accessed May 25, 2015).

B
사용한 자료들

이 책을 쓰기 위해 나는 먼저 사영리 개인전도 원리를 자세히 알아보았다. 물론 오래전부터 아는 원리지만, 이번에 다시 집중하여 살펴보았다.

먼저 이를 개발한 빌 브라이트(William R. 'Bill' Bright)의 저서들 중 한국어로 번역된 『CCC 10단계 성서교재』와 『교범』을 중심으로 사영리 원리에 대해 충분한 이해와 검토를 했다. 그리고 이 연구의 핵심에 해당하는 사영리 개인전도 원리 책인 『사영리에 대하여 들어보셨습니까?』라는 자료를 이 책의 부록으로 첨부했다.[13] 이 부록은 영어와 한글로 되어 있다. 물론 다른 여러 언어로도 발행되었다. 그리고 이들 각 원리들에 대한 비평의 글도 찾아보았다.[14]

또한 복음주의에 대해 자세히 알아보기 위해 데이비드 W. 베빙턴(David W. Bebbington)의 저서인 『영국의 복음주의: 1730-1980』을 숙독했다. 그는 복음주의의 특성을 회심주의, 행동주의, 성서주의 그리고 십자가 중심주의

---

13) Here's Life, 「사영리에 대하여 들어보셨습니까?」, A Ministry of Campus Crusade for Christ Australia, http://4laws.com/laws/downloads/KknEng4pWB04Jul.pdf.(Accessed January 2, 2016).
14) Kellog, Joshua J., 「The Four Spiritual Laws: An Analysis of Campus Crusade's Method of Evangelism」, Liberty University, 2002, http://digitalcommons.liberty.edu/cgi/viewcontent.cgi?article=1278&context=honors. (Accessed October 1, 2015). 그리고 Roberts, Mark, "Flaws of Four Spiritual Laws", The Expository Files, November, 2010, http://www.bible.ca/ef/topical-flaws-in-the-four-spiritual-laws.htm(Accessed October 1, 2015).

로 규정한 것으로 유명하다. 그의 주장은 이 네 가지의 특징들이 시대마다 회심주의에서 십자가 중심주의로 각각 그 강조점들이 달라진 점을 조사하여 설명했다.[15]

그에 따르면 이 네 가지는 한꺼번에 나타나거나 함께 강조되면서 거론된 것이 아니다. 시대마다 하나씩 강조되면서 앞선 시대에 강조되었던 것이 다음 시대에도 연속성을 가졌다는 것이다. 이 부분은 복음주의를 이해하는 데 중요하다. 그리고 박용규 교수의 『한국 복음주의의 태동』과 『한국 교회를 깨운 복음주의 운동』, 김명혁 교수의 『복음주의 운동과 한국 교회』 그리고 한국복음주의협회에서 발행한 저서 등을 통해 자칭 한국의 복음주의자들이 자신들을 어떻게 이해하는지를 살펴보았다. 이들을 통해 한국 복음주의 운동의 태동과 변천사도 살펴보았다.

그리고 KCCC에서 발행한 서적이나 글, 과거에 이 단체를 경험한 제자들이 저술한 글도 읽어 보았다. 이들의 회고는 좀 씁쓸했다. 마치 초창기의 나의 신앙생활을 다시 복기해보는 것과 다름이 없었다.

위와 같은 자료들을 통해 한국의 복음주의와 사영리 신학이 어떠한 공통적인 배경을 가지고 있는지를 잘 알 수 있었다.

사영리 설교의 비평을 위해서는 정용섭 목사가 쓴 몇 개의 설교비평 책들을 참고했다. 민영진 교수는 정용섭 목사의 설교비평을 "객관적이면서 정중하고 진지한 때로는 비장한 설교비평을, 때로는 화가 날 만큼 솔직한 비평을, 그것도 일반 상식 수준에서가 아니라 그 설교자에 대한 객관적 자료를 근거로 한 전문 관찰자의 평을 듣게 된다"고 극찬했다.[16] 정용섭 목사는

---

15) David. W. Bebbington, 『영국의 복음주의: 1730-1980』, trans. 이은선(서울: 한들, 2009), 15~37.
16) 민영진, 「정용섭 목사의 설교비평에 대해」, 대구성서아카데미, April 28, 2006, http://dabia.net/xe/comment/8864(Accessed February 29, 2016).

몇 해 전에 매달 수많은 한국의 유명 설교자들의 설교를 월간 『기독교사상』을 통해 매우 심도 있게 비평한 바 있다. 그가 저술한 서너 권의 설교비평서는 이 분야에 있어 타의 추종을 불허할 정도로 한국에서는 보기 드문 역작이다. 그는 누구에 대해서든 학자의 양심으로 상대에 대한 예의를 갖추고 인신공격 없이 객관적으로, 학문적으로 그리고 심도있게 접근했다고 본다.

그 다음으로 송기득 교수의 『역사의 예수』 그리고 마커스 보그의 『새로 만난 하느님』과 『기독교의 심장』은 역사의 예수 연구에 대해 더 깊은 이해를 하도록 도와 주었고, 탈사영리 신학을 가능하게 해 주었다. 송기득 교수는 한국적 신학을 하기 위해 애썼고, 인간 예수를 알리려 노력했다. 그는 인간화와 인간화 과정을 그의 신학의 화두로 삼은 것 같다.

그리고 미국의 유명 설교학 교수인 토머스 롱(Thomas Long)의 저서인 『증언하는 설교』는 '성경적 설교'에 대한 폭 넓은 이해를 가능하게 해주었다. 또한 그는 탈사영리 설교에 대한 신학의 지평도 훨씬 넓혀주었다.

그리고 사영리 설교를 비평하는 과정에서 예언자 및 해방의 설교를 설명하는 다음의 저서들을 참고했다. 레오노라 터브스 티스데일(Leonora Tubbs Tisdale)의 『Prophetic Preaching』과 월터 브루그만(Walter Brueggemann)의 『Prophetic Imagination』, 그리고 후스토 L. 곤잘레스(Justo L. Gonzalez)와 캐더린 G. 곤잘레스(Catherine G. Gonzalez) 부부의 『Liberation Preaching』 등이다. 미국에서도 예언자의 설교와 전통이 시들어감을 안타까워하는 이들은 하나같이 이런 설교가 부흥하기를 촉구하고 있다.

⸢
어떻게 설명할 것인가

한국대학생선교회 KCCC의 창립자인 김준곤 목사와 함께 한국에서 오랫동안 사역했던 닐스 위트머 베커(Nills Witmer Becker)는 "하나님은 전 세계의 전도를 돕기 위해 한국을 선택하셨다"고 술회한 바 있다.[17] 베커는 1958년 이래 KCCC를 통해 22만 3,000명의 학생들이 그리스도를 영접했고 300만 명 이상이 개인전도 기본훈련을 받았다고 한다.[18] 과연 대단한 숫자다. 그러나 이러한 대부흥 뒤에는 KCCC가 인정하기 싫어할 뿐 아니라 숨기고 싶은 어두운 역사도 있다. 나는 이 책을 통해 특히 그들의 1970년대 사역과 전도운동의 명암을 살펴볼 것이다. 그리고 김준곤 목사가 자신의 시대를 신학적으로 어떻게 해석하고 이해하고 행동했으며 어떠한 발언을 했는지 되짚어 볼 것이다. 그의 사역이 한국 교회에 지대한 영향을 끼쳤기에 그 내용을 공적으로 평가해볼 필요가 있기 때문이다.

그의 신학사상과 기독교 지도자로서의 공적인 언행은 지금도 많은 그의 제자들의 설교 및 강연을 통해 전수되고 있기 때문에 이에 대한 객관

---

17) Nills Witmer Becker, 『Fireseeds from Korea to the World』(Singapore: Campus Crusade for Christ International, 2007), 225.
18) Ibid., 224.

적인 검토와 평가가 중요하다. 하나의 예를 들어보자. 경기도 안산의 K목사는 "사영리로 6만 명의 재적성도를 일구었다"고 KCCC 52주년 기념식에서 간증했다.[19]

이처럼 김준곤 목사와 사영리 개인전도 훈련 및 그 전파가 한국 교회와 교회 지도자들에게 끼친 영향은 실로 막강하다. 나는 지금도 그러한 사영리 신학과 목회 및 설교가 한국 교회를 강점하고 있으며 사영리 인생을 형성했다고 생각한다. 많은 한국의 중대형 교회를 개척하여 성장시킨 그의 제자들은 아직도 사영리 신학의 한계나 폐해를 인지하지 못하고 있다. 설사 그것을 인지한다 해도 다른 대안을 흔쾌히 수용하지 못한다.

그러나 미미하지만 이미 한국 교회 안에 서서히 불고 있는 새로운 신학기류 중 하나인 역사의 예수 연구는 오랫동안 사영리 신학에 머물러 있다가 탈피하려는 사람들에게 새로운 돌파구를 제공해 주고 있다. 따라서 나는 이 책을 통해 역사의 예수 연구를 신학의 기반으로 하는 탈사영리적이며 예언자의 설교로 전환할 것을 제안하며 그 예를 보여주려고 한다.

---

19) 홍진우, 「김인중 간증: 사영리 전도로 6만 재적성도 일궜다」, 청계산기도원, November 13, 2010, http://cafe.naver.com/cgsgidowon/6450(Accessed October 1, 2015).

D
간단한 용어 정리

1. 사영리 개인전도 원리란

사영리 개인전도 원리들은 미국에서 CCC(Campus Crusade for Christ) 라는 전도단체를 창립한 빌 브라이트 목사가 1965년에 전도용으로 만든 것이다. 브라이트에 따르면 이는 "예수의 지상명령(The Great Commission)의 실현과 성취를 위하여" 만든 것이다.[20] 그는 이 원리들을 기독교의 기본 및 복음의 핵심적 원리로 이해했다. 네 개의 영적 원리들은 보통 신학에서는 신론, 인간론, 기독론 그리고 구속론이라 부른다.[21] 이 책의 제4장 둘째 주제인 '근본주의 사영리의 분석'에서 이 네 개의 원리들을 자세히 설명할 것이다. 그리고 역사의 예수 연구의 관점에 따라 이 원리들에 부족한 신학적 내용을 보완할 것이다.

한국의 보수적인 복음주의권에서는 이 네 가지의 사영리 원리들이 곧 사영리 신학과 사영리 목회를 형성했던 것이다. 그리고 여기에서 사영리 설교

---

20) 김정혁, 임진혁, 최민숙, 최요섭, 허욱 and 오세규, 「전도방법론: 사영리전도방법」, DreamWiz, October 14, 2010, http://report.dreamwiz.com/view/11046456/(Accessed October 1, 2015). 1.
21) Ibid.

가 생성되어 신자들을 사영리 인생으로 살아가게 하였다. 그들의 설교는 근본주의에 뿌리를 내리고 있는 사영리 설교다.

2. 복음주의란

영어의 'Evangelism'을 한국어 검색창인 네이버 영한사전으로 검색하면 그 뜻이 '복음전도'와 '복음주의'로 나온다.[22] 그리고 Evangelicalism 역시 '복음주의'로 나온다. 그러나 Evangelism은 복음주의보다는 '전도' 혹은 '전도주의'가 더 정확한 뜻이다. 그럼에도 기쁜 소식(Good News) 혹은 복음(Gospel)이라는 뜻의 헬라어인 유왕겔리온(εὐαγγέλιον)에서 파생된 Evangelism, Evangelical, Evangelicalism 등의 단어가 영어나 한국어에도 모두 혼용되고 있는 실정이다. 그렇다 보니 한국어에도 복음, 복음주의, 전도 등의 용어들이 늘 혼용되고 있다.

청어람의 양희송 대표는 "복음주의라는 명칭에서 하나의 '이즘'을 연상하고 정교하게 이루어진 신학체계를 기대했다면 실망스러울 수도 있다"고 말한다. "그러나 복음주의는 한 번도 '이즘'이었던 적이 없다. …(중략) … 오히려 역동하는 운동으로 이해하는 것이 더 실제에 근접한 이해방식일 것"이라며 … "복음주의 운동(Evangelical Movement)'이란 표현이 옳다"고 말한다.[23] 자크 엘룰도 '주의'에 대하여 다음과 같이 설명한다. 즉 "주의'라는 어미가 붙으면 정의가 명확한 원래의 개념에 어떤 새로운 것이 주입되는 것을 뜻한다. 어떤 사상에 '주의'라는 말이 붙게 되면 독창성은 제거되고 진부하

---

22) Naver 사전, http://endic.naver.com/search.nhn?sLn=en&dicQuery=evangelism&query=evangeli sm&target=endic&ie=utf8&query_utf=&isOnlyViewEE=N&x=29&y=15.(Accessed January 6, 2016).
23) 양희송, 「너희가 복음주의(Evangelicalism)를 아느냐?」 Post-Evangelical, October 28, 2009, http://post-evangelical.tistory.com/66(Accessed November 1, 2015).

게 되므로, 하나의 삶 또는 사상은 그의 근본성과 항구성을 상실하게 된다"
고 말한다.[24] 이것은 '주의'에 대해 잘 정리한 설명으로 보인다. 김명혁 교수
에 의하면 복음은 예수님이 전해주고(막 1:14), 사도 바울을 중심으로 어느
정도 체계를 갖춘(롬 1:1-17) 복된 소식으로 이해될 수도 있다.[25]

이처럼 복음주의는 사용하는 정황에 따라 복음서에서 시작된 복음의 전
파와도 관계가 있다. 그러나 기독교 역사에 대두된 복음주의는 훨씬 나중
에 종교개혁 운동과 함께 일어난 일련의 교파를 초월한 유럽의 교회정화
운동의 하나이다. 그러므로 우리에게 익숙한 복음주의를 기독교 초창기부
터 있었던 복음 운동의 이름으로 이해하는 것은 좀 곤란하다. 물론 복음주
의가 전하려는 내용은 기독교 초기부터 연관성이 있지만, 그때는 이 단어
가 생기기 훨씬 전이다.

3. 근본주의 - 보수주의 신학이란

한국 교회의 상황에서 보면 근본주의와 보수주의는 내용적으로는 서로
가깝지만 표면적으로는 먼 사상처럼 보인다. 대부분의 한국 기독교인들은
보수주의자로 불리기를 바라고 근본주의자로 불리는 것은 달가워하지 않
는다. 특히 그중에서도 보수적 복음주의자 혹은 복음적 보수주의자라고 불
리기를 선호하는 경향이 있다. 아마 근본주의자라고 불려지면 '꽉 막힌 사
람'이라는 선입견을 주기 때문인 것 같다.

강근환 교수는 한국 교회의 시작은 보수주의라고 주장한다.[26] 그러나

---

24) Jacques Ellul, 『뒤틀려진 기독교』, trans. 쟈크엘룰번역위원회(서울: 대장간, 1990), 24.
25) 김명혁, "복음주의운동과한국 교회", 복음주의, 근본주의, 개혁주의비교(신복윤 교수), 서울: Nuri Media Co, 2002. Pdf-Adobe Reader,(Accessed October 1, 2015). 88.
26) 강근환, 「한국 교회 신학의 흐름과 전망」, 성결신학연구소: 강근환자료실, http://sgti.kehc.org/data/person/kang/1.htm(Accessed October 15, 2015).

1951년에 신사참배 문제로 고려파가 분열되고, 1953년에는 아빙돈 주석의 번역으로 인한 성서관의 차이로 보수를 대표하는 박형룡 목사 측과 진보를 대표하는 김재준 목사 측으로 갈라서게 되었다.[27] 이때부터 한국 교회에는 보수주의 신학과 진보주의 신학이 자리를 잡게 되었다. 그리고 이때 이후 고려파는 근본주의로 자리 매김을 하고 김재준 목사 측은 진보주의의 자리를 차지하게 된다. 이후 한국 기독교의 주류 세력이던 비고려파 측 장로교회는 또 다시 분열하면서 예수교장로회 예장 측과 기독교장로회 기장 측으로 갈라졌다.[28] 이때 "한국에서는 예수와 그리스도가 싸운다"라는 비아냥을 선교사들로부터 듣게 되었다.

그 후 1960년, 예장은 친에큐메니컬 WCC 진영의 통합 측과 반에큐메니컬 NAE 진영의 합동 측으로 다시 분열을 겪었다.[29] 이로써 신사참배 문제로 갈라졌던 고려파를 중심으로 하는 근본주의 계열과, 친에큐메니컬과 반에큐메니컬 진영의 보수주의가 나오게 되고, 기장은 진보주의로 불리게 된다. 이러므로 기장을 제외한 모든 한국 교회는 근본주의 및 보수주의 신학의 자리에 놓이게 되었다. 이들이 한국 교회의 개혁주의, 오순절 은사주의, 복음주의를 총 망라하여 오늘에 이른다.

4. 진보주의 - 자유주의 신학이란

근본주의-보수주의 신학과 대칭구도를 이루는 근현대의 진보주의-자유주의 신학을 강근환 교수는 다음과 같이 다시 둘로 나눈다. 하나는 주로 기

---

27) Ibid.
28) Ibid.
29) Ibid.

장 측의 민중신학으로 구체화된 사회참여 행동주의이고, 다른 하나는 종교 신학을 추구하는 기독교감리회 측의 문화적 자유주의다.[30] 이 가운데 사회참여 행동주의는 보수주의 측의 한국 교회가 수적으로 급성장을 하는 동안 인권과 민주화 투쟁 등에 참여함으로써 많은 고난을 겪었다. 이런 와중에 유신독재라는 특수한 현장을 배경으로 한국의 신학자들에 의해 발전된 '한국신학'이 민중신학이다.[31]

민중신학은 한국 교회 강단에서 사영리 설교가 주류를 형성해 갈 때 소수지만 예언자의 설교로 그 시대의 소명을 담당했다. 한국 교회 강단의 예언자의 설교의 모델은 이때 발생했다고 볼 수 있다.

과연 그들의 용기는 대단했다. 기장을 중심으로 하는 진보주의는 기장 교단 소수의 교회들에까지 영향을 미쳤다. 그러나 자유주의는 소수의 신학자들 사이에서만 알려졌을 뿐 교회에는 큰 영향을 미치지 못했다.

5. 역사의 예수 연구란

신학에서 예수를 이해할 때는 다음과 같이 두 가지로 크게 구분하여 생각해볼 수 있다. 즉 부활 후의 신앙의 그리스도에 중점을 두느냐 아니면 부활 전의 팔레스타인 땅에 살았던 역사의 예수에 중점을 두느냐이다.[32] 이를 두고 역사적으로 다양한 연구들이 있었다. 다시 말해 예수에 대한 우리의 이해를 증진시킬 때, 부활 후의 예수를 강조하면 신앙적으로 예수가 그리스도 되심을 강조하게 된다. 이는 부활 이전의 예수를 중심으로 하는 신

---

30) 강근환, 13.
31) Ibid., 14.
32) 송기득, 37~50.

앙과 더불어 오랫동안 기독교회의 중심적인 전통신학이었다.

부활 이전 예수의 삶을 강조하게 되면 인류 역사의 어느 시대에 실제로 살았던 인간 예수를 강조하게 된다. 역사의 예수 연구는 알버트 슈바이처(Albert Schweitzer) 때에 시작되었으나 곧 사라졌다. 최근의 역사의 예수 연구는 제3의 물결로 1980년에 시작되었다.

결국 이 문제는 부활 이전과 이후 어느 쪽에 더 중심을 두느냐에 따라 신학적인 이해가 달라진다. 그리고 우리의 신앙 태도에도 많은 영향을 미치게 된다. 송기득 교수는 "오늘날 한국의 보수교회나 아메리카 제국의 교회엔 역사의 예수는 없다"고 말한다.[33]

한국 교회에서는 이 문제가 이제 좀 알려지기 시작하는 것 같다. 송 교수는 "역사의 예수와 신앙의 그리스도는 아무런 관계가 없다"고 단정 지으며 "역사의 예수 없이도 신앙의 그리스도를 생각할 수 있고, 신앙의 그리스도 없이도 역사의 예수를 추론할 수 있다"고 주장한다.[34] 그의 말은 어느 쪽을 선택하느냐에 따라 우리의 신앙이 매우 다른 결과를 맺을 수 있다는 뜻일 것이다.

성서의 네 복음서에 소개된 예수는 신앙의 그리스도이며 "예수는 그리스도이다"라는 믿음과 고백 속에서 예수 '믿음이'들에게 큰 도움을 준다. 이 복음서들은 하나같이 예수가 이미 그리스도로 믿어진 다음에 저술한 것들이다. 즉 복음서 저술가들과 그들이 속한 신앙의 공동체가 소유한 신앙의 고백들이다. 그러므로 지금까지 이해한 네 복음서는 신앙의 그리스도만을 강조하는 것처럼 보일 수 있다.

그러나 예수를 잘 따르려는 예수 '따름이'들에게는 더 많은 예수 연구와

---

33) Ibid., 358, 388~92.
34) Ibid., 392~94.

공부가 필요하게 된다. 그러므로 송기득 교수는 하나님과 인간 사이에 중보자 없이도 하나님과 하나님 나라를 직접 경험할 수 있다고 외친 역사의 예수는 전통적인 "속죄론, 삼위일체론, 양성론, 육화론 따위와는 상관이 없다"고 결론짓는다.[35] 그는 신앙의 "그리스도교가 역사의 예수가 벌인 하느님나라 운동을 실현하려면 그 자체를 해체하고 예수를 따라야" 한다고까지 주장한다.[36]

좀 과격하다. 이제 우리는 예수를 믿기만 할 것인가 아니면 믿고 따르기로 결단할 것인가를 고민해야 한다. 이런 상황에서 한국 교회의 보수적 복음주의권의 사영리 설교는 근본주의 신학을 고수하며 신앙의 그리스도를 훨씬 편파적으로 강조하여 전파하고 있다. 그러므로 역사의 예수에 기반을 두는 탈사영리 설교는 보수적 복음주의 설교자들에겐 커다란 도전이 된다. 물론 이는 새로운 설교로의 진입을 위한 좋은 기회가 될 수도 있다.

그러나 이 책에서는 역사의 예수 이해와 신앙의 그리스도 가운데 하나를 고르는 것으로 이해하지 않는다. 오히려 둘 사이의 긴장을 의미 있게 여긴다. 둘 중의 하나를 택하기보다는 둘 사이의 긴장과 조화를 견지한다. 이것이 탈사영리의 작업에 도움을 줄 수 있을 것이다.

6. 예언자의 설교란

역사의 예수 연구가 사영리 신학과 많이 대조되듯이 예언자의 설교 역시 탈사영리 설교의 모델이다. 그러므로 보수적인 복음주의 설교자들이 추

---

35) Ibid., 394.
36) Ibid., 397.

구해봐야 할 설교다.

예언자의 설교는 일찍이 남미에서 발생한 해방신학과도 맥을 같이 하며 한국 교회에서는 1970년대에 형성된 민중신학과 맥을 같이 한다. '예언자'라는 말에는 물론 대부분의 보수주의자들이 선호하듯이 '미래에 대해 무엇을 미리 말한다'는 뜻과 진보주의자들이 말하는 '현세에서의 변혁'도 분명히 자리하고 있다. 그러나 그보다는 월터 브루그만 교수가 주장하듯이 "우리 주위를 지배하는 문화에 대한 의식과 인식으로 양육하고 돌보며 환기시키는 것을 책무로 한다."[37)

그러므로 예언자의 목회나 설교자는 늘 자신과 청중을 둘러싸고 있는 문화적 환경에 대한 바른 이해와 민감성을 소유해야 한다. 세태에 대해 민감할 뿐 아니라 그 문화의 밑바닥에 흐르고 있는 정서를 해석해 내는 능력도 있어야 한다. 물론 '문화'는 정치·경제를 포함하는 인간정황을 모두 포괄한다. 그러나 이런 포괄적 해석이 힘들고 복잡하므로 설교자는 늘 피하고 싶은 유혹을 만나게 된다. 이 때문에 대충 해석하게 되면 표피적인 것만 보게 됨으로써 인식의 오류를 범할 수 있다.

따라서 예언자의 설교에서는 이러한 중요성과 함께 사려 깊은 내면의 성찰, 탁월한 현실의 분석 그리고 세심한 성서의 이해와 적용이 요구되기에 많은 설교자들이 예언자의 설교를 힘들어한다.

예언자의 설교자의 삶은 신학교의 학자처럼 연구의 길을 꾸준히 걸어가야 한다. 성서 연구와 더불어 문화 전반에 관한 심오한 고찰이 따라야 한다. 이를 보통 인문학적 성서 연구라 한다. 이는 물론 설교자의 인문학적인 소양이 뒷받침되어야 가능하다.

---

37) Walter Brueggemann, 『The Prophetic Imagination』, 2nd ed.(Minneapolis: Augsburg Fortress, 2001), 2~3.

E
누구를 위하여
이런 책을

앞서 얘기한 대로 나는 1970-80년대 신학대학에서 사영리를 배우고 설교자가 되었다. 이 글을 통해 비슷한 시대에 유사한 신앙 경험을 한 사람들에게, 그들이 지금도 접하고 있는 설교가 얼마나 사영리적인지를 알려주고 싶다.

나는 사영리 인생을 살고 있는 사람들에게 일종의 동병상련의 마음과 부채의식을 가지고 있다. 신학을 시작하고 약 35년이 흐르면서 깨달은 것은 내가 젊은 날에 여러 목회자들에게 잘 못 배웠다는 씁쓸함이다. 그것도 성서를 가르쳐준 사람들에게서. 이로 인해 나는 한동안 매우 분개했고 허탈했으며 교회에 대해 심히 절망했다.

현재 대부분의 설교에서 사영리라는 단어는 사용되지 않는다. 하지만 이들의 설교는 분명히 사영리 신학에 기반을 두고 있다.

최형묵 목사는 대학 입학 직후까지 KCCC의 순장 훈련을 받던 자신을 "가장 표준적인 기독교인 가운데 한 사람"이었다고 회상한다. 하지만 훗날 사영리 신앙에 의문을 갖기 시작하면서 "점차 전혀 다른 기독교가 (한국에) 존재한다는 사실을 알게 되었다"고 고백한다.[38]

그러므로 이 책의 일차적인 청중은 한국의 보수적 복음주의 설교자들 가운데 사영리 설교를 탈피하고 싶어하는 사람들이다. 사영리 신학과 목회 그리고 설교에 무엇인가 부족하다고 느끼고 더욱 발전하고 싶은 사람들에게 이 이야기를 들려주고 싶다. 무엇인가 잘못된 것 같다고 느끼고 수정하고 싶어하는 설교자들에게 말하고 싶다. 그러나 사영리 설교가 좋고 바르다고 믿는 사람들에게 이 책은 별로 도움이 되지 않을 것이다. 이들은 오히려 화를 내게 될 것이다.

또한 부차적인 청중은 교회 안에서 신앙의 길을 잃었다고 고백하는 불특정 다수의 신자들이다. 이들은 더 이상 새로운 설교가 없다고 교회를 포기했을 수도 있다. 설교를 들어봐야 늘 똑같다는 푸념이 이것이다. 사영리 설교는 이들로 하여금 영생의 확신을 갖고 전도와 주일 성수 및 헌신과 봉사로 더 큰 축복을 구하며 천국을 열망하게 한다. 그러나 청중들은 사영리 설교가 왜 교단과 교파, 성서 본문과 관계없이 늘 비슷한 결론을 맺는지 잘 모른다. 왜 신앙생활이 사영리 인생을 벗어나지 못하는지 잘 모른다. 교회 생활에 열심을 내라, 봉사를 잘 해라, 헌금을 잘 내라, 그래야 복 받는다, 그래야 천국 가서 더 큰 상급을 받는다 등이 중요한 결론들이다. 어느 본문으로 설교하건 늘 비슷하다. 그래서일까. 설교 제목만 보면 대충 설교의 내용을 알 수 있을 정도다.

그러나 청중은 그렇게 무지하지 않다. 이들의 지성을 무시하지 말아야

---

38) 최형묵, 『한국 기독교의 두 갈래 길』(서울: 이야기쟁이 낙타, 2013), ii-iii.

한다. 청중은 이미 충분히 지성적이다.

이제 청중들은 감정에 치중하거나 설교자의 감정에 휘둘리지 않고 시대와 역사의 책임을 외치는 설교를 들어야 한다. 이러한 청중들에게 사영리 설교의 한계와 폐해를 설명하고, 부디 좋은 설교를 구분하여 듣고 신앙적으로 사영리 인생을 탈피하여 성장하기를 바란다.

F
그렇다고
다 말할 수는 없고

나는 이 책에서 첫째로 사영리 원리에 신학의 기반을 둔 사영리 설교의 한계를 분석한다. 둘째 그 대안으로 예언자의 설교를 제시한다. 다시 말해 설교의 신학 기반을 사영리 신학에서 탈피하도록 하는 것이다. 그리고 새로운 신학의 기반을 역사의 예수 연구로 옮기도록 도움을 주려는 것이다.

나는 현재 한국 교회 쇠락의 핵심 원인은 설교에 있다고 본다. 그래서 보수적 복음주의 설교자들의 설교를 비평하고 분석하여 그 설교들이 내포하고 있는 사영리 신학의 중심적인 요소들을 먼저 설명할 것이다. 한국 교회에서 선포되는 설교는 대부분 보수적 복음주의 설교들이다. 매일 매 시간 라디오나 인터넷, 텔레비전 등을 통해 사영리 설교가 흘러넘친다. 성공주의와 성장주의, 물질우선주의, 기복주의, 이원론 등과 궤를 맞추어 쉬지 않고 들려오고 있다.

이렇게 넘쳐 나는 사영리 설교 가운데 두 편을 선정해서 비평할 것이다. 하지만 그 내용 가운데 비사영리적인 측면에 대해서는 비평을 자제할 것이다.

　보수적 복음주의 설교자들이 교세 확장에 대단한 역할을 했다는 것은 부인하지 않지만, 이들의 목회 전반에 관한 비평이나 목회의 건강성 등은 이 책의 범위를 넘어선다. 그런 측면들은 이미 다른 사람들도 많은 말을 했다. 그동안 한국 교회의 신앙 형성과 부흥에 있어서 보수적 복음주의 설교자의 역할이 매우 컸다는 것은 인정한다. 사영리는 당시의 지식인들에게 매우 탁월하게 정리된 복음의 지식을 알려주었다. 그러나 오늘의 지식인들은 사영리와 같은 원리를 매우 부정적으로 이해하고 배척하는 경향이 강하다. 그러므로 오늘날 회자되는 대부분의 중대형 교회들의 부정적인 면들을 복음주의 설교자들의 잘못으로만 돌리지는 않겠다. 이런 문제들은 그 내용이 훨씬 복잡하고, 간단하게 단정 지을 수 없기 때문이다. 다만 이 책은 새 시대를 위한 탈사영리 설교를 대안으로 제시하는 것으로 그 범위를 제한하고자 한다.

G
누구도 말하지 않았다

한 번의 설교로 수많은 사람들을 구원에 이르게 한다는 것을 소위 '대중추수주의'라 부른다. 대중추수주의를 중히 여기는 보수적 복음주의 설교자에게는 사영리 전도원리와 교회의 수적 성장이 우선적으로 중요하다. 그래서 사영리 원리는 한국 교회의 전도, 부흥 그리고 교회 성장의 요인으로 자주 사용되었다. 반면에 사영리 신학과 연관된 성서해석 또는 사영리 설교를 분석하거나 비평하는 논문이나 연구물은 거의 찾을 수가 없었다. 현재까지 나와 있는 각종 영문 및 한글 자료를 찾아보면 이렇게까지 큰 역할을 한 사영리가 학문적 연구의 대상으로 오른 일은 거의 전무하다.

유명세에 비해 학문의 연구대상으로는 각광을 받지 못한 셈이다. 다만 사영리 신학과 사영리 목회에 대한 신학의 문제나 목회의 한계와 폐해 등은 한인철 교수나 김준우 교수 등을 통해 매우 간략하게 발표된 몇 개의 글이 있다.[39]

따라서 나의 이 연구와 책은 사영리 전도원리가 사영리 신학과 목회 그리

---

39) 참고문헌에 나와 있는 대로 김준우가 「월간 프리칭」에 기고한 글인 「교회의 영적인 전쟁과 사영리 목회」와 한인철이 '예수목회 세미나'에서 발표한 것을 간추린 내용이 있다.

고 사영리 설교로 인한 사영리 인생을 견인했다는 것을 보여주는 흔치 않은 연구의 결과물이다. 또한 이 연구는 사영리 설교를 탈피하여 역사의 예수 연구를 기반으로 하는 예언자의 설교를 추구하는 이들에게 하나의 유용한 안내서가 되기를 기대한다. 설교가 변하면 청중의 신앙형성이 달라지듯이 교회를 등진 사람에게 탈사영리 설교를 들어보게 하고 싶다. 사영리 인생과 사영리 신앙체계를 벗어나면 자유와 해방, 생명과 정의 및 평화의 신앙세계로 들어가는 길이 되기 때문이다.

H
이렇게 풀어본다

제1장인 '들어가는 말'에서 나는 왜 이 책을 쓰게 되었는지 말한다. 나의 개인적인 신앙 여정을 비교적 자세히 서술함으로써 나의 신앙의 배경을 설명한다. 어떻게 신앙생활을 시작했으며 어떠한 고민들을 해왔는지 말한다. 신학생 시절의 이야기들과 진로와 연관된 경험들을 곁들였다. 나의 개인적인 이민 생활의 이야기다. 새 신자가 이리저리 헤매며 길을 찾아 나가는 고군분투의 여정이다.

그리고 한 명의 신학생이 목사로 성장해 나가는 과정에서 겪는 기쁨과 좌절이 실려 있다. 때로는 두려움 때로는 희망에 찬 움직임들이다. 후회는 없다. 모두가 도움이 되었다. 다만 좀 더 사려 깊고 바른 선생을 만났더라면 하는 아쉬움은 크게 남아 있다.

그 다음으로 이 책을 쓰면서 도움이 된 여러 문헌자료에 대한 평론적인 검토를 실었다. 그리고 본서에서 사용할 용어들을 정의하고 정리하여 독자들과 같은 이해 속에서 대화를 나누기를 꾀했다. 마지막으로 이 책이 다룰 내용의 범위와 한계를 얘기하고 이 글이 어떤 면에서 독창적이며 교회에 어떤 공헌을 하려는지를 언급했다.

제2장인 '복음주의 둘러보기'에서는 영국과 미국의 복음주의 역사로부터 시작해서 한국으로 전래된 복음주의를 설명했다. 특히 미국과 한국 교회의 복음주의 간의 연관관계를 살펴보았다. 그리고 한국의 근본주의 및 복음주의 진영의 사회봉사 및 참여가 근현대 진보주의 및 자유주의 신학과 에큐메니컬 진영의 정치 및 사회개혁과 어떻게 다르며 어떤 차이점들을 보이는지를 살펴본다. 이 두 진영은 지금도 존재하며 이제 그 역사는 반세기를 넘어가고 있다.

제3장인 '한국 교회의 사영리 목회'에서는 미국에서 시작된 사영리 개인전도 원리의 태동과 그 영향 및 현재를 거론한다. 그리고 한국으로 전래된 사영리가 미국에서보다 더 빠르게 확산된 성공사례 등을 다룬다. KCCC의 열정과 전대미문의 부흥 그리고 부패한 군사독재 유신정권과의 밀착관계 등도 살펴보게 된다. 또한 이미 KCCC를 떠난 간사들의 경험을 통해 사영리 전도원리가 사영리 신학과 목회로 지배적인 자리를 잡게 되는 과정에서 복음주의 신학자, 목회자 그리고 설교자들이 어떻게 성서를 이해했는지 살펴본다.

당시의 사회 및 정치에 대한 성서의 이해와 적용이 결국은 근본적 그리고 보수적 복음주의 교세의 확장을 이루었다. 이러한 흐름은 지금도 한국 교회의 지배적인 신학과 목회 및 설교를 통해 계승되고 있으며 사영리 인생을 견고하게 지탱하고 있다.

제4장인 '그것이 사영리 설교'에서는 복음주의권 교회들의 교세를 간략하게 설명하고, 사영리 원리 및 신학을 네 개의 부분으로 설명한다. 즉 신론, 인간론, 기독론 그리고 구속론을 CCC의 입장에서 설명하고 그 한계점을 분석하여 보완한다. 이 과정에서 사영리 신학의 폐해와 부족을 보완하기 위해 역사의 예수 연구를 바탕으로 하는 대안의 신학을 설명한다. 이는 이 책이 추구하는 중요한 목적인 사영리 설교 두 편을 분석하기 위한 준비 단계다. 각 설교의 분석에서는 사영리 요소들을 확인하고 그 원리들의 신학적 한계들을 설명한 다음 그에 상응하는 대안의 신학적인 요소들을 추가로 설명한다.

제5장인 '설교 가려서 듣기'에서는 탈사영리이자 성서적인 예언자의 설교한 편을 작성하고, 이를 역사의 예수 연구의 관점에서 분석한다. 이후에 탈사영리 설교의 모델과 장점들을 설명함으로써 역사의 예수 연구의 신학의 기반들을 대안으로 서술한다.

제6장인 '기독교 개혁 500주년인데'에서는 한국 교회의 설교 현장을 개괄식으로 고찰함으로써 탈사영리 설교로 전환해야 하는 이유를 재론하고, 이 과정에서 역사의 예수 연구를 기반으로 하는 예언자의 설교가 어떻게 도움이 되는지를 설명한다. 그리고 마지막으로 이 연구를 통한 개인적인 성찰과 배움에 대해 서술한다.

II

복음주의 둘러보기

A
복음주의는 어떻게 생겨났나

데이비드 베빙턴은 『영국의 복음주의: 1730-1980』라는 저서에서 복음주의를 "1730년대 이후 영국에 존재했던 대중적인 개신교 운동"으로 규정한다.[40] 즉 우리가 말하는 복음주의는 기독교 초기부터 있었던 운동이나 개념이 아니라 종교개혁 이후에 생겨난 운동에 대한 이름이다. 좀 더 말하자면 독일에서 촉발된 16세기 기독교 종교개혁 당시 "오직 성경으로(Sola Scriptura)"를 외치던 운동이 곧 복음주의의 뿌리라 할 수 있다.

그러나 베빙턴의 주장처럼 본격적인 의미의 복음주의 운동은 그 후에 시작된 것으로 보인다. 물론 복음을 전한다는 '전도'라는 뜻의 Evangelism은 예수님 시대에 시작되었다. 하지만 종교개혁 때에 복음을 새롭게 이해하고 그것을 관철하기 위해 "오직 성경으로"라는 슬로건을 내건 사람들과 그들을 지지하는 사람들을 '복음주의자'로 부르기 시작했다.

한편 마르틴 루터의 종교개혁 후에 각 교파별로 정립되었던 고전의 정통주의에 반하여 일어난 독일의 경건주의인 피에티즘(Pietism)은 필립(Philip)

---

40) D. W. Bebbington, 『영국의 복음주의: 1730-1980』, trans. 이은선(서울: 한들, 2009), 13.

과 야곱(Jacob), 스페너(Spener) 등이 주축을 이루게 된다.[41]

모라비안 교도들과 친분이 있던 스페너는 감리교(Methodist Church)를 창시한 요한 웨슬리(John Wesley)와 합세하여 미 대륙과 영국을 연결하는 새로운 부흥운동을 일으켰는데, 이를 복음주의 운동의 효시로 볼 수 있다.

베빙턴은 이때에 이미 사람들이 '복음주의적(evangelical)'이란 용어를 썼으며 1531년에 토마스 모어 경(Sir Thomas More)이 종교개혁의 지지자들을 '복음주의자들(Evangelicalles)'이라 불렀다고 주장한다.[42] 베빙턴은 또 1793년 영국에선 『The Evangelical Magazine』이 발행되었는데, 단순히 '복음에 속하는' 것을 지칭할 때는 소문자 evangelical로 쓰고, 1730년대부터 시작된 복음주의 운동을 의미할 때는 대문자 Evangelical을 사용했다고 설명한다.[43]

김명혁 교수도 17세기 말엽 독일의 스페너를 중심으로 하는 '경건주의', 그리고 18세기 중엽 영국의 웨슬리와 조지 위필드(George Whitfield)를 중심으로 하는 '복음주의 각성운동(Awakening)', 그리고 18세기 중엽과 19세기 초 미국의 조나단 에드워즈(Jonathan Edwards), 조지 위필드, 티모시 드와이트(Timothy Dwight) 등을 중심으로 일어난 미국의 '대각성 운동(Great Awakening)'과 '2차 대각성 운동(Second Great Awakening)' 등을 일련의 복음주의 운동으로 정의한다.[44]

이러한 영국과 미국의 복음주의 운동은 한국 교회에 지대한 영향을 미치게 되고, 훗날 근본주의적인 성격을 강하게 지니게 된다. 현재 한국 교회에 영향을 미치고 있는 미국의 근본주의는 바로 오늘날 우리가 알고 있

---

41) 김명혁, 90.
42) Bebbington, 13.
43) Ibid., 14.
44) 김명혁, 90~91.

는 복음주의와 그 뿌리가 같다. 이것을 홍정수 교수는 다음과 같이 설명한다.

"1920년대 미국에서 발생한 개신교의 초교파적 보수주의 운동인 이 신학 사조는 당시 일체의 비판적 신학사조들, 예컨대 현대주의, 자유주의 신학, 특히 각종 진화론에 대하여 조직적이고 전투적인 자세로 대항했다. 이 사조는 성서의 무오성(無誤性)과 성서에 나타난 기독교의 초자연적 진리를 수호함으로써 기독교의 본질적이고 근본적인 교리를 재확인하려 했던 일종의 교리수호 운동이다. 근본주의는 오늘날도 그 명맥을 뚜렷이 유지하고 있지만, 오늘날에는 주로 '복음주의'라는 이름으로 통하고 있다."45)

다시 말해 유럽에서 복음주의 다음으로 발전된 자유주의 신학이 미국으로 유입되기 시작했다. 이때 미국에서는 증대되는 자유주의 신학에 긴장한 복음주의권에서 이를 저지하려는 강력한 반동적인 신학의 움직임이 일어났다. 이것이 근본주의 운동의 효시다. 복음을 지키기 위해 새로 유입되는 자유주의를 저지하려는 운동을 근본주의로 부르기 시작했던 것이다. 일단의 복음주의자들이 근본적인 교리에 중심을 두었기 때문이기도 하다.

이리하여 19세기 중반부터 미국의 복음주의권은 분열한다. 현대주의 및 자유주의권의 사회변화를 위한 '사회복음'을 옹호하는 그룹이 하나였다. 그리고 다른 한편은 성서의 초자연적 기적 등을 강조하며 전통의 교리를 지키려는 근본주의 그룹이다. 그러나 1920년대를 지나며 미국의 자칭 복음주의자들은 또 분열을 맞이한다. 이때부터 근본주의는 세분화되어 갔는데, 이들

---

45) 홍정수, 「근본주의 신학- 홍정수」, 에셀나무 Blog, October 6, 2005, http://blog.naver.com/2002 talmid/40018247137(Accessed October 15, 2015).

중 한쪽을 신근본주의(Neo-Fundamentalism)라 부르고 좀 더 유연한 쪽을 신복음주의(Neo-Evangelicalism)라 부른다. 이 가운데 후자가 1947년 미국 남캘리포니아에 풀러 신학대학원(Fuller Theological Seminary)을 세웠다. 비슷한 시기, 미국에서 복음주의협의회가 1942년에 창설되고 10년 후에는 세계복음주의협의회가 창설된다. 그리고 1950년대에 대중적 복음주의자인 전도자 빌리 그레이엄(Billy Graham)이 미국에서 알려지기 시작한다.

한편 베빙턴은 복음주의의 특징을 "삶이 바뀌어야 할 필요가 있다는 믿음인 회심주의(Conversionism), 복음을 실현하려고 노력하는 행동주의(Activism), 성경에 대한 특별한 존중인 성경주의(Biblicism) 그리고 십자가상에서 당하신 그리스도의 희생에 대한 강조인 십자가 중심주의(Cruicentrism)"로 정리한다.[46] 그러나 박만 교수는 지금까지 한국에 많은 영향을 끼치고 있는 미국 복음주의의 특징을 "개인주의, 보수주의, 지엽주의, 미국 중심의 승리주의와 폭력성"으로 규정하며 이들은 비복음적이며 한국 복음주의에도 이러한 특징에 근거한 교회의 상처가 있다고 평가절하한다.[47]
이러한 미국 교회의 복음주의권의 80%에 달하는 교인들은 2016년 미국의 대선에서 막말을 일삼는 트럼프를 미 대통령으로 선출하는 기적(?)을 연출했다. 송기득 교수 역시 "한국 교회 보수 지도자들은 아메리카 제국의 패권주의를 찬양하는 '찬미주의'도 모자라, 심지어 '숭미주의'를 내세움으로써 '역사의 예수'가 로마제국의 패권주의에 맞서 펼친 '하느님 나라 운동'을 내놓고 팽개쳤다"고 비판한다.[48] 한동안 미국 미시건 주의 마르스 힐(Mars Hill) 성경교회를 개척하여 대형 복음주의 교회로 성장시켰으나 『사

---

46) Bebbington, 16.
47) 박만, 「십자가 신학의 빛에서 본 미국의 보수적 복음주의」, 서울: Nuri Media Co, 2002, Pdf-Adobe Reader, 287.
48) 송기득, 340.

랑이 이긴다(Love Wins)』라는 책을 저술한 후, 복음주의권은 물론 신학의 견해 차이로 인해 자신의 교회마저 사임한 목사가 있다. 그가 바로 롭 벨 (Rob Bell)인데, 그는 "복음주의라는 좋은 단어가 현재 미국에서는 매우 잘 못 사용되고 있어 구토가 날 지경"이라고 말한다.[49] 그는 이제 복음주의가 "반동성애, 반과학적, 반이민"으로 알려졌다며 이는 모두를 사랑으로 끌어 안아야 하는 복음주의의 원뜻을 잊어버린 것이라고 개탄한다.[50]

이와 같이 오늘날의 미국과 한국의 복음주의는 본래의 정신을 잊어버리 고 표류하고 있다.

---

49) Rob Bell, 「Rob Bell/Evangelical」, AZspot, November 8, 2015, http://azspot.net/post/132791179486/ rob-bell-evangelical(Accessed November 15, 2015).
50) Ibid.

B
한국의 복음주의

한국에 전해진 복음은 김명혁 교수의 말대로 "성경의 권위와 무오성, 그리스도의 처녀 탄생, 그리스도의 신성과 대속적 죽음, 그리스도의 육체의 부활 및 천년왕국의 임박한 도래 등"을 복음의 근본요소로 규정하는 '근본주의적' 복음주의 운동이다.[51] 이러한 근본요소의 주장은 이미 미국에서 수차례에 걸친 교파 및 신학교 등의 분열을 초래했다. 그리고 많은 교단들도 분열을 경험한 운동의 연장선상에 있다. 그리고 안타깝게도 미국 교회의 영향을 받은 한국 교회 역시 곧바로 분열의 역사를 맞이한다.

1950-60년대에 근본주의에 반대하는 소장파 목사들은 미국처럼 근본주의와 자유주의 둘 다를 배격했다. 미국의 풀러 신학원 등을 중심으로 하는 새로운 복음주의 운동이 틀을 잡아갈 때, 이들과 맥락을 같이하는 한국 복음주의의 싹도 나오기 시작한다. 그리고 1972년, 한국에도 마침내 기장 측과 오순절 교단을 제외한 모든 신학교들이 참여하는 한국복음주의신학회를 구성한다. 이때 중추적 역할을 한 사람은 서울신학대의 조종남 박사, 장

---

51) 김명혁, 91.

로회신학대의 한철하 박사, 고려신학교의 오병세 박사 그리고 합동 측 총회신학교의 김의환 박사 등 네 사람이다.[52] 이 협회는 당시 여건상 활발하게 활동하지 못했지만 "초교파 선교단체들, 1974년 빌리 그레이엄 전도집회에 이은 대중집회 등과 로잔언약"의 발표 등에 힘을 입었다. 그리고 10년 후인 1981년에 한철하, 손봉호, 이종윤, 오병세, 김명혁, 이형기 등이 협회를 새롭게 재조직한다.[53]

한편 거의 같은 시기인 1981년에 한국복음주의협의회도 창립한다. 이때는 박조준, 김준곤, 한철하, 정진경, 나원용, 이종윤, 최훈, 림인식 목사 등이 참여한다.[54] 김명혁 교수에 따르면, 1982년 1월에 이 두 조직의 산파 역할을 했던 손봉호, 김명혁, 이종윤 목사 등이 '강남지역연합신앙강좌'를 수년간 열게 되는데 이때 참여한 복음주의 교회들이 "서울영동교회, 남서울교회, 할렐루야교회, 사랑의교회, 강변교회" 등이다.[55] 이들은 1989년에 한경직, 림인식, 임옥, 정진경 목사 등을 주축으로 교단들 간의 연합체인 한국기독교회총연합회(한기총)를 태동시켰다. 이는 사실상 그전부터 존재했던 진보주의 교단 협의체인 한국기독교협의회(KNCC)에 대항하는 성격을 띠었다. 그리고 한기총은 최근 폐쇄 논의가 불거지는 등 진통을 겪고 있다.

---

52) 박용규, 「한국복음주의의 태동」, 서울: Nuri Media Co, 2002, PDF, 295.
53) Ibid., 298.
54) 김명혁, 114.
55) Ibid., 135.

한국 교회도 분열로

미국 선교사들에 의해 전해진 한국의 보수적 복음주의는 '1970년대부터' 시작되었다.[56] 복음주의는 부정적인 이미지가 굳어지기 시작하던 근본주의와 달리 복음을 우선시한다는 인상을 심어주었다. 그러나 이때 한국에는 이미 외국에서 공부하고 돌아온 신진 학자들에 의해 진보주의 신학사상이 유입되고 있었다. 이에 따라 곧바로 신학논쟁이 전개되어 한국 장로교 분열의 역사가 시작된다. 오늘의 기장 측과 예장 측의 분리 및 한국신학교(구 조선신학교)와 장로회신학교(구 평양신학교)의 결별이 이때 발생했다.

1950-60년대에는 갖가지 신학의 차이와 각종 이권이 개입된 부끄러운 교권 싸움이 심했다. 그리고 1970년대에 새로운 세대 일부가 진보주의 신학의 문제들을 지적하는 동시에 근본주의를 완화시키며 등장하기 시작한 것이 한국 복음주의 운동의 시작이다. 미국에서 신복음주의자들이 풀러 신학교를 설립했듯이 이들도 서울에 아세아연합신학원(ACTS)을 설립했다. 그리고 교파를 초월한 연결고리를 만들며 초교파 대학생 선교단체들과 각종 기독

---

56) Ibid., 112.

교 출판 등을 통해 연대하기 시작한다.

박용규 교수는 미국의 "복음주의 운동은 한국 교회의 방향과 활로를 모색하는 교계 지도자들에게 우리가 나갈 방향을 정립하기 위한 하나의 모델"이었다고 말한다.[57] 이로써 미국의 범복음주의권과 한국의 보수주의 복음주의권은 신학과 실천에 있어서 매우 유사한 모습을 보여주며 비슷한 길을 걸어 오늘에 이르렀다.

1973년 5월 여의도 광장에서 열린 빌리 그레이엄 서울 전도집회 때 110만 명 이상의 군중이 모였는데, 이는 빌리 그레이엄 집회 사상 가장 많이 모인 집회로 기록된다.[58] 이후 여러 대학생 선교단체들, 아세아연합신학대학원, 한국복음주의협의회, 복음주의신학회 등과 더불어 복음주의를 표방하는 수많은 단체와 출판사 및 교회들이 초교파로 속속 등장하기 시작한다.[59]

박용규 교수는 KCCC와 같은 "1970년대 대학생 선교단체에서 활동하던 상당수의 학생 지도자들이 20년이 지난 오늘날 한국 기독교를 이끌어가는 지도자로 자리 잡고 있다는 사실을 주목할 필요가 있다"고 했는데, 이들은 이제 은퇴하는 시기에 이르렀다.[60] 이들은 대부분 1970년대에 훈련을 받았고 1980년대부터는 지도자였으며 2010년대에는 은퇴를 하기 시작한 것이다.

그러나 김명혁 교수가 『복음주의에 대한 평가』에서 밝힌 것처럼 "복음주의는 개인주의적 성향과 감정주의 및 주관주의적 성향이 나타나"고, 교회의 의식이나 전통을 간과하는 경향이 있다.[61] 복음주의 신학자의 담담한 자체 평가라 할 수 있다.

또한 대표적 복음주의 신학자인 알리스터 맥그래스(Alister E. McGrath)

---

57) 박용규, 292.
58) 「빌리 그레이엄 기념관」, 라이언 Blog, July 20, 2009, http://blog.naver.com/yeskim74/50058124320 (Accessed October 1, 2015).
59) 박용규, 295.
60) Ibid., 296. 아마 박용규는 1990년대 이 글을 발표한 것 같다.
61) 김명혁, 98.

도 그의 저서 『복음주의와 기독교 지성』에서 "현재의 복음주의가 '기분주의'(feel-good-ism)라는 미국식 치료문화에 집착한 나머지 지적인 취약성을 가져왔다"고 말한다.[62] 여기에서 알 수 있는 것은 미국의 복음주의와 영국 중심의 유럽 복음주의는 많이 다르다는 사실이다. 그래서인지 요즘 한국의 복음주의권은 미국식 복음주의에서 벗어나 영국 성공회 중심의 복음주의를 배우려 하는 것 같다.

한국의 복음주의는 어떻게 약점을 극복할지 잘 모르고 있으며, 누구도 대안을 제시하지 못하고 있다. 한국적인 지성적이고 진지하고 개혁적인 복음주의 시대가 어서 도래하기를 기대한다.

한국의 복음주의자들은 사회의 구조적 갈등이나 원인의 개선 등에는 별 관심이 없다. 군부독재 시절에는 오히려 친정부 성향을 보였다. 최근에는 복음주의 교회들이 사회봉사에도 참여하고 있지만, 아직도 사회적인 구조나 사회조직의 모순과 연관된 사회정의 문제, 탈핵 문제, 세월호 사건의 진상규명, 역사 교과서 국정화 문제 등에서 번번이 반민주·반인권 정권과 호흡을 같이 했다. 그리고 이러한 시기에 오히려 한국 교회는 세계의 교회들이 놀랄 만한 수적인 성장을 경험하며 교세를 확장했다. 그러나 이 배경은 김준우 교수가 지적하듯이 사영리가 "교회의 지배적인 신학 입장, 곧 복음주의나 근본주의, 개혁주의(칼빈주의) 신학의 공통적 요약"이다.[63] 덧붙이자면, 한국 교회의 은사주의 역시 위에서 밝힌 세 가지 신학의 입장과 맥을 같이한다. 그러므로 한국 교회의 복음주의, 근본주의, 개혁주의 그리고 은사주의는 진보주의 신학 측을 제외하면 모두 사영리 신학과 목회 및 설교를 공통분모로 하고 있다.

---

62) Alister E. McGrath, 『A Passion for Truth: The Intellectual Coherence of Evangelicalism 복음주의와 기독교적 지성』, trans. 김선일(서울: IVP, 2001), 14.
63) 김준우.

D
고난의 진보신앙

　강근환 교수는 진보주의를 "사회참여적 행동주의"와 "종교문화적 자유주의"로 나눈다.[64] 그리고 한국 교회를 다시 대표적 신학자별로 나눈다면 근본주의는 박형룡과 박윤선이고, 보수주의는 김명혁·김의환·한철하·손봉호다. 진보주의는 김재준을 위시하여 사회참여적 행동주의의 김정준·서남동·안병무·현영학·서광선·김용복이고 종교문화적 자유주의는 감리교의 윤성범·유동식·변선환 등이다. 이 가운데 서남동 교수를 중심으로 하는 민중신학의 발현과 유동식 교수를 중심으로 하는 풍류신학의 토착화 신학은 비록 수적으로는 소수이지만 한국의 신학을 만드는 작업의 시초로 자리매김했다.

　이렇게 진행되던 진보주의 신학은 독일에서 시작된 성서의 문학비평에서 문헌비평, 문서비평, 양식비평, 역사비평 등을 통해 거침없이 성서의 무오성을 공격하게 된다. 이처럼 당대에 큰 파장을 일으킨 현대 진보주의 신학은 사회문화적으로 괄목할 만한 신학적 공헌을 했으나 보수진영으로부터는 여러 가지 문제점을 지적받기도 한다.

---

64) Ibid.

그러나 김재준 교수 등이 시작한 성서비평과 사회참여 신학은 한국의 암울했던 독재 시절 젊은 신학도들로 하여금 이웃 종교나 비신자와도 허물 없이 투철하게 연대하게 했다. 이들은 민주화 과정을 통해 갖가지 고난과 질곡을 기꺼이 짊어짐으로써 한국 교회의 존재감과 위상을 대내외에 드높였다. 민주화운동 과정에서 나타난 새로운 성서읽기와 해석은 대중들의 의식을 높여 새로운 세상에 대한 소망을 주었으며 시대를 읽는 법을 가르쳐주었다. 뿐만 아니라 문익환 목사 등을 중심으로 한민족의 통일운동에 관심을 기울이면서 교회만을 위한 몸집 불리기가 아닌 이웃과 민족을 몸으로 끌어안는 자세를 보여주었다.

소외된 민중을 향한 하나님의 행동은 사회의 약자들을 끌어안으려는 복음의 역동성으로 인해 암울한 시기에 등불의 역할을 감당했다. 이들은 이러한 복음과 믿음의 활동 등으로 당대의 권력자들과 위태로운 대척점에 서 있었다. 또한 이들은 한국의 복음주의자들로부터도 핍박과 오해와 외면을 당했다. 이처럼 진보주의자들은 사회구조의 모순과 갈등의 치유를 위해 힘썼다. 이들은 개인의 구원보다는 사회의 구원이라는 화두를 잡고, 연이어 집권한 군부독재 권력으로부터 수많은 고난을 받았다. 이들은 비록 소수였지만 기독교가 척박하던 한국 땅에 성서에서 보여준 예언자들의 전통을 이어받았다. 이들은 감옥과 죽음도 마다하지 않고 정의와 평화 그리고 진정한 민족 공동체의 해방을 위해 힘썼다.

이들은 이미 사영리의 성서 해석이나 설교를 뛰어넘는 성서의 해석자들이고 통전적인 진리를 전하는 예언자들이었다. 안타깝지만 이런 예언자들은 성서시대의 예언자들처럼 한국과 미국의 교회들에서 늘 소수이다.

III

한국 교회의
사영리 목회

A
사영리의 태동과 전래

미국 오클라호마 주에서 태어난 빌 브라이트(1921-2003) 목사는 미 서부 로스앤젤레스로 이사하여 할리우드 장로교회를 다니며 1944년에 그리스도인이 되었다. 그는 사업을 하며 풀러 신학교에 다니던 무렵 "가서 모든 민족으로 제자 삼으라"(마태 28:19)라는 그리스도의 대위임명령(Christ's Great Commission)을 소명으로 받아들였다. 그는 이를 실현하기 위해 로스앤젤레스 주립대학(UCLA)에서 전도를 시작하며 대학생선교회(CCC)를 조직했다.[65] 이 단체의 홈페이지를 보면 1951년에 시작된 이 모임은 현재 세계에서 가장 큰 규모의 전도 단체가 되었다. 지금은 플로리다 주에 본부를 두고 2만 6,000명의 직원과 22만 5,000명의 자원봉사자들에 의해 191개국에서 운영되고 있다.[66]

빌 브라이트는 1996년에 종교계의 노벨상이자 세계에서 상금 액수가 가장 많다고 알려진 종교의 진보를 위한 상(Prize for Progress in Religion)인 템플턴상을 수상하고 상금으로 받은 110만여 달러를 CCC에 기부했다.[67]

65) 김철영, 「빌브라이트 박사님을 추모하며」, 「뉴스파워」, July 21, 2003, http://www.newspower.co.kr/sub_read.html?uid=820&section=sc4&section2(Accessed October 1, 2015).
66) Cru Website Homepage, http://www.cru.org/(Accessed October 1, 2015).
67) Charles W. Colson, 「Profiles in Faith: Bill Bright(1921-2003)」, C. S. Lewis Institute, 2003, http://www.cslewisinstitute.org/webfm_send/404(Accessed October 1, 2015), 1.

템플턴상은 투자의 귀재인 존 템플턴(John Templton) 장로에 의해 제정된 상이다. 그는 평생을 미국 장로교회의 장로로 그리고 오랫동안 프린스턴 신학대학원의 이사장으로 헌신하며 사회와 종교의 발전을 위해 상당히 많은 기금을 헌납했다. 한경직 목사도 1992년에 이 상을 수상했다.

빌 브라이트가 1965년에 출판한 사영리 개인전도 소책자는 현재 200여 개국의 언어로 약 25억 부가 발행되었다. "빌 브라이트는 1956년에 그가 참여한 여름 수양회의 강사였던 유명한 판매기술 담당자의 전도기술에 대한 명료하고 반복적인 쉬운 내용의 말을 전해야 한다는 강의를 통해 사영리의 내용을 결정하게 되었다."[68] 그는 여러 매체를 통해 알려진 대로 열정과 사명감으로 "지구상의 모두에게 그리스도"를 전하기 위해 50여 년을 CCC와 함께 사역했다. 브라이트는 전도자 빌리 그레이엄과 함께 동시대 미국 보수적 복음주의 진영의 거물이다.[69] 그의 신학의 가장 중요한 부분이 바로 사영리 개인전도 원리이다.

미국 복음주의가 "종교적 단순주의(Religious Simplism)"를 지향하고 있을 때 그의 사영리는 더욱 과감한 초단순주의를 택한 것이다.[70] 대체로 미국의 복음주의는 백인 중산층을 대변하며 그들의 아메리칸 드림을 이루도록 부추기는 번영신학을 지향한다. 이들은 미국의 승리를 위해 전 세계적인 폭력도 서슴지 않는다.[71] 이와 관련하여 김명혁 교수도 한국의 복음주의가 다른 형태의 기독교로부터 배울 필요가 있음을 인정한다.[72]

이제 한국에서의 사영리에 대해 살펴보자.

---

68) 김정혁, et al., 1.
69) 김철영.
70) 박만, 279.
71) Ibid., 280~82.
72) 김명혁, 112.

B
한국으로 옮겨진 사영리

김준곤 목사는 전남 신안 출생으로 1948년 남산의 장로회신학교를 1회로 졸업했다. 그리고 한국전쟁 당시 공산군에 의해 "아버지와 아내를 잃는" 비극을 겪는다. 이것이 바로 그가 평생을 철저한 반공주의자로 살게 된 근거가 된 듯하다.[73]

그는 1951년에 목사 안수를 받고 1953년에 조선대학교를 졸업했다. 광주 숭일고등학교 교목과 교장을 역임한 후 나환자를 돕는 여수 애양원의 교사로 봉직했다. 그리고 1958년, 연구를 위해 미국 풀러 신학교에 1년 동안 머무를 때 빌 브라이트와 운명적으로 만났다.[74] 빌 브라이트와 미국의 CCC 사역에 깊은 감동을 받은 김준곤 목사는 귀국한 뒤 한국대학생선교회(KCCC)를 조직한다.

빌 브라이트는 '기도'와 '열정'의 인물이다. 그는 인생의 말년에도 40일 금식을 장려했고, 템플턴상 수상으로 받은 상금도 기도를 위한 사역에 희사했다. 김준곤 목사 역시 수시로 삼각산 등에 올라가 수많은 기도의 밤을 보

---

73) Becker, 41.
74) KCCC homepage, 「고 김준곤」.

낸 것으로 알려져 있다.[75]

그들의 사역에서 학문적 깊이나 성과를 찾아보기는 힘들지만 대단한 열정과 기도와 비전으로 일관했다고 평가할 수 있다. 두 사람은 모두 전도를 위한 전문단체를 창립하고 크게 성장시키고 운영했다. 개척정신과 더불어 단체를 이끌어가는 운용력도 겸비한 것이다.

김준곤 목사의 사역은 한국을 넘어 세계를 상대하며 전대미문의 성과를 거두었다. 그러나 그에게는 KCCC 홈페이지조차 애써 외면할 정도의 어두운 역사도 많다.[76]

빌 브라이트가 미국에서 대형 집회를 성공적으로 여는 것을 본 김준곤 목사는 여러 차례 한국에서 초대형 집회를 개최한다. 이것이 바로 한국의 복음주의 교회들이 합세하여 주최한 1973년 빌리 그레이엄의 서울집회다. 그리고 KCCC의 전도폭발 EXPLO '74와 1980년 세계복음화대성회 그리고 EXPLO '85 등이 뒤를 이었다. 그는 이미 박정희 군사독재 시절인 1960년대에 국가 권력자를 위한 국회조찬기도회(1965)와 국가조찬기도회(1966) 창설, 군대복음화 운동(1969) 등을 모두 이루었다. 그리고 "1970년 12월 31일 0시, 제야의 종소리와 함께 기독교방송(CBS)을 통해 '민족복음화 운동'을 선언"하게 된다.[77]

1990년대에는 3,000명의 대학생과 평신도 사역자들을 매년 단기선교사로 해외 파송하기 시작했다. 1995년에는 세계선교대회를 한국에서 개최해 세계선교 전략을 논의하기도 했다. 그의 말년의 사역 중에는 통일을 대비한 북한 선교와 더불어 젖염소를 보냈던 것도 기록되어 있다.

그러나 이처럼 다양한 사역의 성취를 이룬 배경에는 오랫동안 유지했던

75) Becker, 73.
76) 임안섭, 「삭제된 김준곤 목사의 '유신찬양설교'」, 「Korea Weekly」, October 23, 2012, http://www.koreaweeklyfl.com/news/cms_view_article.php?aid=13986&sid=064618f448594fe26cba5d84a7c2a405(Accessed October 1, 2015).
77) CCC Website Homepage, 「민족복음화운동 연표」.

유신 군부독재와의 우호적 관계도 빼놓을 수 없다.

김준곤 목사는 유신헌법이 공포된 1972년 12월 27일 이전부터 이미 박정희 정권과 상당히 밀접한 관계를 유지했다.[78] 한국 기독교 역사를 연구하는 강성호에 의하면 1970-80년대에 일본 도쿄의 외신기자클럽 소속으로 군사독재 체제하의 한국을 취재했던 미국 언론인 짐 스탠츨(Jim Stentzel)의 평가에 의하면, KCCC는 박정희 독재정권과 그 폭정을 꾸준히 지지했다.[79]

짐 스탠츨에 따르면 1960년대 중반 김준곤 목사가 '반공 기독교인'으로서의 명성이 높아지자 박정희 전 대통령의 관심을 받게 되었고, 이를 계기로 박정희와 정기적으로 만나면서 상호이익을 주고받는 거래가 이루어졌다.[80] 강성호는 이러한 역사적 상황을 다음과 같이 기록한다.

1968년 당시 학생운동에 대해 걱정이 컸던 박정희는 이를 해결하기 위해 김준곤 목사로 하여금 학생들의 정치적인 정열을 공산주의로 향하도록 하는 학생운동을 전개할 것을 요구하고, 그 대가로 백지수표를 제시했다고 짐 스탠츨은 주장한다. 김준곤 목사는 이에 동의하는 대신 서울 중심부에 대학생선교본부를 지을 수 있는 땅을 달라고 요구했다고 한다. 결국 박정희는 서울시의 반대에도 불구하고 전(前) 러시아 대사관 부지 일부를 KCCC에 제공했다고 한다. 짐 스탠츨도 이것이 '무상제공'이었는지 아닌지 확실하게 언급하지 못하고 있지만, 분명한 것은 이 지역에 있던 판자촌을 경찰의 진압으로 철거시킨 다음 KCCC 회관이 설립되었다는 사실이다.[81]

김준곤이 사망했을 당시 기독교 개혁 운동가인 이진오 목사는 자신이 과

---

78) 강성호, 「유신과 함께 온 그리스도의 계절: 박정희와 김준곤」, Cairos: 비평 Root/Roote, December 28, 2013, http://cairos.tistory.com/m/post/230(Accessed October 1, 2015).
79) Ibid.
80) Ibid.
81) Ibid.

거에 KCCC의 열렬한 제자였음을 고백하며 위와 같은 여러 정황과 역사적인 사실에 대해 다음과 같은 글을 발표했다.

> (김준곤) 목사님은 '국가조찬기도회'가 순수했다고 이야기하지만, (당시) 10명만 모여도 신고를 하고 허락을 받아야 하고 모든 옥외집회가 불법화되던 서슬 퍼런 군사 독재 시절에 목사님께서 주도하신 대형집회는 너무도 정확하게 정치적으로 참담했던 시기와 겹쳐 있습니다. 1969년 '전군 신자화 운동'은 3선 개헌을 밀어붙이던 시기와, 1971년 대전 '민족복음화 요원 강습회'는 유신을 통해 영구집권을 선포하던 때와, 1974년 '엑스폴로 74'는 긴급조치 1, 2, 3호가 발령되고 민청학련 사건이 일어나던 엄혹한 시기와, 1980년 '세계복음화 대성회'는 전두환 등 신군부 쿠데타와 5·18광주민주화항쟁 등의 시기와 겹칩니다. 1966년부터 시작된 '국가조찬기도회'는 이례적으로 박정희, 전두환 군사독재 정권에 의해 정치적 고비마다 대대적으로 공중파 TV의 메인 뉴스 등에 방영되었습니다.[82]

강성호는 1975년 7월에 열린 제3차 세계기독교 반공대회에서 김준곤 목사가 "기독교와 공산주의의 갈림길에서"라는 연설을 통해 실천방안으로 다음의 사항을 제안했다고 밝힌다.

① 해방신학과 사회복음의 위험성을 알릴 것.
② 한국 교단들은 특별대책위원회와 같은 조직을 구성해서 정부와의 생산적 대화에 임할 것.
③ 반공 운동을 전군 신자화 운동, 민족복음화 운동, 기도 운동, 성령 운동과 연결

---

82) 이진오, 「고 김준곤 목사님의 빛과 그림자」, 청년 혹은 희망 Blog, April 7, 2010, http://blog.daum.net/staff21/12855746(Accessed October 1, 2015).

시켜 그 차원을 높이고 승화시킬 것.

④ 필요하다면 한국 교회는 WCC를 탈퇴하고 차원 높은 교단연합운동체를 만들 것.[83)]

　당시 암울했던 한국의 정치 및 사회 상황과 교회 보수주의의 처신 등에 대한 빌 브라이트의 의견도 김준곤 목사와 대동소이했다. 이를 강성호는 스텐츨의 말을 인용하여 설명한다. 스텐츨에 의하면 브라이트는 "한국에는 종교탄압이 없다. 단지 정치적 억압이 있을 뿐이며, 거기에는 그만한 이유가 있다. … 투옥된 사람들은 관여하지 말아야 할 일에 관여되어 있다"고 했다.[84)]

　박정희 정권의 독재가 기승을 부릴수록 국제여론이 날로 비등해 가고 이에 부담을 느낀 권력자들은 기독교와 야합했다. 그렇게 서로의 이익을 증대시키며 마치 반공궐기대회처럼 진행되던 74년 엑스플로 둘째 날에, 박정희의 부인 육영수는 광복절 기념식장에서 문세광의 총탄에 맞아 운명을 달리했다. 이렇게 김준곤 목사가 군사독재 정권과 한 길을 걷고 있을 때, 바로 그 정권에 대항하던 또 다른 기독교 지도자들은 남산 중앙정보부로 끌려가 갖은 고문과 고초를 당했다. 더러는 죽고 많은 이들이 억울한 옥살이를 했으며, 많은 이들이 지금도 후유증에 시달리고 있다.

　그 엄혹하던 1974년의 '민주회복국민선언서'에 서명한 기독교 지도자들은 가톨릭의 윤형중, 함세웅, 신현봉, 김택암, 암충석, 양홍, 이창복, 박상래와 개신교의 김재준, 함석헌, 강신명, 강원용, 김관석, 윤반웅, 조형록, 이상린, 박창균, 강기철, 계훈제, 전경연, 박봉랑, 서남동, 문동환, 안병무 등이다.[85)]

---

83) 강성호.
84) Ibid.
85) 김종일, [자료] 「민주회복 국민선언, '광야'에서 하나님만 바라보다」, July 11, 2010, http://blog.chosun.com/blog.log.view.screen?blogId=2257&logId=4833208(Accessed October 1, 2015).

개신교의 경우는 거의 대부분이 기장 측의 목사들이다.

당시 서울에 있었던 미국과 캐나다, 호주 선교사들은 월요모임을 만들었다. 그리고 30년이 지난 뒤, 당시 이들이 반독재정권 투쟁을 도운 이야기와 위험을 무릅쓰고 비밀리에 한국 상황을 외국에 알린 비화들을 책으로 엮어냈다.[86] 스텐츨은 이 책을 통해 "한국 기독교인들은 다른 신학을 가지고 있었다"며 이들을 '반정부' 인사나 '재야' 인사라고 부르기에는 부적당하다고 회고했다. 그들은 "정부에 대한 복종 대신 조국에 대한 사랑으로 충만했고" 무엇보다 "인생, 신앙, 민족, 변화에 대한 전망과 민주주의의 승리에 대해 항상 놀라울 정도로 긍정적이었다"고 하면서 이들을 애국자라 불러야 한다고 증언한다.[87] 하지만 이와 같은 과거에 대한 복음주의권의 회개나 사과는 아직까지 없다.

김준곤 목사는 "오늘의 학원복음화, 내일의 세계복음화(Win the Campus Today, Win the World Tomorrow!)"라는 기치를 내걸고 뛰었다. 그리고 사영리 개인전도 방법으로 KCCC를 통해 어느 정도 젊은이들을 확보한 다음 전국을 대상으로 복음화 운동에 착수했다. 당시 KCCC 간사로는 하용조 목사와 홍정길 목사 등이 있었다.

불안한 시대, 희망을 잃고 갈 길을 몰라 방황하는 청년들에게 사영리 원리는 아주 간단한 영적인 안내서와 같은 역할을 했다. 당시는 정치 및 사회적으로 매우 암울한 시대였다. 더구나 처음 시작되는 경제개발로 인해 서울 등의 대도시로 마구 몰려든 지방 사람들은 힘든 삶과 사회의 불합리한 제도로 인한 반인권의 어려움을 이중 삼중으로 겪고 있었다.

86) Jim Stentzel, Henry Em, Linda Jones, Gean Matthews and Louise Morris, 『More than Witness: How a Small Group of Missionaries Aided Korea's Democratic Revolution 시대를 지킨 양심: 한국 민주화와 인권을 위해 나선 월요모임 선교사들의 이야기』, trans. 최명희(서울: 민주화운동기념사업회, 2007).
87) Ibid., 32~33.

경제의 불평등에 항거한 노동자 전태일의 분신사건이 일어난 때가 바로 1970년 11월이다. 이 당시의 한국 민중들은 삶의 고난을 견뎌내기 위해 지푸라기라도 붙들고 싶은 심정이었다. 바로 그때 신학적으로 빈약하고 신앙적으로 미국의 번영신학과 맥을 같이하는 단순한 사영리 전도방법이 한국에 전래된 것이다. 사영리는 고난과 더불어 이해할 수 없는 억울한 일들로 점철된 시대에 '이 세상은 내 집 아니네'와 같은 복음성가를 부르도록 가르쳤다. 사영리 전도와 설교는 '천국'에 가는 길을 확실히 보장해주는 듯했다.

사영리는 조용기 목사의 삼박자 구원론과 함께 매우 설득력 있고 매력적으로 전국으로 퍼져 나갔다. 은사와 성공주의를 기치로 내건 신흥 순복음교회와 사영리를 중심으로 하는 근본주의 및 복음주의는 한국 땅에서 한 팀이 되었다. 훗날, 교회의 탈정치를 부르짖던 김준곤 목사와 조용기 목사 등이 주축이 되어 기독교 정당을 창립한 일은 한국의 보수적 복음주의권을 자처하는 지도자들의 실상을 잘 반영한 매우 기회주의적이고 탈역사적인 행보들이다.

여기에서부터 한국 교회는 돌아올 수 없는 강을 건넜다. 한국 교회는 명실공히 은사 중심, 기복 중시, 축복 기원, 물질 숭배, 성장 및 성공주의, 탈역사, 말씀의 영적화로 자리를 잡기 시작했다. 교회는 사회적 약자를 외면하는 대신 부당한 권력과 협조하고 상생하며 성장의 길로 들어섰다. 이때, 다른 많은 젊은이들처럼 나 역시 이런 기독교 속으로 빠져들었다.

오늘의 사영리

한국대학생선교회는 현재 김준곤의 사위 박성민 목사가 후임으로 활동하고 있다. 한국 대형 교회의 자녀 세습과 맥을 같이 하는 행태로, KCCC 내부에서도 진통을 겪은 사안이다. 과거에 KCCC에서 사역을 하다 떠난 이진오 목사는 '존경하고 사랑했던 김준곤 목사님!'에서 일련의 내부사정에 대한 일화를 이렇게 전한다.

1990년, 78명의 KCCC 간사들이 재단법인의 재정비리, 처남 등 친인척 운영 등에 대한 해명을 요구했습니다. 그러나 성경과 목사님의 가르침을 따라 정의를 세우고자 했던 간사들을 목사님은 회유와 제명, 법정고소 등으로 막아섰고 이 과정에서 어떤 간사는 감금되어 폭행을 당하는 일도 발생했습니다. 결국 1992년 겨울, 간사들이 요구한 6개 항 중 5개 항을 받아들이겠다고 합의해 화합의 길로 들어서는가 싶었으나 이 약속마저도 지켜지지 않아 결국 48명의 간사들이 DFC(Disciples for Christ)로 분리되는 안타까운 일이 벌어졌습니다. 그리고 이후 DFC는 '학원복음화협의회'의 회원단체로 받아들여지기까지 10여 년이나 걸렸을 정도로 교계와 학생단체 사이에서 냉담을 견뎌내야 했습니다.[88]

이처럼 젊은 날 한때 열정을 품고 함께하면서 내부에 깊이 관여했던 '제자들'이 많은 상처를 받았다는 소회들을 종종 듣는다. 그들의 고민은 현재 진행형이다. 부산 지역의 어느 대학생은 자신이 속한 KCCC의 상황을 "(자신이 다니는 학교의) 학보에 KCCC 전도를 이단종교, 사이비 등으로 표현하고 있는 것을 볼 때 마음이 아팠다"며 자신의 경험을 블로그에 솔직히 털어놨다.[89] 그는 또 "모르는 사람에게 다가가 한 번 툭 던지고 안 받아들이면 끝, 받아들이면 '오 잘 되었네요' 하고 연락을 좀 하다가 순모임, 만남을 안 하면 서서히 연락이 끊어지고 하는 식으로 지속적 관계가 동반되지 않는 종교적인 전도에 대해서는 재고해봐야 한다"라고 말한다. 이어서 전도 방법론이 재고되지 않는다면 자신의 학교에서뿐 아니라 "KCCC 부산지구 전체가 가지고 있는 병폐라고 본다"라고 했다.[90] 아울러 대학 캠퍼스 내 선교단체의 문제를 매우 자세하고 예리하게 파악하면서 다음과 같이 말한다.

"C맨(CCC회원)들은 늘 '학원복음화'를 외치지만 삶으로, 말로, 행동으로 꾸준히 하나님을 간접증거할 여지가 없다. 무슨 모임이다 훈련이다 해서 오후 시간을 다 우리끼리의 만남에 할애하다 보면 정작 복음을 전해줄 사람이 마땅치 않다. 머리만 커져가지고 별 쓰잘데기 없는 죄의식과 자괴감만 늘어가는 게 아닐까?"[91]

한편 한국 교회에는 '복음주의 사인방'이라 불리는 목사들이 있다. 이는

88) 이진오.
89) 최범준, 「CCC의 사영리 전도에 대한 단상」, 낙타의 눈 Blog, October 14, 2010, http://blog.naver.com/lobfuehrer/100114609326(Accessed October 1, 2015).
90) Ibid.
91) Ibid.

어느 특정인들을 폄훼하거나 업신여기는 지칭이 아니다. 여러 언론 매체에서 그렇게 부르고, 본인들도 부정하지 않는다.[92] 온누리교회의 고 하용조 목사, 남서울은혜교회의 홍정길 은퇴목사, 사랑의교회의 고 옥한흠 목사 그리고 지구촌교회의 이동원 은퇴목사 등이다. 이들은 모두 사영리 개인전도 원리를 충실히 계승하고 목회에 적용했고, 한국의 최고 부유층 지역인 강남에서 신도 수만 명이 넘는 초대형 교회들을 이루었다. 이들의 성공 사례(?)들은 목회자 교육이나 교회성장 세미나 등을 통해 쉼 없이 전수되고 재생산되고 있다.

그러나 홍정길 목사는 은퇴 후 "나의 목회는 결론적으로 실패였고 … 미국의 대형 교회들을 롤 모델로 삼은 것은 허상에 속은 것이니 … 후배들은 속지 말기를 바란다"라며 그의 실패를 인정하는 듯했다.[93] 이동원 목사 역시 은퇴예배에서 다섯 가지를 회개한다면서 그중 "첫째로 1970년대에 대학생들을 지도하면서 한국 사회의 정치나 사회적 상황에 상관하지 않고 살아온 것과 대학생들에게 역사의식을 함양하도록 가르치지 못한 부분들을 회개한다"라고 말했다.[94]

이런 고백들은 좀 늦은 감이 있지만 처음에 들을 때는 진솔하다는 생각이 들었다. 그러나 그 후 이들의 사역행보를 보면 계속 사영리 설교를 가르치고 전하고 있다. 과연 그들은 공석에서 고백한 잘못의 핵심적인 내용을 이해하고 있는 것인지 되묻게 된다. 역시 탈사영리는 만만치 않은 일이다.

---

92) 「CBS TV 뉴스」, 「'복음주의 2」, 복음주의, 개인적 신앙 한계 극복해야」, February 14, 2012, www.youtube.com/watch?v=nmGTjeY85W0(Accessed May 26, 2015).
93) 「CBS TV」, 「크리스천 Now: 특집대담 '교회는 세상의 밀알입니다' 홍정길 목사와 함께」, September 15, 2013, www.youtube.com/watch?v=wGJ8-XXZJjU(Accessed May 27, 2015).
94) 이동원, 「나의 설교를 말한다」, 기독교사상, March, 2011, http://www.clsk.org/bbs/board.php?bo_table=gisang_preach&wr_id=573&main_visual_page=gisang(Accessed October 5, 2015).

IV

그것이
사영리 설교

A
부흥주의와 사영리

　1960년대 후반부터 급격한 수적 성장을 이루었던 한국 교회는 2000년경부터 서서히 감소하고 있다.[95] 1960년대의 급격한 성장은 경제개발과 더불어 시작된 '하면 된다'는 한국인 특유의 심성도 중요한 역할을 했다. 바로 이때 김준곤 목사는 이런 심성에 맞는 전도법인 사영리 개인전도와 훈련을 미국에서 들여와 널리 확산시켰다. 당시에는 사영리 외에도 비슷한 전도법들이 한국을 강타하고 있었다.

　한국의 복음주의 교회의 성장에 대해 저술한 티모시 S. 리(Timothy S. Lee)는 『Born Again: Evangelicalism in Korea』에서 "성공적인 교회의 공통적인 성격은 반민주적 교회"라고 명명했다. 그는 한국 복음주의 교회 지도자들의 대부분은 강압적인 정부의 지도자들에 동조하는 경향이 있으며, 그들의 공동의 적은 공산주의였다고 기록한다.[96] 이 책을 서평한 윌리엄 T. 퓨린턴(William T. Purinton)은 이러한 한국 교회 교세의 팽창을 저자 리가 그의 박사논문에서는 '복음주의'로 썼다가 책으로 낼 때는 '부흥주의(Reviv-

---

95) The Christian World Monitor, 「한국 교회 전반적인 하락 추세 뚜렷」, October 15, 2014, http://www.cwmonitor.com/news/articleView.html?idxno=40891(Accessed September 15, 2015).
96) Timothy S. Lee, 『Born Again: Evangelicalism in Korea』(Honolulu: University of Hawaii, 2010), 99.

alism)'로 바꿨다고 지적한다.[97] 그는 한국 교회의 상황에서 이러한 교세의 증가는 "복음주의라기보다는 '부흥주의'로 명명해야 할 것"이라고 지적한다.

이렇게 급성장한 한국의 대형 및 초대형 교회들은 근본주의와 복음주의 그리고 은사주의 교회들이다. 이들은 구조적으로 변혁하기 힘든 사회구조 속에 존재하는 악의 연결고리를 모른 척 눈감아 버렸다. 그 대신 하늘의 소망을 가지라고 설교하면서 교회는 비대해지고 부자가 되었다. 그 결과 아직도 왕성하게 복음주의 사역을 하는 이들이 많다. 또한 초대형 및 대형 교회 중에는 이단사상과 비슷한 교회들도 덩달아 많아졌다.

이들과 같은 시기에 통일교, 신천지 그리고 구원파 등도 괄목할 만한 수적 성장을 이루었다. 즉 지금까지 세계의 가장 큰 사이비 종교집단으로 꼽히는 통일교와 신천지, 하나님의교회 등을 양산한 것이다. 이들은 현재 미국은 물론 전 세계를 대상으로 매우 공격적인 선교 운동(?)을 벌이고 있다. 이제는 기독교인들조차 어느 종교단체가 기독교인지 이단인지를 분간하기 힘들어졌다. 실제로 구원파의 구원교리나 사영리의 구원이론이 비슷하다. 이런 상황에 대해 『예수전』을 저술한 사회개혁 운동가 김규항은 교회개혁 운동을 하는 사람들의 열정은 존중하지만 그들이 한국 교회를 바꾸는 데는 근본적으로 한계가 있다고 주장한다. 그리고 "오늘날 대개의 한국 교회들은 '타락한 교회'가 아니라 아예 '교회가 아니다'"라고 잘라 말한다.[98]

20세기 전에 예수가 힘겹게 싸웠던 '예수와 성전체제와의 충돌'은 지금도 이 세상 한복판에서 계속 이 땅에 하늘나라를 세울 것이냐 아니면 탐욕의 제국을 건설할 것이냐를 놓고 진행 중이다.[99]

---

97) William T. Purinton, 「Book Review, Born Again: Evangelicalism in Korea」, Pnenumavol, 33, no.1(2011): 154~55.
98) 김규항, 「아버지 하느님 엄마 하느님」, September 29, 2007, http://gyuhang.net/archive/200709?TS SESSIONgyuhangnet=3584740268d2d426666ab00b7d19e076(Accessed October 1, 2015).
99) Ibid.

B
근본주의
사영리의 분석

사영리 신학을 이해하기 위해서는 먼저 1895년 미국의 나이아가라 사경회(Niagara Bible Conference)에서 근본주의자들이 채택한 기독교의 '다섯 가지(The Five Points)' 근본교리들을 알아야 한다.[100]

(1) 성서의 축자영감설(The Verbal Inspiration of the Bible)

(2) 그리스도의 동정녀 탄생(The Virgin Birth of Christ)

(3) 그리스도의 대속적 죽음(The Substitutionary Atonement of Christ for Sins of the World)

(4) 그리스도의 육체적 부활(Christ's Bodily Resurrection)

(5) 그리스도의 재림(Christ's Second Coming)

이 다섯 가지 근본교리는 지금까지 보수주의와 근본주의를 공히 지탱하는 주요 교리들이다. 이 가운데에는 '예수'가 안 보인다. 아이러니하게도 예

---

100) 홍정수, 「근본주의 신학- 홍정수」, 에셀나무 Blog, October 6, 2005, http://blog.naver.com/2002talmid/40018247137(Accessed October 15, 2015).

수는 사라지고 '그리스도'만이 존재한다. 이 부분만 보더라도 근본주의 교리와 역사의 예수 연구와는 그 간격이 매우 멀다.

이들 교리들은 오늘날 많이 완화된 경향도 있지만, 여전히 근본교리 자체를 수정하기는 쉽지 않아 보인다. 빌 브라이트는 위의 다섯 가지 근본교리와 맥을 같이 하는 신학적 사고를 바탕으로, 간단하고 쉽게 전달할 수 있는 사영리 개인 전도원리를 만든 것이다. 사영리는 그가 소명으로 받았다는 예수의 대위임명령을 깨닫고 이를 실천하기 위해 복음에 대한 기독교의 기본진리로 요약한 것이다. CCC의 전도용 소책자에 실린 사영리는 다음과 같다. 영어의 대문자는 원문을 그대로 실은 것이다.

(1) 하나님은 당신을 사랑하시며, 당신을 위해 놀라운 계획을 가지고 계십니다.
God LOVES you and offers a wonderful PLAN for your life.(요 3:16, 10:10).

(2) 사람은 죄에 빠져 하나님으로부터 떠나 있습니다. 그러므로 하나님의 사랑과 계획을 알 수 없고, 또 그것을 체험할 수 없습니다.
Man is SINFUL and SEPARATED from God. Thus he cannot know and experience God's love and plan for his life.(롬 3:23, 6:23).

(3) 예수 그리스도만이 사람의 죄를 해결할 수 있는 하나님의 유일한 길입니다. 당신은 그를 통해 당신에 대한 하나님의 사랑과 계획을 알게 되며, 또 그것을 체험하게 됩니다.
Jesus Christ is God's ONLY provision for man's sin. Through Him you

can know and experience God's love and plan for your life.(롬 5:8, 요 14:6).

(4) 우리 각 사람은 예수 그리스도를 '나의 구주 나의 하나님'으로 영접해야 합니다. 그러면 우리 각 사람에 대한 하나님의 사랑과 계획을 알게 되며, 또 그것을 체험하게 됩니다.

We must individually RECEIVE Jesus Christ as Savior and Lord; then we can know and experience God's love and plan for our lives.(요 1:12, 엡 2:8-9, 계 3:20).[101]

이를 한 문장으로 줄여서 표현하면 다음과 같다.

"죄에 빠져 하나님의 사랑과 계획을 모르고 체험하지 못한 사람은 오직 예수 그리스도를 '나의 구주, 나의 하나님'으로 영접하면 그 사랑과 계획을 알고 체험하게 됩니다."

이들 사영리에서 사용된 중요한 단어는 '하나님, 사랑, 계획, 체험 그리고 영접' 등이다. 이 가운데 '사랑'과 '계획'은 각 원리마다 한 번씩 나온다. 그 중 세 번은 '하나님의 사랑과 계획'으로 나오며 '체험'도 세 번 나온다. 그러므로 사영리는 "하나님의 사랑과 계획을 체험하려면 예수 그리스도를 영접하라"는 것으로 한 번 더 축약할 수 있다. 신학적으로 보면 제1원리는 신론을, 제2원리는 인간론을, 제3원리는 기독론을 그리고 제4원리는 구속론을 설명하고 있다. 이제 각 원리에 나타나는 신학의 강조점과 그 한계점을 살펴보기로 하자.

---

101) Here's Life, 「사영리에 대하여 들어 보셨습니까?」, A Ministry of Campus Crusade for Christ Australia, http://4laws.com/laws/downloads/KknEng4pWB04Jul.pdf(Accessed January 2, 2016).

1. 신론, 그런 하나님이라고?

사영리의 제1원리는 "하나님은 당신을 사랑하시며 당신을 위해 놀라운 계획을 가지고 계십니다"이다. 조슈아 켈로그(Joshua Kellog)는 이 원리를 설명하는 요한복음 3장 16절과 10장 10절을 주석한 다음, 하나님의 '특별한' 계획은 마치 이것을 읽는 자에게만 있는 것처럼 오도하고 있다고 주장한다.[102] 그러나 하나님의 놀라운 계획은 누구에게나 있으며 전도를 받는 어느 특정한 사람에게만 있는 것이 아니라고 주장한다.[103] 그래서 그는 이 원리를 차라리 "하나님은 당신을 사랑하시며 당신에게 삶을 사는 길을 주십니다(God LOVES you and OFFERS you the way to live life)"로 수정할 것을 권고한다.[104] 하나님은 사람이 사는 길을 가르쳐주는 분이라는 것이다.

제1원리는 사랑의 하나님을 설명하는 것으로 신학의 신론에 해당된다. 전통적으로 유대-기독교 신앙은 하늘에 계신 하나님을 사람과 비슷한 존재로 사유해왔다. 이것을 신인동형론적 사고라 한다. 고대로부터 눈에 안 보이는 신을 설명하는 가장 적합한 방법 중 하나였다. 이는 고대 근동의 다른 신화들과도 대동소이하다.

히브리 성서의 하나님도 인간과 비슷한 모습으로 하늘에 거주하며 인간의 생사화복을 주관한다고 믿었다. 일종의 부족신관이다. 또 이런 하나님은 인간의 행위에 대해 상선벌악을 행하는 심판주로 활동한다고 사유했다. 지금도 많은 기독교인들은 대개 이런 부족신관을 신봉한다.

그러나 『하나님의 강(River of God)』을 저술한 그레고리 라일리(Gregory

---

102) Joshua J. Kellog, 「The Four Spiritual Laws: An Analysis of Campus Crusade's Method of Evangelism」, Liberty University, 2002, http://digitalcommons.liberty.edu/honors/271/(Accessed October 1, 2015), 7.
103) Ibid.
104) Ibid.

J. Riley) 교수는 이와는 매우 달리 "신에 대한 인간의 이해가 진보"해온 역사의 사실을 소상히 밝혔다. 그는 기독교 신앙에도 과거의 수많은 다른 종교의 내용이 혼합돼 있다고 주장한다.[105] 그는 "조로아스터교, 플라톤 그리고 영지주의 등 세 가지 의견들이 합해져서 마침내 그리스도교 세계관을 형성했다"고 설명한다.[106] 그의 설명에 따르면 작은 골짜기에서 시작된 각각의 지류들이 합쳐져 마침내 큰 강을 이루듯 하나님에 대한 인류의 생각들이 여러 지류에서 생성되었고, 마침내 오늘날과 같은 거대한 생각의 강을 이루게 되었다는 것이다. 따라서 라일리는 어느 특정한 문화권이 홀로 하느님을 아는 온전한 지식을 갖고 있지 못하다고 본다. "오늘날 우리가 이해하는 하느님은 언제든 새로운 도전을 받고 대응을 보여야 한다. 이것이 영원히 변치 않는 하느님의 계획이었다. 이렇게 하느님의 강은 진행된다."[107] 하나님에 대한 우리의 생각이 발전하고 진보됨을 자연스런 현상으로 보는 것이다.

인간은 하나님을 신앙하고 소통하며, 신앙고백은 시대와 문화에 따라 변화했다. 사영리의 제1원리는 이렇게 장구한 세월 동안 인류가 형성해온 복잡다단한 하나님의 개념을 아무런 설명 없이 마치 공통된 신 개념을 이미 가지고 있는 듯 전제하고 전하는 것이 문제다. 즉 소통이나 대화가 아니라 일방적인 설득이 목적이라는 것을 부인하기 어렵다.

하나님의 실존에 대한 개념의 진화는 인간의 신에 대한 이해의 개념이며, 그 폭은 문화와 시대에 따라 매우 다양하다. 따라서 제1원리에 나오는 하나님이 누구인가에 대해 서로 간의 생각을 이해하고 정리해야 그 다음의 소통이 가능하다.

둘째, '사람을 사랑하는 하나님'을 강조하는 제1원리에서 사랑을 정의하

---

105) Gregory J. Riley, 『The River of God: A New History of Christian Origin 하느님의 강』, trans. 박원일(서울: 한국기독교연구소, 2005), 138.
106) Ibid., 80.
107) Ibid., 342~44.

지 않고는 그 다음 단어인 '계획'에 대해 소통하기가 또한 힘들다. 물론 사랑이 메마른 현대인들에게 고대의 신인동형론적인 하나님이 사람을 지극히 사랑한다는 것은 좋은 소식이 될 수 있다. 브라이트도 본래 제1원리로 인간의 죄를 말하려다가 출판 직전에 하나님은 사랑이심을 제1원리로 바꿨다고 한다.[108] 엄밀히 말하면 하나님이 사람을 사랑한다는 것도 하나님의 사랑에 대한 사람의 신앙고백이다. 그것을 과학적 사실 혹은 쉽게 경험하는 정서감이나 확인 가능한 문자적 진리로 단정하는 것은 무리다.

이에 대해 신경정신과 의사이자 영성가인 스캇 펙(M. Scott Peck)은 "사랑은 너무나 크고 깊어서 이해할 수도, 측량할 수도, 말로 표현할 수도 없다"면서 사랑은 그 신비성 때문에 너무 자주 오해되고 있다고 말한다.[109] 그는 『아직도 가야 할 길(The Road Less Travelled)』에서 자신이 아는 한 누구도 사랑에 대한 만족스러운 정의를 내리지 못했다고 말했다. 그는 너무 쉽게 오용되고 악용되는 사랑을 나름대로 다음과 같이 정의한다. 사랑은 "자기 자신과 타인의 영적 성장을 위해 자신을 내어주려는 의지(Will to extend oneself for the spiritual growth of oneself and others)이다."[110] 이러한 정의는 그가 부연설명을 한 것처럼 목적이 있다. 두 개체 사이에 일어나는 어떤 신비의 순환이 있고, 타인과 함께 자신을 위한 사랑과 자신을 확대시키려는 훈련이 포함되며, 의지를 발현해야 하는 선택과 책임을 동반한다.[111]

이처럼 사랑은 사영리에서 주장하는 것과 같은 간단한 선언이나 믿음, 고백보다 훨씬 더 복잡하며 깊고 광범위한 개념으로서, 감정이 아니라 의지의 문제이다. 사영리에서 주장하는 사랑의 개념은 일반적으로 드라마에서 통용되는 사랑의 개념을 뛰어넘지 못한 채 하나님의 사랑에 대해 많은 오해를

---

108) 김정혁, et al., 2.
109) M. Scott Peck, 『The Road Less Travelled 아직도 가야 할 길』, trans. 최미양(서울: 율리시즈, 2011), 113.
110) Ibid., 114.
111) Ibid., 114~17.

불러온다. 맥그래스가 적절하게 지적했듯이 복음주의가 빠지기 쉬운 "기분 주의"를 조심해야 하는 이유가 여기에 있다.

셋째. 하나님이 우리를 위해 놀라운 계획을 가지고 계신다는 주장도 매우 조심스럽다. 예를 들어 휴가지에서 이유 없이 처참하게 죽어간 사람들이나 히브리 성서의 욥의 고난을 고려할 때, 어떻게 하나님을 우리를 위한 놀라운 계획을 가진 분으로 쉽게 설명할 수 있을까? 또는 ISIS의 테러에 의해 무차별적으로 죽어간 사람들의 가족이나 친지에게 사랑의 하나님을 이렇게 '놀라운 계획을 가진 분'이라고 간단하게 설명할 수 있을까?

심지어 '주일을 안 지켜서' 혹은 '십일조를 안 바쳐서' 그런 참변을 당했다는 무책임한 메시지를 주일 설교로 전하는 대형 교회 목사도 있다. 도저히 설교라고 생각할 수 없는, 경악을 금치 못할 일이다. 해럴드 쿠쉬너(Harold Kushner) 랍비의 책 『착한 사람에게 악한 일이 생길 때(When Bad Things Happened to Good People)』처럼 하나님의 사랑을 간단하게 설명하는 것은 결코 쉽지 않다.[112] 자칫 인간이 당하는 불행과 고통에 대해 너무 가볍고 지혜롭지 못한 해석이 될 수 있기 때문이다.

누가 누구를 위한 계획을 가지고 있다고 어찌 간단하게 말할 수 있을까? 그렇게 믿을 수는 있지만, 그것은 그 사람의 믿음의 고백이나 선언으로 이해되어야 한다. 그것이 사실이거나 확인 가능한 어떤 진리라고 주장하는 것은 또 다른 차원의 문제이다.

이러한 주장은 또한 일방적인 예정설을 떠올리게 한다. 예정설을 믿는 정도가 이쯤 되면 사람은 날 때부터 운명이 이미 정해진 한낱 피조물로서 자유의지의 측면이 완전히 무시되고 만다.

---

112) Harold S. Kushner, 『When Bad Things Happen to Good People 착한 당신이 운명을 이기는 힘』, trans. 오성환(서울: 까치글방, 1981), 예전에 나온 같은 책의 다른 한글 이름은 『착한 사람에게 악한 일이 생길 때』였다.

사영리에서는 이 원리를 지지하기 위해 요한복음서의 두 구절을 선택했는데, 요한복음서는 첫 장부터 영적 차원의 신앙고백을 나타내기 위해 상징과 은유로 쓰여진 글이다. 성서를 조금이라도 이해하면 금방 알 수 있다. 이 때문에 요한복음서의 구절들을 상징이 아닌 문자 그대로 적용하는 것은 성서 해석에서 많은 문제점을 나타내게 된다.

제1원리에서 더 거론할 것은 성서 문자주의에 대한 이해와 성서의 인용법이다. 이 원리에서 알 수 있는 것처럼 사영리의 모든 원리들은 성서를 문자적으로 치우쳐서 이해하고 인용한다. 이는 앞서 얘기한 근본주의의 다섯 가지 핵심 교리 중 첫 번째인 성서의 축자영감설(The Verbal Inspiration of the Bible)에 기인한다. 근본주의에서 주장하는 축자영감설은 성서의 모든 글자나 표현은 하나님의 영감에 따라 쓰여졌다는 주장이다. 여기서 좀 더 나아가면 하나님이 사람을 기계처럼 사용했다는 기계적 축자영감설로 이어지고, 성서에는 일점일획의 오류도 없다는 성서무오설까지 등장하게 된다.

이처럼 성서의 내용을 문자적으로 이해하고 믿는 사람들은 인류의 역사나 과학의 발전을 짐짓 무시하는 과오를 범하게 된다. 성서의 이야기가 바로 인류의 실제 역사이고, 성서는 과학의 자리 위에 있다고 생각하기 때문이다. 심지어 이들은 창세기 1장부터 11장까지 기록된 인류의 원 역사를 실제 역사로 증명하려는 무리수를 두기도 한다.

성서는 수많은 은유와 상징, 신화, 우화, 설화, 역사 등이 비밀스럽게 부호화되어 있는 신비스런 책이다. 하지만 성서 문자주의를 중시하는 근본주의나 복음주의 계열에서는 19세기부터 발전되어 이제는 신학계의 정설이 되어 있는 성서비평을 멀리하고 있다. 심지어 성서에 대한 문헌비평과 문장비평, 사회적 그리고 역사적 비평 등을 수용하는 성서의 고등비평을 자유신학 내지는 이단사설로 치부하며 정죄하는 경향이 짙다.

물론 고등비평 중 일부는 조심해야 한다. 성서의 진정성은 살려야 하기 때문이다. 하지만 성서는 쓰여져 있는 문자대로 이해하고 전하면 될 일이지 비평적으로 깊게 연구할 필요가 없다는 태도는 문제다. 이는 결국 신학이 필요 없다는 신학무용론으로 나아가는 빌미를 제공하게 된다. 실제로 많은 목회자와 설교자들이 신학이 깊어지면 목회를 못하게 된다는 말을 수시로 듣거나 하고 있다. 아닌 게 아니라 근래 들어 전통적인 3년 과정의 신학대학원을 이수하지 않은 사람들이 오히려 더 큰 교회를 이루어가는 기현상을 보이고 있다. 이는 세계적인 추세이기도 하다. 그러나 설교자의 신학은 계속 발전해야 하며, 목회를 하는 동안 거의 학자의 수준에 이르도록 힘써야 한다.

성서무오설이나 축자영감설을 강하게 주장하면 할수록 성서 해석에 있어서 더 많은 문제를 만나게 된다. 그럼에도 사영리 원리의 배경은 성서무오설에 근거한 문자주의와 축자영감설에 기인한 성서 읽기와 해석의 결과라 할 수 있다. 사영리를 설명하기 위해 인용된 성서의 구절들은 이러한 성서관에서 출발했다고 본다.

물론 제1원리는 하나님의 사랑과 계획을 성서적으로 단순화시켰다. 이는 장점이라고 볼 수도 있다. 그래서 널리 빠르게 받아들여지고 확대되었을 것이다. 그러나 어떤 논리나 설명을 지나치게 단순화시키면 뜻밖의 왜곡이 일어날 수 있기에 매우 조심스러울 수밖에 없다. 그래서 현대인들을 위해서는 위와 같은 지적들이 필요하다.

2. 인간론, 우리가 그런 사람이라고?

사영리의 제2원리는 "사람은 죄에 빠져 하나님으로부터 떠나 있습니다.
그러므로 하나님의 사랑과 계획을 알 수 없고, 또 그것을 체험할 수 없습
니다"이다. 켈로그는 여기서도 몇 가지 부정확한 성서의 인용을 지적한다.
제2원리를 설명하는 성경구절로 쓰인 로마서 3장 23절과 6장 23절을 주석
하면서 이 구절들은 사실 원리의 앞부분인 "사람은 죄에 빠져 하나님으로
부터 떠나 있습니다"만을 지지한다고 말한다.[113] 따라서 제2원리의 두 번째
부분인 "그러므로 하나님의 사랑과 계획을 알 수 없고, 또 그것을 체험할 수
없습니다"라는 내용과는 관련이 없다는 것이다. 그는 또한 죄에 빠진 인간
이 하나님의 사랑과 계획을 체험할 수 없는 것은 맞지만, 비신자라고 해서
하나님의 사랑을 알 수 없는 것은 아니라고 반론을 펼친다.[114]

그는 제2원리의 내용을 이 책의 부록과 같은 그림으로 설명한다. 즉 상
단에 있는 '거룩한 하나님'이라는 표현이 제2원리의 내용 설명에는 빠졌다
는 것이다. 이는 결과적으로 죄에 빠진 인간과 거룩하신 하나님과의 거리
를 실감하지 못하게 하고 있다.[115] 따라서 하나님의 거룩함과 죄에 빠진 인
간의 간극을 알아서 이해하라는 것과 같다는 주장이다.

제2원리는 신학의 '인간론' 중에서 원죄를 다루고 있다. 후반부에 있는

---

113) Joshua Kellog, 12~13.
114) Ibid., 13.
115) Ibid., 13~14.

"하나님의 사랑과 계획을 알 수 없고, 또 그것을 체험할 수 없는" 이유는 바로 전도를 받는 이가 죄에 빠져있기 때문이라는 것이다. 이것은 전통적인 신학에서 거론하는 인간의 완전타락과 원죄설을 말하는 것이다. 그러나 기독교에서의 '죄' 문제는 역사적으로 매우 다양한 개념을 통해 발전해왔으며, 죄가 무엇인지 다룰 때도 언제나 복잡한 의견들이 있었다. 이 책에서는 이런 모든 의견을 다루지는 않을 것이다.

제1원리에서는 하나님, 사랑, 계획 등에 대한 충분한 설명이나 합의된 정의가 생략되었다고 지적했다. 그리고 이러한 단어들이 일반적으로 함축하고 있는 의미들은 이미 전도를 받는 이가 수용한 것으로 짐작하는 것 같다고 했다. 같은 방식으로 제2원리도 인간의 죄나 "하나님으로부터 떠나" 있음에 대한 충분한 설명이나 합의가 없음에도 전도를 받는 이가 이 내용을 쉽게 수용하기를 기대하고 있는 것으로 보인다.

원죄나 죄를 설명하는 데 있어서의 문제는 강원용 목사가 지적한 대로 기독교인들도 일반적으로 죄에 대해 이해할 때 "도덕주의적인 사고방식"을 따르는데, 이는 "죄에서 벗어나 구원을 얻는 것은 하나님이 하시는 일이 아니라 내가 어떻게 행동하느냐에 따라서 좌우된다는 생각이 죄의 기본 개념과 맞물려 밑바닥에 깔려 있다"는 것이다.[116] 따라서 개인의 행동과 죄의 기본개념이 밀접한 관계를 갖게 되고, 기독교인의 죄에 대한 개념도 일반적인 도덕적 개념과 별 차이가 없어져 결국은 자신의 공로에 따라 죄를 해결하고 구원을 얻게 된다는 신학의 불일치가 발생한다는 것이다.

이처럼 죄의 문제를 간단한 도덕적인 문제로 이해하거나 개인의 차원으로 이해하면 사회의, 조직 속의 그리고 집단의 죄에 대해 눈을 감아버리게

---

116) 강원용, 『내가 믿는 그리스도』(서울: 대한기독교서회, 2005), 287.

된다.[117] 이렇게 되면 예수가 보여주었던 사회변혁과 더불어 사는 세상에 대한 노력이나 열정 등이 무시되고 기존체제에 길들여지게 된다. 이 지점이 바로 많은 보수적 복음주의자들이 서 있는 자리이다. 이 방식은 기존의 악한 체제를 보지 않으려 한다. 그러면 결과적으로 악한 체제를 유지하려는 사람들에게 하나님의 이름으로 면죄부를 제공하는 격이 되고 만다.

사영리는 개인의 죄의 정황이나 정도만을 얘기하려 할 뿐 그것들이 현실적 사회구조 속에서 어떻게 다른 상황이나 요소들과 연관되어 있는지를 들여다보려 하지 않는다. 이것이 사영리 인생의 심각한 문제이다. 죄의 사회성이나 공공성을 무시하는 처사는 매우 비성서적이며 심각한 결과를 초래한다. 기독교 역사에서 늘 되풀이되어 온 것이다. 이는 또한 침묵으로 악한 체제를 옹호하고 강화하려는 자들에게 면죄부를 줄 뿐 아니라 사실상 큰 도움을 주는 것이다.

이에 대해 개혁적인 복음주의 설교자인 민종기 목사는 그의 박사 논문인 「Sin and Politics」에서 죄가 의지적이고 윤리적이고 정치적임을 강조한다.[118] 그는 죄의 정황을 신과 인간, 인간과 인간 그리고 인간과 자연의 관계 속에서 광범위하게 찾아야 한다고 지적하면서, 이는 또한 매우 정치적임을 밝힌다. 특히 그는 개인의 죄로부터의 회심은 끝이 아니며 죄는 구조적 혹은 제도적 형태이므로 사회적 회심 혹은 연대의 회심을 추구해야 한다고 말한다.[119] 그러나 중요한 이 점을 사영리는 간과하고 있는 것이다.

상황이 이렇다 보니 사영리의 틀 속에 있는 사영리 인생의 신앙은 늘 개인의 죄에 대해 과도하게 민감하다. 그들은 개인적인 죄에 이런저런 명칭을 붙이지만 구조적이고 조직적인 죄에 대해선 거듭 침묵을 강요하고

117) Marcus Borg, 『The Heart of Christianity 기독교의 심장』, trans. 김준우(서울: 한국기독교연구소, 2009), 264~65.
118) Jeong Kii Min, 『Sin and Politics: Issues in Reformed Theology』(New York: Peter Lang Publishing, 2009), 96.
119) Ibid., 96~97.

있다.

　한편 전통적인 원죄와 속죄의 이론을 확실하게 거부하는 것이 오늘날 진보신학이다. 이들은 기독교를 떠나지 않은 채 이런 주장들을 펼치면서 나름대로 기독교의 개혁을 외치고 있다. 선두주자는 미국 성공회의 존 쉘비 스퐁 (John Shelby Spong) 주교와 단 큐빗 전 영국 임마누엘 신학원장 등이다. 큐빗은 개신교 전통 안에서 일어났던 개혁운동인 경건주의, 감리교운동, 복음주의 그리고 오순절운동 등이 모두 신정통주의적이었다고 진단한다.[120] 이 때문에 "교회 안에서의 신앙의 정치학은 항상 기존의 정통주의를 옹호하는 방향으로 기울어져 있었다"라는 것이다.[121] 큐빗은 비판적인 자유주의 신학도 이런 면에서 근본을 개혁하지 못해 실패를 거듭해 왔다고 진단한다.

　한편 스퐁은 역사적으로 에덴동산의 설화는 "성서 이야기에 따르면, 이 타락의 영향은 즉각적이고 영구적이었다"고 말한다. 기독교가 사람들의 죄의식을 높이기 위해 역사적으로 "죄의 고백, 참회, 공덕 쌓기, 죽은 사람들을 위한 미사" 등을 동원했다면서 서양의 역사와 함께 기독교의 죄에 대한 이해를 비판한다.[122] 그는 이와 같은 전통적인 원죄론을 발전시키는 데 크게 공헌한 고대 신학자로 어거스틴을 지목한다. 어거스틴은 창세기의 아담과 이브를 문자적으로 해석하고 그들이 지은 원죄를 해결하려다 보니 죄의 연결고리를 섹스로 보게 되었다는 것이다. 이 때문에 성모 마리아의 처녀 출생설을 문자적으로 받아들이게 되었고, 이것이 나중에 가톨릭 교회의 '성모 무흠 수태설'을 가능하게 했다는 것이다.[123]

　원죄에 관한 이러한 이해는 성모 마리아에 대한 부분만 조금 수정되었

---

120) Don Cupitt, 『Reforming Christianity 예수 정신에 따른 기독교 개혁』, trans. 박상선 and 김준우(서울: 한국기독교연구소, 2006), 264.
121) Ibid., 264.
122) John Shelby Spong, 『Why Christianity Must Change or Die 기독교 변하지 않으면 죽는다』, trans. 김준우(서울: 한국기독교연구소, 2001), 120~22.
123) Ibid., 124~26.

을 뿐 개신교에도 여전히 전래되어 오고 있다. 그러므로 현대신학이 다시 태어나기 위해서는 이들에 대한 비판과 검토를 멈추지 말아야 할 것이다.

고전적 원죄론에 대한 이해나 논리가 수용되거나 환영받기 힘들어지는 때에, 강원용은 이와 유사하지만 조금 다르게 원죄를 설명한다. 즉 행동의 결과로 인한 죄들(sins)이 아니고 인간존재의 상태인 죄(Sin)라고 말한다.[124] 이는 라인홀드 니버(Reinhold Niebuhr)가 원죄를 교만(Pride)이나 자만(Hubris)으로 이해한 자기중심성을 말하는 것이다. 폴 틸리히(Paul Til-lich)는 이를 소외(Estrangement)로 보았다고 보그는 설명한다.[125]

죄에 대한 이러한 설명들은 사영리에서 의도하는 바와는 많은 차이를 보인다. 그러므로 전도를 하면서 처음 보는 사람에게 "죄에 빠져있다"는 표현을 사용하지 않아도 된다. 오히려 인간과 하나님의 격리나 소외로부터의 회복과 구원을 폭넓게 설명할 수 있다면 꽤 긍정적인 대화가 가능하기 때문이다.

제2원리를 지지하기 위해 브라이트는 바울의 서신 중 로마서에 있는 두 개의 구절을 택했다. 바울은 철저하게 유대인들에게 익숙한 대속의 원리를 차용하여 설명하고 있다. 이것은 후에 종교개혁을 거치면서 칼빈의 주장인 전적 타락을 지칭하게 되었으며 근본주의와 복음주의에 있어서 인간에 대한 변치 않는 기본적인 근본교리가 되었다. 그러나 이는 한국에서 공산주의 척결을 명분으로 수많은 선한 인민들을 죽음으로 내몰았던 끔찍한 연좌제처럼 대를 이어 죄의 연대 책임을 묻는 것과 같다.

무엇이 죄인가를 설명하고 들으려면 전도를 하는 사람이나 받는 사람 모두 인내가 필요하다. 비기독교인에 전하는 사영리의 "기쁜 소식"이 인류 모

---

124) 강원용, 289.
125) Marcus Borg, 『The Heart of Christianity』, 257.

두를 한꺼번에 죄인으로 취급하는 고전적 인간론 및 원죄론을 바탕으로 한다는 것은 현대신학과 상황에서 왜 사영리 복음 전도 방식이 점점 설자리를 잃어가고 있는지를 역설적으로 보여준다.

3. 기독론, 그분이 그리스도라고?

제3원리는 "예수 그리스도만이 사람의 죄를 해결할 수 있는 하나님의 유일한 길입니다. 당신은 그를 통해 당신에 대한 하나님의 사랑과 계획을 알게 되며, 또 그것을 체험하게 됩니다"이다. 제3원리를 설명하기 위해 사용된 성서는 로마서 5장 8절과 고린도전서 15장 3-6절, 요한복음 14장 6절인데, 켈로그는 이 구절들이 모두 제3원리의 두 번째 부분인 "당신은 그를 통해 당신에 대한 하나님의 사랑과 계획을 알게 되며 또 그것을 체험하게 됩니다"라는 부분을 설명하지 않는다고 지적한다.

앞에서 설명한 사영리 논리의 단계들을 보면 제1원리에서 하나님의 사랑과 계획을 긍정적으로 소개한 뒤, 그것들을 체험하는 데 결정적인 걸림돌이 되는 죄의 문제를 제2원리로 설명하고, 제3원리에서는 이 걸림돌을 제거하는 유일한 길을 예수 그리스도라고 설명한다. 즉 예수 그리스도를 통해 죄 문제를 해결하면 하나님의 사랑과 계획을 알게 되고 체험하게 된다는 것이다. 쉽고 간단한, 참 좋은 소식처럼 들린다.

제3원리는 예수 그리스도만이 해결책이며 유일한 길이라는 조직신학의 기독론을 말하고 있다. 예수 그리스도만이 유일하다는 이 표현은 오랫동안 전통적인 기독교 신앙의 중심사상 중 하나다. 기독교가 서구의 중심 종교로 번창했을 때는 이 문제에 관한 한 다른 생각이 개입될 필요가 없었다. 500여 년 전에 일어난 '기독교 개혁'을 '종교개혁'이라 불렀고, 그 이름이 지금까지 내려오는 것도 '종교는 기독교밖에 없다'는 생각에서 비롯되었을 것이다.

그러나 세월이 흘러 또 다른 세계의 고등종교인 불교를 만나면서 이와 같은 기독교의 배타적 사상은 모든 근본주의 종교에 공통으로 존재한다는 것을 알게 되었다.

하지만 이런 배타적 사상은 자신과 다른 종교의 전통이나 사람을 모두 자신들이 믿는 바대로 회심시키기 위해 전력을 다하게 했다. 자신들이 경험한 구원을 이웃에 알리기 위해 전도의 열정 및 내부 결속력과 헌신을 놀랍도록 증대시킨다.

하지만 안타깝게도 기독교(?)를 자처하는 한국의 신천지와 통일교, 하나님의교회(안상홍 증인회), 구원파 등이 바로 이들과 비슷한 모습을 띠고 있다. 이들은 모두 한국에서의 종교적 성공과 번창을 넘어 세계로 '전도'의 장을 넓혀가고 있다. 그리고 무분별한 이론과 열심이 증폭되면서 불교 사원에 들어가 불상 등을 마구 훼손하는 일이 벌어지곤 한다.

제3원리의 예수 그리스도만이 "유일한" 길이라는 얘기는 사도행전 4장 12절, "천하 인간에 구원을 얻을 만한 다른 이름을 우리에게 주신 일이 없음이니라" 하는 베드로의 배타적 신앙고백과 맥락을 같이 한다. 이를 문자적으로 해석하면 '유일한'은 그리스도가 된 예수만을 상정하는 것으로 보이겠지만, 실은 예수정신을 상징하는 예수의 모든 가르침의 통합이라고 볼 수 있다. 물론 예수의 가르침은 수많은 성현들의 가르침과 겹치는 부분이 많다. 그러나 역사 속 성현들을 메시아나 하나님으로는 섬기지 않는다. 다만 그들의 가르침도 우리의 삶에 도움을 준다고 생각하고 공부를 하는 경우는 있다.

그리스도인들 역시 동서고금의 수많은 가르침을 예수의 정신과 가르침에 견주어 살펴보고 취사선택할 수 있다. 그리스도인들이 아무리 열심을 내어도 예수의 가르침조차 온전히 알아차리기 힘들다. 이제 우리는 동서양 성현들의 가르침을 통해 예수의 가르침 속으로 한 발 더 들어갈 수 있다. 성서를 잘 이해하기 위해 다른 인문학 공부가 도움이 되는 것과 같은 이치다.

'유일한'을 글자 그대로 적용할 경우, 역사 이래 예수의 이름조차 들어보지 못한 수많은 사람들을 하나님이 지옥으로 보낸다는 말인가? 스캇 펙은 그의 소설『저 하늘에서도 이 땅에서처럼』에서 하나님은 예수의 가르침에 준해 사람을 판가름하시고, 그의 정신에 따라 사후의 향방을 가르신다고 말한다.[126]

예수의 가르침과 정신의 핵심은 사랑이다. 숱한 자신의 영적 체험기를 글로 써서 세상을 놀라게 한 스베덴보리도 스캇 펙과 같은 이야기를 하고 있다.『스베덴보리의 위대한 선물』은 뉴튼과 같은 시대의 천재 과학자였던 스베덴보리가 천국과 지옥을 27년간 방문했던 생생한 기록이다.[127] 그는 이 책을 통해 천국의 삶이란 바로 예수님과 같은 사랑으로 이 땅에서 살아나가는 것이라 밝혔다. 전통적인 기독교가 점점 율법주의로 흐르면서 교리로

---

126) M.ScottPeck, 『In Heaven as on Earth 저 하늘에서도 이 땅에서처럼』, trans. 신우인(서울: 포이에마, 1996).
127) Immanuel Swedenborg, 『The GreatestGift of Swedenborg스베덴보리의 위대한 선물』, trans. 스베덴보리연구회(서울: 다산북스, 2011), 95.

사람을 묶어놓으려 할 때, 그는 예수의 복음과 정신의 핵심에 자리하고 있는 사랑의 실천에 천착한 것이다.

사람들은 결국 사랑의 예수님이 무엇을 어떻게 했는가를 알게 될 것이다. 크리스터 스텐달(Krister Stendhal)은 이것을 '고백적 언어'라고 명명했다.[128]

스텐달은 예수의 제자들이 "병 고치는 일 등 모든 것이 '자기들 스스로 하는 것이 아니라 주님의 이름, 주님의 힘으로만 가능하다는 것을 자각한 사도들의 겸손'을 고백한 말이라는 것이다. 이런 언어는 결국 '사랑의 언어'로서 불교, 유교, 힌두교 등 세계 종교를 열거하고 비교하고, 그중에서 기독교만이 유일한 참 종교임을 입증하는 객관적 진술 같은 것이 아니었다."[129] 한편 다석 유영모도 요한복음 14장 6절의 "나를 말미암지 않고는"이란 말의 뜻은 개인 예수를 지칭하는 것이 아니기 때문에 "예수가 무슨 중보자 역할을 하는 것으로 알도록 번역한 것은 잘못된 것이"라고 말한다.[130]

다석은 순우리말로 사유하는 철학과 신학을 추구했는데, 그는 '중생한다'는 말의 의미를 우리의 몸 즉 제나(육체) 속에 있는 얼(영)이 하나님을 향해 솟(아)나서 얼나(얼의 나)가 되는 것으로 설명한다. 즉 우리 몸속에 있는 영인 얼이 하늘로 솟아나면 얼의 사람인 영의 사람이 된다는 것이다. 그래서 그는 "나를 말미암지 않고는"이란 말의 의미는 교회를 다녀서 혹은 예수를 믿어서 하느님께로 갈 수 있다는 뜻이 아님에도 아전인수 격으로 교회 위주로 해석을 한다며 "이것은 스스로가 솟난 얼나가 하느님께로 간다는 뜻이다"라고 해석한다.[131] 그러므로 "예수만"이라는 말도 예수 그리스도의 유일성이 아니라 상징과 은유로 해석할 필요가 있으며 예수정신을 공유하면 같

128) 오강남, 『예수는 없다』, 65.
129) Ibid., 66.
130) 박영호, 『잃어버린 예수: 다석 사상으로 다시 읽는 요한복음』(서울: 교양인, 2007), 379.
131) Ibid.

은 길을 가는 것이라고 본다.

예수라는 단어 자체에 너무 얽매일 필요가 없다. 관건은 단어나 표현의 방식이 아니라 예수 정신으로 사랑을 구현하느냐 아니냐이다.

그리스도의 유일성과 관련하여 한 가지 더 생각해 보아야 할 것이 있다. 물론 한국의 복음주의권에서 알레르기적 반응을 보이는 종교 다원주의를 받아들일 필요는 없다. 그러나 무조건 귀를 막아 배타적으로 결론을 내리지 말고 '유일한'과 관련한 그들의 주장이 무엇인지 알아둘 필요가 있다. 그것은 기독교와 이웃종교와의 관계에 대한 세 가지 유형과 관련된 것이다.

먼저 가톨릭 신학자인 폴 니터(Paul F. Knitter)의 신앙여정과 학문과정을 통해 일어난 사례다.[132] 니터는 한국의 불교와 수행에도 관심이 많아서 한국을 방문하여 불교 선승들과 공개적인 종교 간 대화를 갖기도 했다. 니터는 젊은 날 로마에서 가톨릭의 대신학자인 칼 라너(Karl Rahner)의 지도로 그레고리 가톨릭 신학대학원에서 공부했고, 독일의 개신교 신학원인 마부르크에서 신학박사 학위를 받았다.

그는 1960년대 초 일본에 선교사로 나갈 무렵 '예수만'이라는 생각 속에서 "죄악의 어둠과 이교주의의 밤이 말씀의 빛과 은혜의 성령 앞에서 사라지게 하소서"라고 매일 다섯 번씩 기도를 했다.[133] 이때까지만 해도 이웃 종교에 대한 배타주의(Exclusivism) 관념이 강했던 것이다.

하지만 다시 독일로 돌아온 그는 개신교 바르트 신학자들의 배타주의를 비판하는 학위논문을 쓰면서 이웃 종교도 "익명의 그리스도교"요, 이웃 종교인도 "익명의 그리스도인"이라는 라너의 입장을 지지하며 포용주의

---

132) 오강남, 255~64.
133) Ibid., 256.

(Inclusivism)를 발전시킨다. 여기까지는 스승 라너의 입장과 같았다.

그런데 독일에서 공부하는 동안 파키스탄에서 유학을 온 한 이슬람교도의 신앙의 자유에 대한 태도와 실천에 감탄을 받고 그에 의해서 자신의 그리스도교가 완성될 수 있고, 이슬람교 역시 그리스도교에 의해 완성될 수 있다는 종교 다원주의(Pluralism)를 발전시키게 된다. 종교 다원주의는 단순히 구원의 길이 여러 종교에 있다는 것과는 다른, 훨씬 다양하고 넓은 주제이다. 하나의 특정 종교에 헌신하면서도 얼마든지 타종교의 가르침을 존중할 수 있기 때문이다.

이 문제를 설명하려면 너무 길어지므로 여기에선 생략한다. 그러나 어떤 교리를 신봉하든 생각해야 할 것은, 현재의 삶에서 일어나는 모든 고등종교의 불완전성과 부조리들이다.

오늘날 우리는 하루도 쉬지 않고 발생하는 종교적 분쟁 때문에 살상이 난무하는 지구촌의 참상을 본다. 이슬람 근본주의자들의 행동과 신앙은 사실 다른 모든 종교에 늘 있어온 문제들이다.

카렌 암스트롱(Karen Armstrong)은 가톨릭 수녀원에서 뛰쳐나온 뒤 갖가지 심리적 고통을 겪고, 이를 바탕으로 종교와 신에 관한 다수의 책을 저술했다. 그리고 이와 관련한 강연과 저술 활동을 활발하게 하고 있다. 그의 메시지는 "모든 종교가 주장하는 진정한 영성의 시험대는 '함께 아파함(Compassion)'이다. 그것은 우리가 하나님이나 브라만, 열반, 도 등 뭐라고 부르든 상관없이 초월자와 관계를 맺게 해준다"라는 것이다.[134] 그는 현재 지구촌 구석구석에서 '함께 아파함'의 아이디어를 증대시키고 교육하기 위해 국제연합(UN)을 통해 노력하고 있다. 그는 지구상 모든 고등종교의 공

---

134) Karen Armstrong, 『Twelve Steps to a Compassionate Life』(New York: Random House, 2010), 3~4.

통분모인 사랑과 함께 아파함인 연민을 매개로 하여 새로운 영성운동을 벌이고 있다. 암스트롱은 세계 지식인들의 강의로 유명한 TED를 통해 널리 알려지게 되었다.[135]

이와 같은 일련의 발전된 생각들에 비추어볼 때, 사영리의 원리들은 왜곡된 원죄의 논리와 배타적 기독론을 일방적으로 주입하고 있는 형편이다. 또한 이 원리를 받아들이면 그것이 바로 역사적 사실이며 과학의 진리인 것처럼 문자 그대로 믿고 전하라는 종교의 헌신을 부추긴다. 하나뿐인 지구별에서 이웃종교와 더불어 공존과 평화를 구축하려 하지 않고 단지 종교적 해석과 생각, 교리가 다르다고 종교전쟁을 일삼는 일이 아이러니하게도 '유일한'이라는 사고방식에 기인한다면 참 안타까운 일이다.

기독교가 저지른 30년전쟁이나 십자군전쟁의 상처는 유럽과 중동을 비롯한 세계 각처에 남아 있다. 그러나 CCC를 창립한 빌 브라이트는 1950년대에 이 단체 이름에 '십자군(Crusade)'이라는 지극히 전투적이고 저돌적인 전쟁 용어를 선택했다. 이때는 이미 신학계에서 십자군전쟁은 잘못된 것이라는 결론이 내려졌고, 이웃종교를 이해하기 위해 힘을 쏟기 시작했을 때다. 그럼에도 굳이 '십자군'이라는 이름을 붙인 것은 과거의 십자군전쟁을 옹호하거나 자랑스럽게 여기거나 혹은 그때와 마찬가지로 또다시 복음으로 세상을 점령해보겠다는 '거룩한' 의지의 표명 같아서 시사하는 바가 크다.

창립자가 타계한 후 이 단체는 아무런 설명 없이 이름을 변경하여 마치 약자처럼 Cru를 사용하고 있다. Crusade에서 앞부분인 Cru만을 사용하는 것처럼 보인다. 그러나 한국은 아직도 영문 KCCC를 그대로 사용하고 있다.

---

135) Ibid., 「My Wish: The Charter for Compassion」, YouTube, May, 2008, https://www.ted.com/speakers/karen_armstrong(Accessed November 20, 2016).

현대 자유민주사회에서 종교의 자유는 존중되어야 하지만, 종교 제국주의의 병폐라 할 수 있는 배타적 종교관은 지구촌에서 속히 사라져야 할 구시대의 소산이다.

4. 구속론, 그것이 구원이라고?

마지막 제4원리는 "우리 각 사람은 예수 그리스도를 '나의 구주 나의 하나님'으로 영접해야 합니다. 그러면 우리 각 사람에 대한 하나님의 사랑과 계획을 알게 되며, 또 그것을 체험하게 됩니다"이다. 켈로그는 이 원리에서 '기도로 예수 그리스도를 영접'하는 것은 '믿음으로 구원을 받는다'는 성경의 진실이 오도되고 간과될 수 있다는 것을 지적한다.[136] 중요한 지적이다. 그는 또한 제4원리의 두 번째 부분인 "그러면 우리는 우리 각 사람에 대한 하나님의 사랑과 계획을 알게 되며, 또 그것을 체험하게 됩니다"를 설명하기 위해 선택된 요한복음 1장 12절, 에베소서 2장 8-9절, 그리고 요한계시록 3장 20절이 이 원리를 설명하지 않는 점에도 주목한다.[137] 그래서 그는 요한계시록 3장 20절을 삭제할 것을 주장하며, 이 원리를 이렇게 수정할 것을 제안한다. "하나님은 이 원리들을 통해 당신의 구원을 위하여 개인적으로 초대하십니다. 구원받기 위하여 믿음으로 그에게 응답하십시오."(God is giving a personal invitation for salvation to you through these laws. Respond to Him by faith in order to be saved.)[138]

---

136) Joshua Kellog, 27~28.
137) Ibid., 28~29.
138) Ibid., 29~30.

사영리가 말하는 구원은, 사영리 원리를 듣고 영접기도를 따라하면서 예수 그리스도는 "나의 구주, 나의 하나님"이라 고백하면 바로 성취되는 것이다. 그러면 하나님의 사랑과 계획을 알게 되고 체험도 하게 된다는 것이다. 하나님의 사랑과 계획을 체험하기 위한 어떠한 수행도 필요치 않고, 모든 것은 이미 하나님과 예수님이 다 이루어 놓으신 것이니 전도를 받은 이는 영접하기만 하면 된다는 것이다.

하지만 신광은 목사는 『천하무적 아르뱅주의』에서 오늘날 "한국 개신교 문제의 근원에는 왜곡된 구원관이 있다"고 말한다. 이 책을 서평한 홍정호가 인용한 저자의 말 그대로 '한 번 구원은 영원한 구원'이라는 왜곡된 칼빈주의 사상에 바탕을 둔 한국 교회의 구원관은 구원받은 사람에게 구원의 확신을 갖게 하는 데는 공헌을 했다.[139] 그러나 완전한 구원을 받았으니 이제 아무것도 안 해도 된다는 확신으로 신앙인을 무사안일주의에 빠지게 한 면도 있다. 천국은 사모하면서 천국의 시민답게 이 땅에서 사는 일은 등한시하는 경향이 나타나는 것이다. 바로 여기에 사영리 인생에 깃들인 결정적인 문제가 있다.

신광은 목사는 이러한 구원의 이해와 교회의 선포를 중세 시대의 면죄부 판매보다 더한 타락이라고 비판하면서 말만으로, 공짜로 받는 구원에 대해 강한 의문을 제기한다.[140]

같은 맥락에서 한인철 교수는 사람들이 "사영리의 틀 속에 들어있는 예수를 믿게 되면, 예수가 살았던 것처럼 살 가능성이 원천적으로 막힌다"며 "어폐가 있는 듯 들리지만, 이것이 사영리 기독교의 비밀이다"라고 말한다.[141] 연세대 신과대학 교수이며 교목실장인 한인철 교수는 수년간 한국

---

139) 홍정호, 「싸구려 구원 퍼트린 괴물 신학, 아르뱅주의」, [서평] 신광은, 『천하무적 아르뱅주의』, 「뉴스앤조이」, February 24, 2014, http://www.newsnjoy.or.kr/news/articleView.html?idxno=196195(Accessed January 10, 2016).
140) Ibid.
141) 한인철, 「나는 지금 왜 역사적 예수에 관심하는가?」, 한기연, October 13, 2012, http://www.historicaljesus.co.kr/xe/article/28752(Accessed October 1, 2015).

교회를 주일마다 순례하고 내린 결론이 한국 교회의 설교는 바로 사영리 설교라는 것이다. 그는 사영리 틀 속의 예수를 믿게 되면 왜 예수처럼 살 수 없는지, 다음과 같이 설명한다.

첫째, 예수는 하나님이기 때문에 하나님의 뜻에 맞는 삶을 살 수 있었지만 인간은 완전히 타락한 죄인이기 때문에 그렇게 살 수 없다는 것이다. 예수가 예수의 삶을 살 수 있었던 것은 본질이 하나님이기 때문에 가능한 것이고, 우리는 태어나면서부터 원죄를 가진 죄인이라 예수처럼 못 사는 것이 당연하다고 본다는 것이다.

둘째, 우리가 그렇게 살 수 없기 때문에 하나님이 예수라는 인간이 되어 우리를 구원해 주려고 십자가를 지고 죽었고, 우리는 그 예수를 믿어 구원을 받았다. 그런데 이미 구원을 얻은 마당에 왜 굳이 예수처럼 살아야 되느냐 하는 것이다.

마지막으로, 죄인인 우리가 예수처럼 살려고 하는 것은 우리도 하나님이 될 수 있는 것처럼 믿는 교만한 생각이고, 더 나아가 예수처럼 살려고 하는 것은 율법신앙에 해당된다는 것이다. 특히 바울은 구원은 믿음으로 얻는 것이지 행함으로 얻는 것이 아니라고 했는데, 왜 예수처럼 살려고 하느냐는 것이다. 따라서 예수 믿고 구원을 받았으면 그것으로 끝이지, 예수처럼 살려고 해서는 안 된다는 것이다.[142)]

과연 그는 사영리 신앙의 틀 속을 잘 들여다보았다. 이 문제는 교회의 구원에 관한 이해와 맥락을 같이 하기에 구원에 관한 훨씬 폭 넓은 이해와 설명이 동반되어야 한다.

---

142) Ibid.

구원받았다는 확신 덕분에 평안한 마음을 가지게 되는 사영리의 구원을 나는 '기분 좋은 구원(feel-good-salvation)'이라 부르고 싶다. 이렇게 값싼 구원에 집중하는 종교집단 중에는 구원파라 불리는 단체도 있다. 이들에게 사영리 구원은, 이를테면 마치 야구장 입장권을 미리 구매해 놓은 것과 같다. 이미 입장권을 구입해놨으니 야구경기가 열리는 날만 기다리면 된다. 그리고 그날이 오면 입장권을 보여주고 야구장으로 들어가 경기를 즐기기만 하면 되는 것이다. 마치 자본주의 사회에서는 구원도 사고팔 수 있는 것처럼 교회가 타락한 느낌이다.

정용택 '제3시대 그리스도교' 상임 연구원은 공저인 『교회에서 알려주지 않는 기독교 이야기』에 실린 '구원: 죽음의 대속론을 넘어 부활의 속죄론으로'라는 제목의 글에서 바울의 십자가 신학은 속죄론이 아닌 다른 면이 있다며 바울은 "대속론을 극복했다"라고 주장한다.[143] 바울이 고린도전서 1장 18절에서 "십자가가 유대인들에게는 스캔들(거리끼는 것)이고 이방인들에겐 모리안(미련한 것)이라"고 말한 구절을 설명하면서, 당대의 관점에서 볼 때 십자가는 하나님의 약함과 실패를 보여주었기에 그렇다는 것이다. 그럼에도 불구하고 정용택은 십자가를 전통적인 입장인 속죄로 볼 것이냐 아니면 스캔들로 볼 것이냐를 이분법적으로 보지 말고 그 둘 사이에 있는 "긴장의 거리를 직시해야 된다"라고 말한다.[144] 즉 예수가 당시의 기득권층과 사회가 원하던 희생양으로 죽은 것은 하나님의 실패이니, 이것이 바로 스캔들이라고 해석할 수 있다. 따라서 예수의 대속론과 희생양 사이에 수많은 다양한 해석이 가능하다는 것이다.

---

143) 구미정, et al., 『교회에서 알려주지 않은 기독교 이야기』(서울: 자리, 2012), 87.
144) Ibid., 94.

사영리는 예수 그리스도를 영접하면 구원될 수 있는 논리로 구원이 무엇인지 잘 이해하지 못하던 세대에게 구원의 확신과 더불어 이해의 발판을 제공해주었다. 거의 모든 교회가 구원의 확신에 대해 집중하여 설교했고, 지금도 비슷하다. 일례로 대부분 교회의 부흥회는 언제나 첫 시간에 구원의 확신을 다지는 것으로 시작했다.

그러나 성서에 등장하는 구원이나 그것과 관련한 "구했다" 혹은 "건져졌다" 등은 오히려 이 세상에서의 구출을 의미하는 경우가 대다수다. 새번역 성경에는 구원이라는 단어가 450여 회 나오는데, 거의 대부분이 이 땅에서 곤란했던 상황과 그런 환경에서 구해졌다는 내용이다. 심지어 질병에서 고침을 받았을 때도 예수님은 "네 믿음이 너를 구원했다"고 선포했다. 따라서 구원은 현재 교회에서 통용되는 구원관처럼 죽은 후에 일어나는 어떤 변화라기보다 현세에서의 어떤 변화를 말하는 것이다. 물론 미래에 완전해질 구원에 대한 이야기도 있지만, 우리는 구원의 과거와 현재 그리고 미래를 함께 상고해야 한다.

구원에 대한 우리의 이해를 돕기 위해 마커스 보그(Marcus J. Borg)는 구원의 의미를 훨씬 넓게 설명한다. 즉 보통 한국 교회에 만연해 있는 것처럼 육신이 죽은 후 영혼이 천국으로 간다는 도식과는 많이 다르다. 보그는 속박에서의 해방, 소외로부터의 화해, 깨달음으로서의 구원, 용서로서의 구원, 하나님의 사랑에 대한 경험으로서의 구원, 부활로서의 구원, 먹을 것과 마실 것으로서의 구원, 하나님을 아는 것으로의 구원, 하나님 나라로의 구원, 신앙을 통한 은혜로 이루어지는 구원 등으로 광범위하게 설명한다.[145] 이러한 구원관은 사영리 인생을 벗어나서 경험할 수 있는 새로운 삶

---

145) Marcus J. Borg, 『The God We Never Knew새로 만난 하느님』, trans. 한인철(서울: 한국기독교연구소, 2001), 240~56.

에서 가능하다.

구원은 이 땅에서부터 경험하는 폭 넓고 다양한 인간정황으로부터의 경험이다. 성서는 사실 이러한 구원 이야기로 가득 차 있다. 한 가지 첨언하자면 '나의' 구주, '나의' 하나님이라는 명칭도 예수께서 주기도문을 통해 가르쳐준 대로 '우리' 하나님으로 다시 생각해볼 필요가 있다. 공동체를 염두에 두는 신앙의 입장에서 생각하면 더욱 그렇다. 개인의 신앙도 결국은 공동체의 신앙의 일부분이다. 물론 개인의 신앙고백은 중요하다. 그러나 오늘날처럼 신앙이 개인화, 사사화되어 가는 때에 우리는 다시 신앙의 공공성과 공동체성을 회복해야 한다. 신앙의 공공성과 공동체성의 확보와 보존을 위해 교회가 중요하다.

다시 생각해보는 사영리

앞서 사영리를 한 문장으로 쉽게 줄이면 "죄에 빠져서 하나님의 사랑과 계획을 알지 못하는 당신은 예수 그리스도를 '나의 구주, 나의 하나님'으로 영접하면 그 사랑과 계획을 알고 체험하게 됩니다"라고 했다. 이를 더 줄이면 "하나님의 사랑과 계획을 체험하려면 예수 그리스도를 영접하라"가 되고, 이것을 한 번 더 축약하면 "예수 그리스도를 영접하라"이다.

지금까지 살펴본 대로 사영리의 각 원리는 매우 간단해서 숙지하기도 쉽고 전하기도 쉬워서 이를 이용한 전도가 한국에서 매우 열정적으로 일어났다. 사영리가 전국으로 퍼지며 많은 사람들이 교회로 몰려오니 전도 효과도 입증되었다. 이 때문에 복음주의권에서는 사영리 전도에 대한 의존도가 커졌고, 사영리 원리의 중요성 또한 커졌다. 이런 상황 속에서 사영리는 시간이 흐르며 자연스럽게 한국 교회의 목회 원리와 중심신학으로 자리를 잡게 되었다.

나는 이런 이유 때문에 사영리 원리를 바탕으로 하는 신학을 사영리 신학으로, 사영리 신학에 충실한 목회를 사영리 목회로 명명하는 것이다. 또한 이것으로부터 자연스럽게 나타나는 설교를 사영리 설교라 지칭한다. 따라서 사영리 신학에 기반을 둔 복음주의 설교 역시 사영리 설교이다. 이런 설교가 전해지고 있는 교회는 사영리 목회의 현장이다. 사영리 설교자는 폭 넓은 성서 해석과 깊이 있는 신학을 연마하는 데 시간을 할애할 필요가 없게 된다. 그보다는 더 많은 영혼의 구원을 위해 더 빨리 전도를 하고 교회의 성장을 이루기 위해 바삐 교회를 관리해야 한다. 중요한 것은 영혼의 구원이지 전인 구원 등은 별로 안중에 없는 듯하다.

보수적 복음주의 설교자에게 사영리 원리는 이제 성서 해석의 중요한 틀이며 변하지 않는 상수(常數)의 역할을 하게 되었다. 본래는 성서의 말씀이 상수가 되고 그에 대한 해석이나 적용이 변수(變數)가 되어야 한다. 하지만 전도 및 교회 성장으로 이미 효과가 입증된 사영리는 사영리 신학으로서 성서해석상 상수의 역할을 담당하게 되었다. 즉 성서 해석이나 설교, 적용 등은 부차적인 변수가 된 것이다. 이것이 반복되면서 사영리 신학과 목회는 굳건하게 자리매김을 하고, 성서는 사영리 원리의 틀 속에서 해석되어 사영리 설교로 나타난다. 본말이 전도되고, 주객이 전도된 것이다. 이런 상황에서 성서는 마치 사영리를 확인하는 증거 자료처럼 사용된다.

사영리 설교는 성서를 사영리 렌즈로 들여다보고 해석하기 때문에 한 번 사영리 성서해석의 틀 속으로 들어가면 탈피하기가 힘들고, 늘 같은 원리로 성서를 해석하고 그런 설교를 되풀이하게 된다. 따라서 사영리 설교를 탈피하려면 우선 성서를 해석하는 사영리 해석의 렌즈를 수정해야 한다. 또한 반드시 탈사영리 성서해석이 선행되어야 한다. 이는 사영리 신학의 근본문제가 성서를 사영리로 단순화시킨 것에 기인하기 때문이다.

사영리 설교와 인생 그리고 탈사영리 설교를 개괄적으로 비교하기 위해 만든 다음과 같은 도표가 도움을 줄 것이다.

[표1] 사영리 설교와 탈사영리 설교의 비교 표

구 분	사영리 설교 및 사영리 신학	탈사영리 설교 및 역사의 예수 연구
신학유형	근본주의, 복음주의, 은사주의	진보주의, 자유주의
설교유형	전도 및 위로 설교, 기복적 신앙	예언자의 사회 책임 설교, 탈기복적
예배유형	감정 중시, 부흥회식 헌신 강조	지성주의 및 자발적 헌신 추구
성서해석	문자적, 윤리적, 몰역사적 해석	은유적, 통전적, 정치사회적 해석
구원관	개인 구원 및 내세 강조	전인 구원 및 현세와 내세 강조
역사관	탈역사, 몰역사, 탈정황적	역사적, 현실적, 정황적
사회관	사회봉사 및 선행 강조	사회개혁 및 책임 강조
교회관	교회성장주의, 개교회주의	교회개혁주의, 우주적 교회관
이웃종교관	전도하여 구원해야 할 대상	함께 더불어 살아야 할 이웃
인문학적 태도	성서 강조, 간학문간 교류 경시	성서와 간학문간 교류 중시

만일 누군가 사영리 원리도 성서에서 온 것이니 성서적인 것이라 주장한다면 더 이상의 설명은 필요가 없을 것이다. 그러나 그 원리들은 성서를 매

우 편협하게 문자적으로 해석하고, 조급한 전도 및 예수 영접을 강조하므로 성서의 많은 부분들이 침묵을 강요받고 있다. 이러한 상황에서 교회 성장에 치중하는 복음주의 설교자들 중에는 성서를 깊이 있게 연구하는 대신 감정에 호소하는 경우가 많다. 성서 해석이 불충분하면 성서의 내용이 왜곡되기 쉽고, 그것을 바탕으로 하는 설교 역시 같은 우를 범할 수 있다는 점에 사영리 설교의 문제가 놓여있다.

D
두 편의
사영리 설교 분석

한국 교회의 신학 유형은 대부분 칼빈주의적 개혁주의, 보수적 복음주의, 근본주의 그리고 오순절 은사주의인데, 이들을 통틀어 보통 보수적 복음주의라 부른다. 그리고 이와 비슷한 구원관을 가르치고 주장하면서 급성장한 유사 기독교 교회들까지 사영리 원리 및 신학을 공유한다. 그래서 보수적 복음주의 교회는 전체 한국 교회의 거의 95% 정도를 차지한다고 추정할 수 있다.

이들의 설교가 수많은 기독교 방송매체 등을 통해 쉬지 않고 전달되고 있으니 그 설교의 양은 가히 천문학적이다. 사영리 설교 분석을 위해 잘 알려진 초대형 교회의 A목사와 또 다른 대형 교회의 O목사의 설교를 한 편씩 선택했다. 둘 다 KCCC의 창립자이며 사영리를 한국에 전파한 김준곤의 제자라고 늘 자랑스럽게 고백하고 있다. 따라서 이들은 당연히 김준곤의 신학과 목회 및 설교를 잘 계승하고 있다고 여겨진다.

두 개의 설교를 평하기 전에 수년 전 월간 『기독교 사상』을 통해 한국 교회 강단의 설교들을 공개적으로 비평한 정용섭 목사의 총평을 먼저 들어보자. 그는 '설교비평의 변'을 통해 자신은 해석학적 지평에서 설교비평을 전개했다며 다음과 같은 의견을 밝혔다.

첫째는 설교자가 성서 텍스트와 얼마나 긴밀하게 연결되어 있는가 하는 점이다. … 텍스트는 형식적으로 던져놓고 자기가 하고 싶은 말만 하는 설교자도 많다. 의도적으로 성서를 외면하는 분도 있고, 텍스트의 영적 깊이를 파고들어갈 만한 내공이 없어서 외면하는 분도 있다. 텍스트와 하나가 되지 못하는 설교자는 어쩔 수 없이 예화나 간증 또는 교회 성장을 위한 프로그램에 치우치는 설교를 할 수밖에 없다.

둘째는 설교자가 성서 텍스트를 해석하고 있는가 하는 점이다. 텍스트에 깊은 관심을 갖고 있는 설교자들 중에서도 해석의 단계로 들어가지 못하는 이들이 적지 않다. '설교는 해석이 아니라 말씀을 그대로 전하는 것'이라거나 또는 단지 주석에 머물면서도 자신의 설교를 해석이라고 주장하는 설교자도 있을 것이다.[146]

1. A목사의 설교 분석

A목사는 20대에 김준곤 목사를 만나 7년간 훈련을 받으며 간사로 일했다. 그 후 신학교에 갔는데, 막상 "신학교에서 배운 것은 별로 없다"고 한다.[147] 그리고 오히려 KCCC에서 배운 것이 자신의 신앙의 자리를 놓았다고 자랑스럽

---

146) 정용섭, 「특집 1, 설교비평의 변」, 대구성서아카데미, August 29, 2007, http://dabia.net/xe/index. php?mid=comment&page=2&document_srl=9544(Accessed October 1, 2015).
147) 하용조, "목사가 목사에게, 하용조 목사 강연", YouTube, July 21, 2014, https://www.youtube.com/watch?v=pogmxg3U6eY(Accessed May 25, 2005).

게 말한다. 그는 "특히 KCCC에서 받은 전도와 양육 훈련은 N교회의 목회 자료가 됐다. 전도에서 시작해 새 신자 등록, 큐티, 일대일 양육, 순모임, 전도훈련, 리더십 훈련 등이 체계적"이었다고 회고한다.[148]

그의 목회는 이처럼 자타가 공인하듯이 사영리 원리와 신학을 기반으로 하는 사영리 목회였다. 그의 설교는 대표적인 사영리 설교다. 비록 사영리라는 단어를 자주 사용하지 않지만 설교 전반에 흐르는 사영리 신학은 매우 선명하다. 그는 KCCC 시절부터 창세기, 사도행전, 로마서를 많이 가르치고 설교했다고 하는데, 이때부터 그는 탁월한 사영리 설교자가 된 것이다. 그럼에도 A목사는 '목사가 목사에게'라는 강연에서 자신은 영국의 존 스터트(John Stott)나 데니스 레인(Denis Lane) 등 세계적인 복음주의 신학자에게 배운 '진정한' 복음주의자라 강변한다.[149]

그러나 A목사의 설교를 비평한 정용섭은 그의 설교비평의 제목을 저서에서는 '근본주의적 강해 설교의 조급증'으로, 그리고 그가 운영하는 웹사이트인 대구성서아카데미(dabia.net)에서는 '감상주의로 치장한 근본주의의 독단'으로 명명하고 있다.[150] 두 개의 제목이 모두 근본주의라는 단어를 사용한 것을 눈여겨볼 필요가 있다.

앞에서 살펴본 대로 베빙턴은 복음주의의 특징을 회심주의, 행동주의, 성경주의 그리고 십자가 중심주의라고 말했다. 이러한 특징은 표현의 차이만 조금 있을 뿐 사영리의 네 가지 원리나 근본주의 사경회에서 채택한 다섯 가지 교리와 매우 흡사한 맥락을 유지하고 있다. 따라서 근본주의자들

---

148) 함태경, 「하용조 목사 누구인가」, 「국민일보」, August 2, 2011, http://news.kmib.co.kr/article/view.asp?arcid=0005215910&code=61221111(Accessed October 1, 2015).
149) 하용조, 「목사가 목사에게, 하용조 목사 강연」.
150) 정용섭, "설교비평: 감상주의로 치장한 근본주의의 독단- 하용조 목사", 대구성서아카데미, September 19, 2004, http://dabia.net/xe/index.php?mid=comment&page=4&document_srl=8691 (Accessed October 1, 2015).

이 스스로를 복음주의자라고 주장할 수 있는 근거가 있어 보인다. 예를 들어 복음주의의 특징의 하나인 성경주의에서도 좀 더 문자적 해석에 치중하면 근본주의요 조금 덜 문자적으로 접근하면 복음주의인 셈이다.

물론 A목사는 자신의 설교가 세계적으로 유명한 복음주의자들의 가르침과 통한다고 느끼고 자신은 진정한 복음주의자라고 생각할 수도 있다. 그러나 정용섭 목사는 그의 성서해석과 설교는 훨씬 더 근본주의적인 자리에 처해 있다고 진단한 것 같다.

이처럼 한국 교회의 보수적 복음주의는 대부분 신학적으로 근본주의임에도 불구하고 자신을 복음주의자라고 주장한다. 근본주의자라고 하면 왠지 완고하고 편협하며 시대에 뒤떨어진 옹고집쟁이 같은 인상을 주기 때문에 비교적 긍정적으로 보이는 보수적 복음주의자로 인정되기를 바라기 때문일 것이다. 그러나 어떻게 치장하든 사영리 신학은 성서무오설과 축자영감설을 신봉하는 근본주의 신학이고, 사영리 설교는 근본주의 설교다.

사영리 설교 비평을 위해 A목사의 설교 동영상 한 편을 녹취하여 이 책의 부록으로 첨부했다. 2010년 9월 17일, 요한복음 14장 1-4절을 본문으로 하는 '너희는 마음에 근심하지 말라'는 제목의 설교이다.

A목사는 이 설교의 중간에 이르러 (녹취록 4면) 갑자기 "지금까지 한 얘기는 우리가 그냥 한 말이구요. 이제부터 하는 말은 예수님이 한 말입니다. 이거는요, 상담학자도 할 수 있구요, 인생경험 많은 사람도 할 수 있구요, 나도 할 수 있구요, 그런 거예요. 지금까지 한 말은… 이제 지금부터

하는 말은 근심 걱정하지 않아야 할 세 가지 이유를 예수님이 하신 거예요"라고 말한다. 설교인 줄 알고 듣고 있는데, 총 40여 분 중 18분경에 이르러 "지금까지는 그냥 한 말이구요" 하니 허탈한 느낌마저 든다. 그렇다면 지금까지 한 것은 설교가 아니고 무엇이란 말인가? 정용섭 목사는 이 사태에 대해 "우리도 흔히 범하는 잘못이지만, 성서의 세계에 깊이 들어가지 못한 설교자들은 변죽만 울리는 특징이 있다"고 평한다.[151] 설교자 역시 어쩌면 자신이 그때까지 한 말이 설교의 주변을 맴돈 것이라고 느낀 게 아닌가 추측해본다.

그의 설교는 대형 교회의 주일 예배 설교임에도 말씀을 깊이 연구하거나 신학적인 깊이로 들어간 흔적이 없다. 오히려 설교 중 여러 번 청중에게 아멘을 유도하는데, 이것은 감정을 자극하여 청중의 동조를 이끌어내는 것처럼 보인다. 말씀의 깊이를 추구하지 않고 청중의 감성을 자극하는 이런 방식을 두고 정용섭 목사는 "신자들의 감수성을 자극하는 방식으로 나가면 기독교 신앙은 시간이 갈수록 '참을 수 없는 존재의 가벼움에 빠진다'라고 우려한다.[152] 사영리 신학을 기반으로 하는 설교들은 이처럼 비지성적, 반지성적인 면이 노출되고 있으며 기도와 감성으로 청중을 몰아가는 경향이 감지된다.

A목사의 설교를 처음부터 간추려 살펴보면 먼저 본문과는 상관이 없어 보이는 마태복음 4-6장의 산상설교와 요한복음 14-16장의 다락방 강화를 비교하는 것으로 시작한다. 그리고 이 두 곳을 자주 읽을 것을 권면한 다음, 본문으로 들어간 것으로 충분히 느낄 수 있도록 요한복음 14장 1절을

---

151) 정용섭, 『속빈설교 꽉찬설교』(서울: 대한기독교서회, 2006), 321.
152) Ibid., 322.

읽으면서 설교한다. 이때부터 그는 여러 가지로 근심하지 말 것을 전한다.

"최소한 이런 메시지를 준 이유는 두 가지"인데, 그중 하나는 제자들과 가졌던 심각한 대화이고 두 번째는 예수님 자신의 죽음 때문이었을 것이라고 말한다. 그리고 "철없는 제자들은" 아무것도 모르고 깨닫지를 못하는데 "우리는 왜 깨달은 줄 아세요? 잘나서가 아니라 성령을 받아서 그래요. 성령이 임하지 않으면 이 구원의 진리와 복음의 진리를 모르는 거예요. 아무리 아이큐가 좋아도"라고 말한다.

신학을 전공한 설교자가 이런 말을 한다는 것을 이해하기는 쉽지 않다. 좀 더 그의 설교를 따라가 보면, 청중은 이미 예수를 믿고 있으니 깨달은 자요 성령을 받은 자이므로 아직 성령을 '못 받은' 예수의 제자들보다 더 낫다는 논리다. 그야말로 설교의 반지성적인 면을 고스란히 드러내준다.

그는 이어서 청중들과 함께 설교 본문인 요한복음 14장 1절을 함께 읽는다. 그리고 "암보다 가장 무서운 것은 근심"이니, 근심하지 말고 "여러분 안에 은밀히 찾아온 모든 염려, 근심의 불안한 생각이 예수님의 이름으로 사라지기를 축원합니다" 하니까 청중은 일제히 아멘으로 화답한다. 근심하면 첫째 하나님이 안 보이기 때문이고, 둘째 미래의 문이 닫히기 때문이고, 셋째 최악을 상상하게 되기 때문이고, 넷째 자살을 하게 되기 때문이라고 한다.

이 시점에서 그는 염려와 근심의 최악의 상황을 상상해서인지 "그럴 때 귀신이 들어"온다고 말한다. 이 부분도 신학적으로 부적절한 발언이다. 모든 나쁜 것은 다 귀신에게 책임을 전가하는 태도이며, 흑백논리의 전형이다.

염려와 근심의 최악의 상황을 말하는 것도 문제가 있다. 자칫 염려나 근심의 원인이 마치 믿음이 없거나 죄를 지었기 때문이라는 자책감이나 죄책감을 갖기 쉽기 때문이다. 즉, 염려나 근심의 원인에 대한 통합적인 사고의 기회를 박탈당하고 문제의 원인을 자기 자신으로 결론 내린다. 듣는 이가 처한 사회 및 정치, 경제 상황을 고려하지 않는 것이다. 마치 설교자가 쉬지 않고 사영리 인생으로 몰아가는 형국이다. 강단을 통해 복음의 정치성을 약화시키고 구조적인 문제로의 접근을 차단하는 효과가 있다. 성서를 이렇게 해석하고 설교함으로써 복음의 정치성은 침묵 및 훼손을 당하게 된다.

그는 이와 동시에 영적인 해석을 시도함으로써 사람들로 하여금 하늘의 위로와 영적 보화를 더 사모하게 하는 효과를 내면서 복음의 영적화(Spiritualizing of Gospel)를 시도한다. 이로써 진정한 복음의 정치성은 훼손당하고 영적인 풀이는 부풀리는 복음의 비복음화를 이루게 된다. 이런 상황에서 대개의 청중은 무엇이 성경적이고, 무엇이 영적인 것인지 헷갈리게 되고, 안타깝지만 설교자에게 기만당하게 된다. 매우 비지성적인 현상이다.

이것이 바로 사영리 신학의 문제로, 사영리의 틀 속에서 성서를 해석하는 것이다. 즉 사영리 원리는 상수이고 성서는 오히려 변수의 역할로 전락당한다.

그런 다음 A목사는 근심에 대한 "상식적인 얘기들"이라면서 근심 걱정은 "사실이 아니다." 아브라함이 아내를 누이라고 한 것은 근심 걱정 때문이다. 그리고 다시 "근심 걱정의 배후에는 마귀와 귀신의 세력이 있다. 염려 귀신이 들어가면 걷잡을 수 없이 불안해지고 의심이 생기고 염려가 생긴다"고 말한다. 이처럼 마귀나 귀신을 수시로 거론하면서 이분법의 흑백대칭을 그리도록 하고, 근심 걱정하지 말 것을 강하게 주문한다. 물론 근심과 걱정을 멀리하게 하려는 설교자의 의도는 충분히 알 수 있다. 그러나 마귀나 귀신을 수시로 거론함으로써 겁을 먹게 하고, 오히려 근심 걱정을 하게 만드는 것 같다.

그리고 그는 "이제까지는 누구나 하는 말을 한 것이고 지금부터 예수님의 말씀을 전하겠다"고 한다. 설교의 중간쯤인 이 지점에 이를 때까지 그가 전한 것을 간추리면 다음과 같다.

1. 마태복음의 산상설교와 요한복음의 다락방 강화를 비교, 설명(설교문 1면).

2. "너희는 마음에 근심하지 말라."

3. 제자들이 근심을 한 것은 깨닫지 못해서이고, 우리는 깨달았다(2면).

4. 근심하면 하나님이 안 보이고, 미래의 문이 닫히고, 최악을 상상하게 되고, 자살하게 된다. 그리고 귀신이 들어온다(3면).

5. 근심에 대한 일반적 상식들: 근심은 사실이 아니다. 피할 수 있다. 귀신의 세력이 있다(3-4면).

설교의 후반부에서는 근심하지 말아야 할 세 가지 이유를 다음과 같이 전한다.

1. 첫째, 하나님이 계시기 때문입니다. 하나님은 살아계십니다. 마귀는

하나님이 없다고 합니다. 하나님을 안 믿는 사람은 목적이 없고 삶의 의미가 없습니다(4-5면).

2. 둘째, 천국이 있기 때문입니다. 천국에는 근심과 걱정과 염려와 의심이 없습니다. 방황하지 마십시오. 예수 그리스도를 믿는 자는 천국 갑니다. 아침마다 부활에 관한 성경구절을 큰 소리로 여러 번 읽어야 해요(5-6면).

3. 셋째, 천국 가는 길을 터놓겠다는 것입니다. (예를 들어 미국에 처음 갈 때의 어려움을 얘기한 후) 우리는 귀빈으로 천국에 가는 줄로 믿습니다. 직통으로 가는 줄로 믿습니다(7면).

4. (지금까지 한 얘기들을 간추린 후) 병 걸려도 안심하고, 직장을 그만두었더라도 할렐루야! 교회 봉사할 시간이 되었다 하고 섬길 수 있잖아요? 기쁘고 즐거운 일들이 주변에 깔려 있습니다(8면).

"그냥 한 말"이라는 설교의 전반부나 "예수님이 한 말"이라는 후반부나 사실은 거의 유사하다. 설교 본문이 의도하는 바가 무엇인지 알아보려 하거나 본문을 두드리는 모습이 거의 없다. 한마디로 본문 연구의 흔적이 전혀 없다. 정용섭 목사도 설교 본문은 근본적으로 기독론을 얘기하는데, 설교자는 오직 '근심'이라는 단어 하나에 주일설교 시간을 다 할애하고 있다고 비판한다.

A목사의 설교를 간추리면 하나님과 천국이 있다는 것, 근심하면 마귀와 귀신의 세력이 역사한다는 것이다. 귀신은 나가라 말만 해도 물러가니 그렇게 하라는 것이다. 이런 설교는 더욱 깊은 신앙을 끌어내는 심화의 과정이 아니라 기존 신앙을 강화하는 과정만을 되풀이하게 된다.

그는 설교 중에 수시로 아멘을 유도하고 옆사람에게 "미래의 문은 열려져 있습니다" 등의 말을 하게 함으로써 상기된 감정을 유지하도록 한다. 이런 경우 기분 좋은 예배나 설교의 경험은 가능하지만 성서의 새롭고 깊은 세계로 진입하는 길은 원천적으로 막혀버린다.

그는 늘 부드러운 미소로 분위기를 만들고, 때로는 단호하게 때로는 적절한 유머로 청중을 위로하며 미래에 대한 희망을 갖도록 감성을 최대한 활용하는 것으로 보인다. 강압적으로 느껴지지 않는 언어를 구사하지만, 믿음에 대한 헌신이나 행보에 대해서는 설교 내내 끊임없이 밀고 가는 모습이다.

A목사의 설교는 앞의 [표1]에서 보여준 사영리 설교의 모든 면을 포함하고 있다. 세상에 대한 관심이나 사회악의 구조에 관한 이야기는 전혀 없다. 청중들이 세상에서 겪는 근심의 이유나 원인 등에 대해서도 한 번도 언급하지 않는다. "회사가 무너지고 회사에서 쫓겨나고 사업이 부도나면 근심 걱정이 생겨요." 그러나 근심 걱정을 말라고 설교한다. 근심 걱정하면 마귀와 귀신이 들어와서 하나님을 못 보게 한다는 것이다. 한국의 경제상황과 불안한 고용정책, 부의 불평등 등 교인들이 매일 겪고 있는 상황은 설교 내내 탈정황화시킨다. 마치 불의나 구조적인 악의 문제 등에 대해서 생각하지도 말라고 하는 듯 느껴진다. 이것이 사영리 인생과 신앙의 모습이다.

그는 이렇게 설교를 맺는다.

"여러분 고난과 더불어 엔조이하세요. 실패와 더불어 엔조이하세요. 그러면 그 실패는 여러분을 불행하게 못 만들어요. 직장을 그만두셨습니까? 할렐루야. 교회 봉사할 시간이 됐다. 그동안 내가 교회 봉사 한 번도 이 핑계 저 핑계로 못했는데 6개월 동안 교회 가서 청소도 하고 교회 문지기가 되고 내가 할렐루야 이러구 마음을 바꾸세요. 꼭 돈으로만 섬깁니까? 몸으로도 섬길 수 있잖아요? 시간으로도 섬길 수 있잖아요? 생각해보면 기쁘고 즐거운 일들이 우리 주변에 깔려 있습니다."

그는 설교를 통해 하나님의 말씀이 전달되는 것보다 신앙적 결단이나 헌신 등을 훨씬 더 강조한다. 사영리 설교는 이처럼 청중이 교회 봉사에 헌신하도록 하려는 의도를 포함한다. 이런 경우 특히 감정을 자극하게 되는데, 이는 복음주의 교회들과 은사주의 오순절 교회들이 강단을 교류하거나 공유하는 예배와 설교의 현장이기도 하다. 이들은 모두 사영리 신앙 안에서 사영리 인생으로 대동단결한 모습이다.

수십 년이 지났지만 A목사는 젊은 날 KCCC에서 배운 대로 여전히 탈역사적인 세계관을 가지고 근본주의의 사영리 설교를 하고 있다.[153] 한창 예민한 20대에 각인된 사영리 신학은 이처럼 스스로 문제점을 발견하기도 쉽지 않고, 오히려 탈피하지 않고 평생 가지고 갈 확률이 높다. 이런 정황에서 청중은 마치 십자군이 된 것처럼 사령관인 설교자가 명령만 내리면 전진해야 한다는 입장을 종용받게 된다.

정용섭 목사는 A목사의 신앙 세계에 대해 "달콤하고 슬픈 소녀취향적 센티멘털리즘과 자기중심적이고 공격적인 근본주의가 결합됨으로써 결국 이

---

153) Ibid., 329.

세계와 역사의 깊이 또는 어둠 속에서 자신을 계시하는 하나님을 대면하지 못하고 자기의 주관적 열정에 빠져버린다"고 비판한다.[154] 또한 청중에게 결단을 강요하는 "어떤 조급증"을 거론하며, 자신의 설교에서 무조건 감동을 받아야 한다는 일종의 강박증은 아직 진리의 자리에 들지 못한 열광주의자나 근본주의자의 어리석음이라고 평가절하한다.[155]

A목사의 설교는 한때 대중에게 많은 은혜를 받게 하는 것으로 보이겠지만 사실은 기독교 신앙의 우민화를 초래함으로써 결국 '비어 있음'이 드러날 것이다. 하지만 거품의 시대가 한동안은 계속될 것이다.[156] 이것이 바로 정용섭 목사의 결론이다.

내가 제기하고 주장하는 부분도 사영리 설교가 한동안 교세 확장에 큰 도움을 주었지만 이제는 그 효과나 실용성이 다해 간다는 것이다. 사영리 교인들도 신학적으로 이해하지는 못하지만 사영리 인생에 문제가 있음을 감지하고 떠나고 있다. 그 수는 앞으로 점점 더 늘어날 것이다.

참고로 A목사의 사영리 목회에 나타난 정치편향적 자세에 대해 시사평론가 김용민은 '고 A목사와 정치편향적 설교'라는 글을 썼다.[157] 김용민은 A목사가 한국의 16대와 17대 대통령 선거 당시 교회의 주일설교와 자신이 발행하는 『빛과 소금』, 오순절교회가 만든 기독교 일간신문인 『국민일보』를 통해 노골적으로 누구를 찍었으면 좋겠다는 정치편향을 드러냈다고 회고했다. 그리고 다음과 같이 글을 맺었다.

"A목사의 설교에는 (그런 의미에서) 팩트에 기초한 세밀한 현상진단이 아

---

154) Ibid., 331.
155) Ibid., 332.
156) Ibid., 333.
157) 김용민, 「고 하용조 목사와 정치 편향적 설교」, 시사평론가 김용민 브러그, July 24, 2012, http://newstice.tistory.com/1459(Accessed November 1, 2015).

쉬웠다. 그럴 만했다. 목회사역을 빛냈던 신자들 - 정계, 재계, 학계, 연예계 명망가들을 보면 대체로 '가진 자' 즉 주류다. 첨탑이 우뚝 선 자리는 서빙고와 강남, 양지 중 양지다. 처와 처가 쪽 인사가 옷로비 청문회장을 드나들었을 당시에 받은 충격은 굳이 회고하지 않으련다."[158]

A목사는 앞에서 이미 자세히 설명했던 김준곤 목사의 복음사역에 대한 열정, 빈약한 신학지식 그리고 능란한 정치 편향성을 충실히 답습하는 제자의 삶을 엿보게 한다.

2. O목사의 설교 분석

두 번째 사영리 설교비평은 O목사의 설교다.

그는 A목사와 같은 시기에 김준곤의 제자가 되어 7년간 KCCC의 간사 및 총무로 일했는데, 1965년의 예수 영접 경험을 자신의 생애에 일어난 가장 큰 사건으로 자주 얘기한다.[159] 정용섭 목사는 O목사에 대해 복음주의 계열의 보통 목사들과 달리 상당히 열린 시각으로 목회를 하면서 한국 교회의 진보주의 및 통일운동 계열의 인사들과도 교류하는 목사라고 칭찬한다.

O목사는 합동신학교, 전도폭발훈련, 한국해외선교회, 파이디온선교회, KOSTA, 학원복음화협의회, 남북나눔, 밀알교회 등을 자신이 시무하던 교회에서 혹은 그 교회의 후원으로 시작했지만 "우리의 것이 아니라는 점"을 환기시키며 "타자를 위한 존재"를 지향하고 있다고 소개한다.[160] 그리고 그는 "김준곤 목사로부터 예수를 영접한 사람의 신앙적 열정과 선교 비전을

158) Ibid.
159) 정용섭, 「설교비평, 멀지만 가야 할 길: 열림과 닫힘의 이중성- 홍정길 목사」, 대구성서아카데미, May 30, 2007, http://dabia.net/xe/index.php?mid=comment&page=2&document_srl=9441(Accessed October 1, 2015).
160) Ibid.

배웠고, 김용기 장로로부터 민족과 사회를 향한 열린 태도를 그리고 박윤선 목사로부터 성서해석 방법론을 배웠다'고 회고한다.[161]

이 책의 사영리 설교 비평을 위해 O목사의 신학적 정황이 잘 드러나는 2003년 6월 22일의 주일예배 설교 '선으로 악을 이기라: 그리스도인의 자세(로마서 12장 1-21절)'를 선택했다.[162] 6.25 남북화해 기념주일에 행한 이 설교의 전문을 부록으로 첨부한다.

그는 비교적 긴 본문을 선택한 이유를 설명하며 설교를 시작하는데, 설교 전문 4쪽에 가서야 비로소 그 이유를 말한다.

"지금 우리는 외국에 있는 우리의 가족들이 우리나라를 가장 걱정하는 시기에 살고 있습니다"라고 설교의 포문을 연 O목사는, 설교문 7면 중 첫 3면을 지난 10년간 자신이 '남북나눔운동' 사무총장으로 일하게 된 배경과 역사를 설명하는 데 할애한다. 진보와 보수 계열 교회와 지도자들이 함께 일했다는 비교적 균형 있는 설명이다. 하지만 청중으로서는 설교 시간의 전반부를 몽땅 '남북나눔운동' 10년의 사역보고를 듣게 된 셈이다. 물론 6.25를 기억하는 주일이니 그럴 수도 있다.

하지만 '균형 있는 경과보고'라고 보기에는 좀 문제가 있다. 그가 칭찬한 다섯 명은 모두 보수진영의 인물들이고 진보진영의 인물은 한국기독교교회협의회 총무 한 명뿐이다. 여기에 덧붙여 통일부 장관 세 명을 거론하는데, 진보측 인사로 알려진 한완상에 대해서는 "북측이 원하는 이인모 노인까지 보내주는 바람에 이분이 중간에 낙마했습니다. 그렇게 왔다 갔다 했지만"이라며 폄훼성 발언을 서슴지 않는다.

---

161) Ibid.
162) 홍정길, 「선으로 악을 이기라: 이 시대 통일을 위한 그리스도인의 자세」, 「뉴스앤조이」, July 2, 2003, http://www.newsnjoy.or.kr/news/articleView.html?idxno=5458(Accessed March 1, 2016).

그는 설교 전반부의 말미에 해당되는 3쪽에서 "감사한 일은 남북나눔운동 안에 20여 명의 통일을 생각하는 좋은 학자들(연구위원)"이 있다면서 이들은 "좋은 그리스도인이며 기도하는 사람들입니다"라고 소개한다. 하지만 이 말은 통일운동에 대한 그의 생각이 다소 다를 뿐 아니라 다툼의 여지도 있다. 당시 한완상 총리가 김영삼 대통령과 독대하여 비전향 장기수 이인모 노인을 북송한 것은 통일운동을 성경적인 방법으로 시도한 것이다. 하지만 그는 한완상 총리의 통일정책을 '우왕좌왕'한 것으로 폄훼하고, 반면에 자신이 이끄는 단체의 연구위원들은 "좋은 그리스도인이고 기도하는 사람들"이라고 한 것이다. 즉 한완상 총리처럼 자신의 생각이나 방법과 다르게 통일운동을 하는 것은 '좋은 그리스도인'이나 '기도하는 사람'이 아니라는 뜻으로 매도될 소지가 있다. 균형적이고 중립적인 설교 같지만 실상은 남북통일운동에 관한 정치 편향적 설교라 평할 수 있는 부분이다.

여기까지가 설교의 전반부인데, 이는 후반부에 들어가기 위한 포석인 것 같다.

A목사의 사영리 설교비평에서 지적했듯이 O목사 역시 성서 속으로 들어가지 않고 여러 가지 잡다한 세상 이야기로 설교 시간의 반을 사용한다. 물론 하나님의 말씀으로 분석하고 이해하고 적용하기 위해 사역 이야기나 세속적인 관심사를 불러일으킬 수도 있다. 하지만 본문과 관련한 이야기가 많을 텐데, 본문 밖의 이야기를 너무 오래 하는 것 같아서 좀 안타깝다. 이와 더불어 성서해석의 세계로 들어가지 않는 해석자의 나태함을 보게 된다.

O목사의 설교 전반부를 간추리면 다음과 같다.

6.25전란 53주년이다. 걱정되는 시기다. 언제 재난이 닥칠지 모른다.
그러니 그리스도인으로서 어떻게 기도하고 행동할까?

한국 교회는 진보와 보수로 나뉘어 있다. 각기 민주화운동과 복음화운동
을 했다. 진보계열은 광주사태 이후 통일운동에 들어갔다. 남북나눔운동이
시작된다. 하지만 진보계열은 약해서 보수계열에게 같이 하자고 제안했다.
그래서 지난 10년간 같이했다.

남북나눔운동 10주년 행사에 전현직 통일부 장관급 3명(한완상, 임동원,
윤영관)이 참석했다. 하나님이 이들 속에서 역사하신다. 그리고 남북나눔운
동 단체 내에 늘 기도하는 좋은 그리스도인들이 있다.

그런데 O목사는 설교 후반부에 진입하면서 진보와 보수 양측을 싸잡아
비난하는 양비론적 자세를 보인다.

"효순이 미선이의 죽음 앞에 애도의 촛불들이 켜지기 시작했습니다. 그
런데 거기에 (진보주의자들이) 반미의 색을 덧칠해 놓았습니다. 그러더니 보
수 기독교와 보수주의자들은 북한 타도를 외치는 거대한 군중집회를 열었
습니다. 이때 우리 그리스도인들은 어떤 자세로 나가야 합니까?"

마치 제3의 길을 제시하는 듯하지만 실제 내용은 사건과 상황에 대한 전
후좌우 설명도 없이 그냥 "양측 다 틀렸으니 그 길을 가지 말고 내가 말하
는 길로 갑시다" 하는 것이나 마찬가지다. 지나가는 말 같지만 이 부분은 중
요하다. 효순이 미선이의 어이없고 억울한 죽음은 분명 미군 장갑차에 의

한 사고였고, 사후 처리 또한 문제가 많았다. 충분히 반미를 외칠 만했다.

그런데 이에 대한 맞불 격으로 군중집회를 주도한 "보수 기독교와 보수주의자들"을 이들과 동급의 집단으로 취급하는 것은 O목사의 세계관과 역사관을 알게 해주는 단서이다.

그가 지적하는 보수 기독교나 보수주의자들은 근본주의자들이다. 짧은 한국 기독교 역사에서 늘 독재정권과 유착관계를 유지하며 이익을 취한 사람들이다. 그들의 선배요 스승인 김준곤 목사가 시작한 '국가조찬기도회'의 주역들이고, 부당하게 이라크를 침공한 아들 조지 부시 전 미국 대통령을 2010년에 한국으로 초청, 상암월드컵경기장에서 신앙 간증을 하게 한 사람들이다.[163] KCCC에서 성장했기 때문에 보수 기독교나 보수주의자들의 신학 성향을 잘 알고 있을 O목사가 자신을 그들과 분리한 셈이다. 이 부분이 재미있다.

설교 후반부에 그는 본문인 로마서 12장 18-21절을 가지고 "그리스도인의 자세"에 대해 네 가지로 설교한다. 이를 간추리면 아래와 같다.

첫째, 할 수 있는 한 평화를 만들라. 평화를 만드는 일에 최선을 다해야 한다.

둘째, 하나님의 진노하심에 그들의 악을 맡기라. 원수 갚는 일은 하지 말라.

셋째, 원수가 주리거든 먹이고 목마르거든 마시우라. 북한에 500억 이상 물자를 보냈다.

넷째, 선으로 악을 이기라. 원수를 사랑해야 한다. 그러면 이긴다.

---

163) 김준수, 「'예수 믿는 사람 맞나?' 조용기 목사에게 물었더니」, December 18, 2014, http://star.ohmynews.com/NWS_Web/OhmyStar/at_pg.aspx?CNTN_CD=A0002062589(Accessed October 1, 2015).

언뜻 무난하고 별 문제가 없어 보이지만 O목사의 설교를 두 차례에 걸쳐 공개적으로 비평한 정용섭 목사는 이번에도 "전반적으로 성서해석은커녕 성서주석 작업도 없다"고 혹평한다.[164]

대부분의 사영리 설교가 그렇듯 하나님의 말씀은 형식상 읽기는 읽지만 설교자와 청중 간 소통의 주제가 되지 못한다. 이 때문에 사람들이 하는 일, 남북나눔 이야기만 나누는 등 "말씀에 대한 진지성"이 결여돼 있는 것으로 보인다.[165] A목사가 설교 전반부를 "그냥 하는 얘기"로 취급한 것과 유사한 사태가 O목사의 설교 전반부에 남북나눔사업보고 같은 형식으로 나타난 것이다.

A목사와 O목사의 설교는 모두 제목을 정하고 본문을 따라가는 나열식으로 되어 있다. 나열식 설교가 성서 속으로 들어갈 수 없는 이유는, 어떤 주제를 정한 뒤 설교자가 하고 싶은 이야기를 옆으로 계속 나열하기 때문이다. 정용섭 목사는 이에 대해 O목사가 전하려는 네 가지 주제는 각각 나름대로 무게가 있는데, 가볍게 나열식으로 늘어놓으면 설교가 교양강좌 수준으로 떨어진다는 것이다.[166]

본 연구에서 비평하는 두 편의 설교 역시 성서 본문 속으로 들어가려는 시도를 하지 않았다. O목사와 A목사의 다른 설교는 혹 나열식이 아닐 수도 있겠지만, 나열식 설교는 대부분 보수주의 신학의 학문적 제한성이라 볼 수 있다.

이런 경우 성서는 문자 그대로 해석하여 제목이나 소제를 지지하는 증거자료로 활용한다. 이로써 자신의 관점을 사영리 신학으로 정당화시키고

---

164) 정용섭, 「설교비평: 열린 보수주의자의 한계- 홍정길 목사」, 대구성서아카데미, June 30, 2004, http://dabia.net/xe/index.php?mid=comment&page=4&document_srl=8682(Accessed October 1, 2015).
165) Ibid.
166) Ibid.

있다고 보여진다. 여기에서 성서는 사영리 원리라는 상수를 지지하고 보수하는 변수로 전락된다. 이것이 사영리 설교에서 감지되는 성서의 도구화이며, 신학의 학문적 효용성이나 긍정적인 면을 무시하고 축소하는 '신학무용론'의 실재이다.[167]

다음으로 설교자의 세계관과 역사관을 간략하게 들여다볼 필요가 있다.

O목사는 앞에서 지적한 대로 효순이·미선이 사건을 양비론으로 비켜가며 성경 인용으로 자신의 주장의 정당성을 확보하려 한다. 청중들이 시대적 사건에 대한 심층적인 분석이나 이해를 할 수 있도록 돕는 대신 늘 하던 대로의 안일한 해석의 잣대를 보여준 것이다. 여기에서 중요한 문제는 설교를 통해 일관되게 북한을 원수로 지칭하는 그의 세계관과 역사관이다. 그가 실제로 그렇게 생각하고 있는지 궁금해지는 대목이다. 정용섭 목사는 O목사의 "정신세계에 내면화되어 있는 왜곡된 역사관과 세계관은 상당히 심각하다"고 비판적으로 분석한다.[168]

그리스도인이 아니더라도 한국 사회에서는 북한을 형제자매로 부르는 경우가 많다. 하지만 그는 설교 속에서 북한을 '원수'라고 칭했다. 물론 북한 국민이 아니라 북한 정권을 칭하는 것이라고 항변할지 모르겠지만, 그는 북한 전체를 지속적으로 원수로 칭한다. 혹여 그가 북한을 정말 원수로 생각한다면, 확실한 반통일적 발언이다. 과연 500억 원의 물자를 지원하는 나눔운동의 지도자로서 속내가 무엇인가를 의심하게 한다. 혹시 그가 말한 "북한 동포들 중에는 저를 전술 전략으로만 대하는 사람이 있다"는 것과 같은 것일까?

통일운동에 있어서는 양측의 진정성 확보가 중요한데, O목사와 같은 입

---

167) 정용섭, 「근본주의와 신학무용론」, 대구성서아카데미, August 2, 2010.http://dabia.net/xe/index.php?mid=study1&page=2&document_srl=410016(Accessed January 10, 2016).
168) 정용섭, 「설교비평: 열린 보수주의자의 한계- 홍정길 목사」.

장이라면 매우 낮은 단계의 교류도 하기 어려울 것이다. '대접받고 싶은 대로 대접하라'는 황금률도 있지 않은가. O목사의 설교를 듣다 보면 최근 발생한 캐나다의 한인 임모 목사의 경우를 떠올리게 된다. 그도 수년간 열심히 북한을 도왔지만 끝내 북의 신뢰를 얻지 못하고 큰 곤욕을 치렀다. 캐나다나 미국 등지에서 설교를 하면서 북의 최고위층 지도부를 부정적으로 표현한 것에 대한 보복조치를 당한 것이다.

또한 O목사는 10여 년이나 지속된 북한의 기아 문제나 홍수·가뭄 등이 하나님의 저주와 진노에서 비롯된 것이라고 말한다.[169] 북한 동포의 어려움에 대한 안타까움이나 연민의 정을 못 느낀다면 그건 할 수 없는 일이다. 하지만 하나님의 저주나 진노 운운하는 것을 보면 O목사는 복음주의자가 아니라 근본주의자임을 알 수 있다. 하나님을 철저하게 상선벌악의 개념 속에 가두고 있을 뿐만 아니라 히브리 성서에 나타난 하나님의 저주나 진노를 문자적으로 이해하고 해석하고 있는 증거라고도 할 수 있다.

그는 북한을 형제자매로 여기지 않고 그들이 겪는 아픔을 하나님의 진노의 심판이라고 생각하는 것 같다. 심지어 그는 설교 말미에 "북한은 인간의 정이 통하지 않는 곳"이라고 말하기도 한다.

앞서 사영리 제1원리의 보충에서 성서 해석상 중요한 것이 문자주의의 탈피라고 했다. 그러나 O목사는 전반적으로 성서의 축자영감설에 충실한 문자주의적 해석을 내비친다. 이런 부분 역시 그가 사영리 신학의 틀 속에서 성서해석을 실행하기에 어쩔 수 없이 나타나는 현상으로 보인다. 사영리 신학의 틀 자체를 의심하거나 수정하는 것이 아니라 오히려 강화시

---

169) Ibid.

키고 있는 형국이다. 정용섭 목사는, 누군가 O목사의 평전을 쓴다면 이와 같은 '세상을 향한 열림'과 '성서를 향한 닫힘'의 이중성을 분석해달라고 말할 정도다.[170]

이러한 자세는 O목사의 영원한 멘토이자 사영리를 가르쳐준 김준곤 목사가 오랜 세월 동안 군사정권과 밀착하여 반공주의 기치를 힘차게 내건 것과 유사하다. 즉 북한을 죄의 나라로, 북한 동포를 원수로 간주하는 것이다.

6.25 당시 막 가정을 이룬 26세 청년이었던 김준곤 목사가 눈앞에서 부친과 아내를 잃은 탓인지 극단적인 반공정신을 가지게 된 것을 일부 이해할 수 있다. 그러나 똑같이 6.25전쟁 때 목사인 아버지가 공산군의 곡괭이에 처참한 죽임을 당했지만 고 이승만 목사는 훗날 "화해의 사도"로 거듭나서 민족의 화해와 통일운동을 했다.[171] 고 이승만 목사는 비록 개인적인 아픔과 상처는 컸지만 한인 최초의 미국장로교단(PCUSA) 총회장으로, 미국기독교협의회(NCCC) 회장으로서 그리스도의 사랑으로 용서하고 민족의 화해와 평화통일을 위해 삶으로 설교하고 증거한 것이다. 이 때문에 그는 오랫동안 한국 입국이 거절당하는 고통을 겪기도 했다.

이와 달리 O목사처럼 비성서적인 세계관과 역사관 속에서 오히려 자신의 통일관에 대한 과도한 믿음을 가진 사영리 설교자들이 많다. 이들은 지금도 한국의 민주화나 평화통일의 걸림돌 역할을 하고 있다. 대개 이들은 성서를 해석함에 있어 인문학적인 소양이 부족하여 경제, 문화, 정치 전반에 대한 치밀한 분석이 빈약하다. 이 때문에 감정적으로 교인들을 격앙되게 호도하여 자신들의 입맛에 맞는 군중집회에 대거 동원하기도 한다. 참

---

170) 정용섭, 「설교비평, 멀지만 가야 할 길: 열림과 닫힘의 이중성- 홍정길 목사」.
171) 이승만, 『기도 속에서 만나자: 화해의 사도 이승만 목사의 삶』(서울: 쿰란출판, 2012), 86~88.

안타까운 일이다.

이들은 역사교과서의 국정화에 찬성하고, 세월호 진상조사를 거부했으며 박근혜의 탄핵을 반대하는 등 사사건건 반민주적 정부들과 유착관계를 유지했다. 이들의 선배들과 마찬가지로 현실과 역사를 깊이 있게 사유하고 분석하는 신학과 인문학적인 소양이 낮다. 성서 축자영감설과 반동적 성서 문자주의를 신봉하는 근본주의의 영향 때문이기도 하다. 이 때문에 이들의 신학은 자연히 정치적 보수주의의 입장을 견지하기 위한 수단이자 기제로 사용된다고 볼 수 있다.

사영리 틀 안에서의 신학이 이러한 결과를 낳았다. 모든 성서의 해석과 설교를 같은 틀 안에서 재생산하므로 같은 결과를 낸다. 다시 말하지만 사영리 원리에서 사영리 신학으로 그리고 사영리 목회로, 사영리 설교와 사영리 인생으로 이어진다. 세상은 온 데 간 데가 없다. 그러나 반대로 세상에서의 축복엔 남다른 열정이 있다. 이것이 현재 한국 교회의 아이러니다.

V

설교
가려서 듣기

A
탈사영리 신학

한국 교회는 한때 사영리 개인전도를 통해 많은 사람들을 교회로 불러 모았다. 교회의 지도자들은 성경공부나 전도훈련 명목으로 간단하고 효과적인 사영리 전도원리를 더욱 널리 알렸다. 교세를 확장하는 일에 박차를 가했던 것이다. 하지만 그렇게 교회로 유입된 많은 사람들을 성서적으로 깊이 있게 양육하지 못했다. 이 과정에서 사영리 전도원리는 자연스럽게 사영리 신학과 사영리 목회로 한국 교회 내에 정착했다.

사영리 신학은 숙지하기 쉽고 단순하고 견고하다. 그래서 어떤 설교나 본문에 상관없이 사영리 신학의 틀 속에서 성서를 해석하고 설교하도록 도와준다. 여기에서 영향을 받은 사영리 인생은 무엇인가 발전의 돌파구를 찾고 있다. 이제는 시대가 변해서 사영리 설교로는 교인들의 당면한 요구를 풀어줄 수 없는 처지에 놓이게 되었다. 이 책은 이와 같은 사영리 설교를 탈피하는 탈사영리 설교의 중요성에 대한 인식에서 저술된 것이다.

탈사영리 설교를 위해 선행되어야 할 것은 탈사영리 신학의 정립이다. 앞에서 사영리 신학을 네 부분으로 나눠서 분석할 때, 역사의 예수 연구의 관점에서 사영리 신학을 보완해야 할 내용들을 자세하게 서술했다. 한편 한인철 교수는 당면한 한국 교회의 가장 큰 문제는 사영리 신앙체계로 인해 생긴 "삶의 부재"라고 주장하고, 그에 상응하는 "삶을 중심으로 다시 생각해보는 기독교 사영리"를 다음과 같이 네 가지로 정리했다.

> 첫째, 우리는 참 삶의 길을 잃어버린 길치 인간이다.
> 둘째, 하나님은 우리가 가야 할 참 삶의 길을 가리켜주시는 길잡이다.
> 셋째, 예수는 우리가 가야 할 참 삶의 길을 앞서 가신 선생이다.
> 넷째, 기독교인은 예수를 벗 삼아 예수와 같은 길을 가는 길벗이다.[172]

삶을 중심으로 생각하는 이러한 사영리의 변환은 기존 사영리 신학의 인간론, 신론, 기독론, 구속론을 상당 부분 수정하고 보완한다. 물론 이런 경우에도 사영리 사유의 틀은 유지되지만, 한인철 교수의 '길치 인간론'에서 우리들은 참으로 사는 길을 잃어버렸기에 길을 찾는 인간으로 표현된다.

동서고금을 막론하고 인간은 참으로 사람답게 사는 길을 늘 물어왔다. 참으로 살기 위해서는 재물과 권력, 명예 등과의 관계를 어떻게 설정해야 하는가 등의 질문에 대한 답을 찾는 폭넓은 대화가 필요하다. 풍성한 동양고전과의 대화도 도움이 되고, 이런 방법이 오히려 성서를 풍부하게 해석하고 이해할 수 있는 길을 열어줄 수도 있다. 예를 들어 다석 유영모가 시도한 것처럼 동양고전의 안목으로 성서를 해석하고 이해하는 것도 유익하다.

---

172) 한인철, 「나는 지금 왜 역사적 예수에 관심하는가?」, 한기연, October 13, 2012, http://www.historicaljesus.co.kr/xe/article/28752(Accessed October 1, 2015).

송기득 교수도 예수의 성육신 이론을 분명하게 배격하며 우리의 "신학적인 바탕을 역사의 예수의 인간화 운동에서 찾는 것이 옳다"고 주장한다.[173] 송 교수에 의하면 예수는 이데올로기와 상관없이 하나님 나라 운동이라는 인간화 운동을 펼쳤다.

한인철 교수는 생사고락 간에 길을 잃은 사람에게 길을 가리켜주는 분으로 하나님을 소개한다. 직접 인간의 길흉화복에 어떤 영향을 끼치는 분이 아니라 참으로 사는 길을 안내해주는 신이라고 알려주는 것이다. 이런 설명은 풍성한 신론을 가능하게 함으로써 상선벌악이나 심판주로 각인된 하나님의 이미지를 벗어나도록 도와준다. 덕분에 우리는 사영리가 추구하는 전지전능의 하나님 대신 우리와 함께 삶의 여정을 동반하며 돕는 하나님을 생각할 수 있다.

그런 다음 한인철 교수는 예수가 처음부터 '선생'으로 불렸듯이 하나님께로 가는 길을 가르쳐주는 랍비의 역할을 강조한다. '선생 예수'가 그를 따르는 신자들과 교회에 의해 '부활한 그리스도'가 된 뒤 '삼위일체'의 이론에 이르기까지의 역사적 과정을 설명하는 것이다. 참 인간으로서 완벽하게 살다간 인간 예수의 장엄한 휴먼드라마를 보여주는 셈이다.

마지막 원리는 종래의 사영리 구속론과 다른 교회론으로 설명을 하는 것이다. 이는 구속론의 큰 문제인 오직 '저 세상'에 대한 기대와 달리 이 세상에서 이웃과 더불어 살면서 건강한 우주적 공동체를 이루기 위해서이다. 비록 완전하지는 못하더라도 유형과 무형의 하늘나라와 그의 통치를 이루려는 공동체적 노력이 필요한 세상이다.

---

173) 송기득, 403.

한편 사영리 신학을 역사의 예수 연구의 입장에서 좀 더 개정하면 다음과 같다.

첫 번째로, 신론을 초자연의 유신론에서 범재신론으로 전환하는 것이다. 마커스 보그는 과거의 초자연적 유신론이 하나님의 초월성만을 강조하며 하나님의 내재성을 부정하기 때문에 자신도 부정하게 되었다고 고백한다.[174] 하지만 하나님의 존재를 범재신론으로 이해하면 신의 초월성과 함께 내재성을 함께 수용할 수 있다. 그래서 "하나님은 우주 이상이지만, 동시에 우주 안의 모든 곳에 현존하다"고 설명한다.[175]

범신론(pantheism)과 범재신론(panentheism)은 다른 용어다. 범신론은 "우주와 하나님을 동일시"하고 "하나님과 우주는 같은 공간을 공유"한다는 입장에서 "모든 것이 하나님"이라고 본다.[176] 즉 범신론은 하나님의 내재성만을 인정한다.

반면에 범신론을 뜻하는 pantheism에 'en'을 중간에 더 넣은 범재신론은 이와 다른 의미를 가지게 된다. pan은 '모든 것'을, en은 '안'을, theos는 '하느님'을 표현한다. 그래서 범재신론은 하나님의 초월성과 내재성을 동시에 충족시키면서 "모든 것은 하나님 안에 있다"고 보는 것이다.[177] 신에 대한 이러한 이해는 존 셀비 스퐁(John Shelby Spong)과 마커스 보그 등을 통해 역사의 예수 연구에서 많이 설명되어지고 있다.

물론 이런 관점은 근본주의 혹은 보수적 복음주의권의 신학에서는 불편한 논쟁이 될 수 있다. 여기에다 한 가지 더 거론할 것은 유일신 사상에 대한 변화의 필요다.

기독교에서 유일신 사상을 부정하면 마치 한 분밖에 없는 하나님을 부

---

174) Marcus J. Borg, 『The God We Never Knew』, 59.
175) Ibid.
176) Ibid., 66.
177) Ibid., 65.

정하는 듯한 느낌을 준다. 그러나 이찬수 교수는 기독교에서 '한 분의 하나님'이라고 할 때의 '한 분'은 수학적으로 하나의 존재를 가리키는 것이 아니라 '근원 혹은 전체'를 가리키는 것이므로 유일신론이 아닌 범재신론을 적용해야 한다고 조언한다.[178]

우리말의 '한가운데'나 '한가위'의 '한'이 숫자 하나를 얘기하는 것이 아니라 '크다'는 뜻을 나타내는 것과 같은 이치이다. 대전을 뜻하는 한밭도 마찬가지다. 비슷한 맥락에서 '하나님'이 옳은 명칭이고 '하느님'은 잘못된 명칭이라는 것도 다시 생각해보아야 한다. 보통 보수적인 교회에서 하나님은 '하나'를 중시하는 뜻으로 사용되곤 한다. 그러나 영어의 God 혹은 god은 단순히 '신'이라는 개념과 '하늘'을 떠올리게 할 뿐이다. 여기에 하나라는 수학적 개념이 비집고 들어갈 틈은 없다. 따라서 God 혹은 god에 가장 가까운 우리말은 하느님이지 하나님이 아니다.

두 번째, 인간론 혹은 죄론에 대한 역사의 예수 연구의 이해이다. 앞서 강원용 목사의 지적처럼 대부분의 기독교인들도 비신자들과 마찬가지로 '죄'를 윤리도덕적 개념으로 이해하고 있다. 이는 상선벌악의 개념과 같고, 율법을 지키면 의에 이른다는 '공로주의'와도 통한다.[179]

기독교에서의 죄는 어떤 행위에 의한 결과로서의 죄(sins)가 아니라 인간이라는 존재 그 자체로서의 죄(SIN)를 말하는 것이다.[180] 창세기 3장의 타락설화가 이를 상징적으로 잘 나타내고 있다. 그러나 사영리 신학과 복음주의는 죄를 개인 차원의 일로 치부한다. 그래서 이들은 대체로 죄의 사회적이고 구조적인 복잡한 현실을 인지하지 않는다.

---

178) 김근수, 「이찬수 교수 인터뷰: 유일신론에서 범재신론으로」, November 23, 2015, http://www.catholicpress.kr/news/view.php?idx=1695(Accessed November 23, 2015).
179) 강원용, 289.
180) Ibid.

보그는 죄의 회개가 개인의 반성에는 도움이 되겠지만 "인간의 고통과 비극의 상당 부분은 개인적인 죄 때문이 아니라 집단적인 죄 때문이라는 사실을 간과해서는 안 된다"고 말한다.[181] 이 때문에 복음주의 사영리 설교에서는 구조적인 죄에 대해 늘 함구할 뿐 아니라 오히려 구조적 악에 동조하는 모습까지 보여준다. 참으로 안타깝다.

세 번째 원리인 기독론에 대해서는 이미 서술한 대로 '예수만'을 문자적으로 해석하고 설교하며 주장하는 것이 문제다. 이를 바탕으로 전도나 선교를 하다가 점점 심한 종교 분쟁으로 치닫곤 한다. 특히 한국은 다종교 사회임에도 불구하고 일부 기독청년들이 불교 사원에 들어가 땅 밟기를 하거나 불상을 부수기도 했고, 심지어 해외의 이슬람 국가를 찾아가 선교를 하다 죽임을 당하기도 했다. '성전'을 내세워 세계 곳곳에서 테러를 일삼는 극단적 근본주의 이슬람 교도들의 태도와 유사하다.

한국은 지난 100여 년 이상 기독교를 포함해서 여러 종교들이 평화롭게 지내며 독립운동 등 국난 앞에서 힘을 합치곤 했다. 그러나 근본주의 및 보수주의 계열의 '기독교'가 커지면서 종교 간의 충돌이 심심찮게 벌어진다. 지금이라도 기독교는 개인주의 신앙을 넘어 신앙의 공공성과 공공선을 회복해야 한다. 이를 위해 더불어 사는 세상을 만드는 일에 뛰어들어야 하며, 근본주의 사영리 신학과 사영리 인생에서 탈피해야 한다.

마지막으로 구속론에 대한 보완이다. 사영리 신학의 기반은 구원에 대한 협소한 이해와 간단한 편리주의다. 이를 많은 유사 기독교 단체들도 습

---

181) Marcus J. Borg, 『The Heart of Christianity』, 264.

득했다. 이들은 쉽고 거짓된 구원을 강조하며 기성교인들을 열정적으로 자신들의 '교회'로 전도해가고 있다. 현재 교회를 '안 나가'는 교인을 칭하는 '가나안' 성도가 100만 명 이상이지만, 유사 기독교로 옮긴 사람들은 훨씬 더 많을 것으로 추정된다. 이들 구원파와 유사 기독교가 전하는 구원관이 사영리 신학과 별 차이가 없기 때문이다.

보그는 구원에 대한 폭넓은 이해를 포괄적으로 탁월하게 정리한 바가 있다. 그는 먼저 성서의 구원 이해는 '이 세상'적이지 '저 세상'적이지 않다고 말한다.[182] 성서에는 구원을 설명하는 다양한 은유적 이미지들이 있고, "신적인 측면과 인간적인 측면"이 있으며 구원은 하나님으로부터 오지만 경험은 역시 인간이 하는 것임을 강조한다.[183] 이제 천국행 입장표를 남발하는 듯한 구원관에서 벗어나야 한다. 성서의 광범위한 구원의 비유와 상징을 통해 탈사영리 인생이 세상에서 구원되도록 도와야 한다.

한편 진보신학자로서 민주사회를 위해 투쟁한 김재준 목사는 '하나님 나라'를 '전 우주적 사랑의 공동체'로 표현한다. 그의 탁월한 성서적 결론이다. 그는 하나님의 나라를 "자연계와 초자연계, 개인과 사회 집단, 남자와 여자, 기독교인과 타종교인, 현재와 미래와 과거, 사람과 천사와 영물들, 역사와 자연, 물질계, 생명계, 정신계, 영계가 모두 각각의 자기 질서와 고유한 실재 차원을 지니면서도 하나로 통하고 어우러져 생성, 발전하는 것"으로 표현한다.[184] 또한 구원받을 사람은 선택받은 몇몇 사람들뿐이라는 복음주의 사상가들의 복음 이해를 "소승적 기독교"라 칭하고, 전 우주 만물과 모든 사람들이 궁극적으로 구원받는다는 신념을 "대승적 기독교"라 불

182) Marcus J. Borg, 『The God We Never Knew』, 239.
183) Ibid., 240.
184) 김경재, 『김재준 평전: 성육신 신앙과 대승기독교』(서울:삼인, 2001), 201.

렀다.[185) 토착화된 한국 정서를 감안한 기독교의 이해다.

사영리 신학과 사영리 인생은 이 세상과 현실의 역사를 임시 정거장처럼 여기지만 역사의 예수를 따르는 탈사영리 신학은 이 세상과 현실의 역사를 힘을 다해 하나님의 나라로 변혁시켜야 할 곳으로 여긴다. 전자는 개인의 영혼 구원을 강조하지만 후자는 전인 구원과 사회 구원을 통합적으로 추구한다.[186)

---

185) Ibid., 203.
186) Ibid., 204.

B
성서적 설교

토마스 롱(Thomas G. Long)은 『증언하는 설교』에서 성경적 설교를 "성서 본문이 삶의 어느 한 국면과 교차할 때 일어나는 정황이나 그 순간에 우리에게 말씀하시는 것에 대해 진실을 말하는-증거하는-것"이라 정의한다.[187]

이어서 좀 더 자세하게 설명하기를 "성서에 대해 말하거나, 그것으로 교리논쟁을 하거나, 매일의 삶에 성서의 '원리'를 적용하는 것이 아니"라고 한다. 또한 성서를 많이 인용한다고 성경적 설교가 되는 것이 아니고 "현재적 경험과 관련하여 얼마나 신실하게 성서를 해석하느냐"의 문제로 설명한다.[188] 이 말은 곧 성서를 도구화하거나 신학 무용론을 주장하며 성서 본문을 억지 증거로 사용하지 말고 해석에 충실하라는 뜻이다. 따라서 성서본문에 기초하는 것이 "기독교 설교의 가장 기본적이며 전형적인 형태"이다.[189]

그러므로 교회는 늘 설교를 통해 성경으로 돌아갈 때에만 "그리스도로

---

187) Thomas G. Long, 『The Witness of Preaching 증언하는 설교』, trans. 이우제 and 황의무(서울: 기독교문서선교회, 2007), 83.
188) Ibid., 84.
189) Ibid., 87.

말미암아 생명의 양식을 공급받고 능력을 입게 되는 정체성의 변화를 경험"하는 신비를 맛볼 수 있다.[190] 이런 의미에서 설교자는 늘 성서를 연구하는 신학자의 길을 가야 한다.

롱에 의하면 이러한 설교자는 자연적으로 그냥 생겨나는 것이 아니라 자신이 속한 "신학 전통과 사회적 지위 및 성경과 기독교 복음의 본질에 대한 사전 지식을 가진 신앙의 공동체로부터 온다"고 한다.[191]

설교자가 이렇게 발전하고 성장하려면 최소한 세 가지를 이해해야 한다고 롱은 말한다.

첫째는 비평적 성서관이다. 성서도 인류 문화의 소산물이니 문화와 문학 그리고 사회의 측면에서 비평적으로 읽어야 한다. 사영리 신학은 원천적으로 이 부분을 차단하는 경향이 있다. 이럴 수밖에 없는 잘 알려진 이유는 근본주의가 신봉하는 성서 문자주의 때문이다. 복음주의 설교 역시 근본주의 성서관으로 인해 성서비평을 회피하고 있다. 물론 누구든 현실에서 성경을 문자 그대로 해석하고 설교하는 일은 불가능하지만, 그렇게 주장한다. 그러다 보니 창조과학회 같은 곳에서는 하나님의 창조까지 과학으로 입증하려는 일을 벌이기도 한다.

상황이 이렇다 보니 아직도 많은 복음주의 교회는 창조과학회와 같은 매우 비과학적인 단체를 성경적인 단체로 오해하고 있는 실정이다. 이들은 심지어 교인들을 미국의 그랜드캐년으로 유인해서 하나님의 창조를 과학적으로 증명하려 들고 있다.

---

190) Ibid.
191) Ibid., 89.

성서적 설교자가 신앙 공동체로부터 나올 수 있는 두 번째 조건에 대해서 롱은 설교자가 가지고 있는 "신학적 유산"의 중요성을 말한다. 설교자가 만나는 본문은 전에 누군가 만났던 같은 본문이다. 즉 설교자는 "이방인으로서가 아니고 익숙한 땅으로 돌아가는 순례자와 같이 들어와 옛 지경을 돌아보며 이전에 보지 못한 새로운 것들을 찾아"나서는 것이다.[192]

자신의 신학 유산의 전통에 익숙하려면 성경과 더불어 기독교 역사와 각자의 유산이 자리한 세속의 역사도 알아야 한다. 설교자로서 인문학적으로도 유념할 것을 말하는 것이다. 각자의 신학 전통에는 장단점이 있지만, 우선 자신의 신학 전통을 잘 알아야 발전이나 개혁도 가능하다. 예를 들어 현재 동성애 문제로 수많은 교단들이 속앓이를 하고 있다. 하지만 과거에도 교회는 미국의 경우 노예제도 혹은 여성 안수 등 여러 가지 어려운 문제로 씨름해왔다. 그러므로 과거의 신학 유산 과정을 돌아보고 현재 문제에 대한 답을 얻는 지혜가 필요하다. 모든 사람을 사랑하되 특히 소외계층인 약자를 사랑한 예수의 심정을 헤아려야 한다. 이 문제도 성서의 문자적 접근이 아니라 문화적이고 사회적인 접근을 시도해야 실마리가 풀린다.

셋째로 설교자는 "청중의 상황에 대한 인식"이 있어야 한다. 설교자가 성서 속으로 들어갈 때는 홀로 가는 것이 아니다. 성서가 문화와 사회의 유산이듯이 설교자도 청중과 함께 성서 속으로 들어가는 것이다. 따라서 함께 들어가는 청중에 대한 인식이 있어야 그것을 다시 청중에게 말할 수 있다.[193] 해석자가 청중을 대표해 성서 속으로 들어"가는 것은 일종의 제사장적 행위이다."[194]

---

192) Ibid., 93.
193) Ibid., 98.
194) Ibid., 101.

설교자는 청중이 처한 현실의 역사와 사회의 정황을 외면하지 말고 통전적으로 깊이 이해하도록 노력해야 한다. 예를 들어 교우들과 주일 오후 공동식사를 마치고 당일 설교에 대한 이야기를 나누는 것도 도움이 된다. 교우 간에 허심탄회한 대화를 통해 청중의 반응을 살펴보고 질의응답을 통해 더 깊은 성서와 삶의 세계로 함께 여행할 수 있다. 청중을 더 깊이 이해하면 설교자의 성서 연구에도 도움이 된다.

마지막으로 롱은 "책임 있는 성서적 설교는 쉽게 되는 것이 아니"므로 늘 성서를 주석하는 습관을 가질 것을 권한다. 속성과정도 없고, 늘 즐겁게 매달려야만 하는 일이다. 신학무용론을 펼치거나 감정을 고양시키는 것이 설교를 대신할 수는 없는 일이다.

탈사영리 설교

설교에서는 '사영리'라는 단어조차 쓰지 않는데, 그것을 사영리 설교라고 하면 의아해 하거나 불쾌해 할 수도 있다. 실제로 근래에는 사영리 전도에 대한 이야기조차 듣기 힘들어졌다. 저돌적이고 일방적인 사영리 전도에 대한 부정적인 영향이 한몫을 한 덕분이다. 사실 사영리 전도는 영광스러운 복음을 무례하게 전하는 것이므로 복음의 가치를 한층 떨어뜨리는 일이기도 하다.

하지만 이 책에서 규정하는 사영리 설교란 '사영리'라는 단어를 사용하느냐 아니냐의 문제가 아니라 사영리 원리를 설교의 신학적 배경으로 삼느냐 아니냐의 문제다. 물론 근본주의나 복음주의 설교자가 아니면서 역사의 예수 연구를 중요하게 여기는 설교자는 이미 탈사영리 설교를 하고 있는 것이라고 생각한다.

이제 스스로 비평을 하게 될 나의 탈사영리 설교는 이 책을 위해 작성한 것이다. 2016년 3월 27일 부활주일 설교로, 마태복음 28장 1-10절을 택했으며 제목은 '갈릴리의 부활'이다. 이 설교는 같은 청중을 상대로 연중 한 번씩 하는 것으로, 여덟 번째 부활 주제의 설교다. 설교 전문은 부록으로 첨부했다.

이 교회의 청중들은 약 10년 전까지 35년여 간 늘 비슷한 사영리 설교를 들었다. 교회는 비교적 진보적인 미국장로교단(PCUSA) 소속이지만 그동안 한국 예수교장로회 통합 측과 합동 측의 보수적 목사들이 시무를 해왔다. 설교자인 나는 한국에서의 신앙 경험이 전무하다. 그리고 지난 10년간 탈사영리 설교로 전환하는 과정에서 많은 교인들이 혼란스러워했다.

이민생활 40년이 되는 설교자는 그동안 사영리 신학과 설교를 탈피하기 위해 힘겨운 내면의 투쟁을 해왔다. 평균 연령이 60-70세 정도인 작은 교회의 청중은 그동안 숫자는 줄었으나 수년 전부터 이 길로 계속 전진하는 것이 옳다고 합의한 바 있다.

나는 설교를 통해 전통적인 사영리 설교를 넘어 부활의 의미를 좀 더 확실하게 전하고자 했다. 그리고 설교 준비를 할 때마다 좀 더 탈사영리적이고 역사의 예수 연구에 입각한 예언자의 설교가 되도록 심혈을 기울이고 있다.

설교를 시작하면서 나는 먼저 절기 설교의 어려움을 솔직히 고백했다. 여기엔 부활에 대한 성서해석의 '진부한 일상성'을 벗어나려는 나의 열정과 고민이 함께 들어있다. 이어서 '신앙의 그리스도'와 '역사의 예수'에 대한 개념 정리를 시도함으로써 부활에 대한 탈사영리의 근거를 마련했다. 이 부분에 이를 때까지 본문 속으로 들어가지 않은 이유는, 공관복음서에 나오는 것과 같은 부활의 이야기를 비교 분석하기 위해서였다. 그런 다음 신약성서의 저작연대를 언급했다. 역사의 예수 연구의 관점에서 본문을 이해하기 위해 본문의 외곽에서부터 설명을 시도한 것이다. 즉 신약성서를 편집된 상태인 현재의 순서대로 이해하지 않고 생성단계부터 있었던 정경작업의 역사를 설명한 후 본문으로 접근했다. 즉 마가복음부터 다루고 마태와 누가를 다룬 후 요한복음서를 다루었다.

청중들은 예전에는 이런 정보를 어려워했지만 이제는 복습하는 정도로 수용한다.

이 지점에서 나는 청중들이 문자주의 성서해석에 대한 문제점을 인식함으로써 비문자적, 상징적 그리고 은유적 해석의 장점을 잘 인식하도록 도왔다. 그리고 자연스럽게 신학과 다른 학문과의 상호보완의 중요성을 알 수 있도록 도왔다. 이와 함께 전통적 부활 교리와 신앙의 그리스도 관점의 문제점을 발견하도록 했다. 또한 부활 이야기를 신앙의 그리스도 관점에서 해석하는 것과 역사의 예수 연구의 관점에서 해석하는 차이점을 알게 함으로써 부활의 의미를 다양하게 이해하도록 했다. 그리고 본문에 들어가기 전, 부활 이야기가 사복음서로 어떻게 각색되어 갔는지를 설명했다. 약 40분간 행한 그날의 설교 전문을 간추리면 다음과 같다.

절기 설교의 고민은 부활 이야기를 문자 그대로 전할 수 없기 때문이다 (1면).

지금까지 '신앙의 그리스도'에서 '역사의 예수' 연구로 성서를 해석, 설교했다.

성서비평을 수용한 신학의 발전은 부활을 다르게 이해하도록 돕고 있다(2면).

'예수는 그리스도이다'라는 것을 증명하기 위해 육체적 부활을 강조했지만 많은 사람들에게 아직도 수용은 힘들다.

부활은 네 복음서에 모두 나오지만 육체와 영의 부활을 함께 묘사하는 것으로 각색되었다(3면).

부활의 개념은 주전 200년경, 이웃 종교인 조로아스터교로부터 유입된 것이다(4면).

본문을 한 절씩 살피며 상징적, 은유적, 고백적 내용임을 환기시킨다.

인간 예수의 영웅담을 이해하면 다양한 부활의 해석이 가능하다. 그런 의미에서 예수의 삶을 소개한다(5면).

기존 목회의 진퇴양난을 얘기하고 부활을 경험하는 갈릴리의 삶을 추구하자.

사회정의와 희망의 끈을 부활과 연결해 살았던 1970년대의 예를 든다(6면).

오늘도 부활은 갈릴리에서부터 경험된다(7면).

위의 절기 설교는 부활이라는 비교적 묵직한 주제를 다룬다. 그리고 이미 각인된 기존의 인식을 바꾸기가 쉽지 않은 청중을 상대로 비교적 쉽게 접근했다. 사영리 설교에 익숙한 청중의 인식을 바꾸기 어려운 주제가 어디 부활뿐이겠는가. 성탄, 성육, 대속 등 기독교의 오래된 관행 같은 전통적 교리나 개념들도 앞으로 설교자가 꾸준히 재해석해 나가야 할 과제이다. 그렇지 않고는 탈사영리 신학의 장을 만들 수 없기 때문이다. 그리고 기독교의 역사와 현재 처해 있는 사회 및 정치, 경제 상황까지 새로운 해석의 틀로 접목해야 한다. 이는 교인들만을 위한 설교가 아니라 세상을 위한 그리고 세상이 이해할 수 있는 설교가 필요하기 때문이다.

또한 부활정신은 기독교만의 점유물이 아니다. 불교인들도 '크게 깨닫는다'는 뜻의 대각절을 비슷한 시기에 보낸다. 알고 보면 용어만 다를 뿐 같은 사상이고 개념이다.

이처럼 기독교인의 부활 개념이 넓어지고 이웃 종교와도 공유하면 오히려 선교에 도움이 되고 세상과 성서의 이해에도 큰 도움이 된다. 어쩌면 부활의 개념이 조로아스터교에서 유입되었다는 설교 내용에 놀랄 수도 있겠지만, 이것조차도 진정한 부활의 의미를 추구하는 데 도움이 되길 바란다.

갈릴리는 외지고 허름한 곳이다. 바로 그런 점에서 갈릴리는 예수의 부활의 삶을 상징적으로 보여준다. 즉 오늘 우리가 어떻게 우리의 갈릴리를 찾아야 할지를 알려주는 은유이다.

과거와 현재의 설교자들에 의해 부활의 의미가 왜곡되었고, 심지어 잘못된 승리주의 부활을 추구하고 있으니 이는 예수가 부활하지 않는 것만 못한 결과가 될 수 있다.

나는 설교를 통해 참된 부활정신을 어떻게 정치, 경제, 사회에 적용시킬 수 있을지 늘 고민하고 있다는 속내를 털어놓았다. 설교가 개인의 사적인 신앙에 머무르지 않고 공공성을 띠도록 부활정신을 되살리고, 승리주의나 개인의 영달, 번영과 욕심을 경계하도록 주의를 기울였다. 그리고 '신앙의 그리스도'와 '역사의 예수' 사이의 긴장과 다름을 인정하고 이해하도록 도왔다.

D
예언자의 설교

사영리 설교는 주로 '신앙의 그리스도'를 전한다. 따라서 사영리 신학이라는 편협한 비성서적 인식을 바탕으로 하는 설교라고 규정할 수 있다. 반면에 '역사의 예수'를 전하는 설교는 성서적이며 예언자의 설교의 한 모델이다. 그러므로 탈사영리로 전환하는 성경적인 설교는 예언자의 설교의 성격을 띠어야 한다. 이제 그것을 언급하려 한다.

"지금은 예언자의 설교가 어디로 갔는가?" 하는 안타까운 질문을 던졌던 레오노라 터브스 티스데일(Leonora Tubbs Tisdale)은 『Prophetic Preaching: A Pastoral Approach』에서 예언자의 설교의 일곱 가지 특징을 다음과 같이 정리한다.

1. 과거 히브리 예언자들의 증언과 나사렛의 예언자 예수의 언행인 성서의 증언에 뿌리를 두고 있다.
2. 반문화적인 현상에 대한 도전이다.

3. 악과 현 사회질서에 대한 관심을 바탕으로 사적 관심보다 공적 집단의 사안에 관심을 둔다.

4. 설교자는 세상에서 하나님의 것이 아닌 것을 비판하고, 하나님이 가져오는 미래에 대해 거론하며 힘을 주어 외칠 것을 요구한다.

5. 새날에 희망을 주며 눌려 있는 하나님의 백성에게 해방의 약속을 준다.

6. 청중의 용기를 북돋우고 사회질서의 변혁을 위해 일하도록 힘을 실어준다.

7. 설교자는 청중이 하나님의 마음을 찢지 못하도록 해야 하며, 세상의 정의에 대한 연민과 상상력, 확신, 하나님의 말씀을 대신 전할 용기, 설교할 때의 정직과 겸손, 성령의 능력과 임재에 대한 강한 의지가 요구된다.[195]

티스데일은 위와 같이 전해져야 할 예언자의 설교들이 거의 사라진 오늘의 강단을 아쉬워한다. 예언자의 설교는 남미 해방신학이나 한국 민중신학의 설교와 성격이 유사하다. 곤잘레스는 『해방설교: 강단과 억눌린 자들』에서 자유와 정의, 예언의 말씀에 민감한 해방신학을 흑인해방신학이나 여성해방신학과 연계시킨다.[196]

한국에서도 지난 군부독재 시대에 자유와 정의, 인권, 해방 등의 설교가 필요하고 중요했다. 그때 그것을 외치는 것은 목숨을 건 설교행위였다. 그러나 성서해석을 왜곡한 복음주의 설교자들의 사영리 설교가 거의 모든 강단을 차지했다. 그들은 예언자의 설교와 설교자들을 폄훼하고 비성서적이며 불순하고, 과격하며 공산주의 사상을 전한다는 이미지를 부여했다. 아쉽지만 이런 왜곡은 지금도 진행 중이다.

이런 상황에서 예언자의 설교는 한국의 교회에서 거의 잃어버린 단어가

---

195) Leonara Tubbs Tisdale, 『Prophetic Preaching: Pastoral Approach』(Louisville: Westminster John Knox, 2010), 10.
196) Justo L. Gonzalez and Catherine G. Gonzalez, 『Liberation Preaching: The Pulpit and the Oppressed』(Nashville: Abingdon, 1980), 19~28.

되었다. 그럼에도 불구하고 탈사영리 성경적 설교는 예언자의 설교의 진의와 실체를 회복해야 한다. 성서가 그렇게 되어 있고, 그것이 바로 역사의 예수가 외쳤던 설교이기 때문이다.

월터 브루그만(Walter Brueggemann)은 그의 명저인 『예언의 상상력 (The Prophetic Imagination)』제2개정판에서 예언자의 설교를 가능하게 하는 좀 더 넓은 차원의 개념인 예언자의 목회에 대해 자세하게 설명한다.

"모세는 파라오의 강압적 제국을 해체하는(dismantling) 한편 하나님의 자유와 정의와 자비의 종교로 새 공동체를 의도했다."[197]

브루그만은 모세가 악의 제국을 해체하는 동시에 새로운 공동체의 열정을(energizing) 불러일으키는 노래를 불렀다고 해석한 것이다. 훗날 히브리 성서의 예레미야나 제2이사야도 이를 따랐고, 나사렛의 예언자인 예수도 이 대열에 합류한다.[198] 예수 역시 "자신을 둘러싼 죽음의 세상을 비판한다. 해체는 그의 십자가형을 초래하고 거기서 그는 해체된 것으로 체화한다. 다른 한편 그는 하나님이 주시는 새로운 공동체에 대한 열정을 불러일으킨다. 이 열정의 불러냄은 부활을 통해 완전하게 되었고, 거기서 그는 하나님이 새로 주시는 미래로 체화된다."[199]

브루그만에게 있어 예언자 목회는 "우리 주위를 지배하는 문화에 대한 의식과 인식에 대해 대안적 의식과 인식으로 양육하고 돌보며 환기시키는 것을 책무로" 하는 것이다.[200]

설교자들은 예언자 목회와 설교가 중요하다는 것을 인정하지만 사려 깊은 내면의 성찰, 탁월한 현실 분석 그리고 성서에 대한 세심한 이해와 적용

---

197) Walter Brueggemann, 『The Prophetic Imagination』, 2nd ed.(Minneapolis: Augsburg Fortress, 2001), 115.
198) Ibid., 116.
199) Ibid.
200) Ibid., 3.

이 없으면 힘들기 때문에 대개는 회피하게 된다. 브루그만은 예언자의 목회를 이렇게 말한다.

> 첫째, 대안적 공동체에게 다른 길과 다른 방법에 대해 환기시켜야 한다.
> 둘째, 이것은 하루 이틀 하는 특별한 것이 아니라 목회 전반이 포함된다.
> 셋째, 무감각을 관통하므로 사로잡혀 죽은 몸을 직시할 것을 탐구한다.
> 넷째, 절망을 관통해 새로운 미래가 믿어지고 끌어안아 지도록 하는 것이다.[201]

비록 목회와 설교의 현실이 어렵더라도 성경이 가리키는 예언자의 설교로 나가야 한다. 예언자의 요소가 없는 성서적 설교는 불가능하다. 물론 많은 교인들은 사영리 설교, 기복과 번영 설교, 위로 설교, 천국대망 설교에 오랫동안 길들여져 있기 때문에 예언자의 설교는 별로 좋아하지 않는다. 그러나 이제라도 건강한 목회와 교회 그리고 선교 및 설교를 위해 탈사영리인 예언자의 설교의 길로 나서야 한다. 어떤 경우엔 오히려 제도권 교회 밖의 사람들을 위해서라도 필요하다.

나는 탈사영리 모델 설교에서 이런 점에 대한 가능성을 내비쳤다고 본다. 여기저기에서 기존의 목회나 설교가 아닌, 실험성을 갖춘 탈사영리 설교가 예언자의 설교로 자리 잡을 것을 기대한다.

예언자의 설교를 거론하면서 첨가하고 싶은 것은 복음의 정치성에 관한 문제이다. 성서의 말씀을 해석할 때는 그 말씀이 생성된 문화 및 경제 그리고 사회의 정황을 사려 깊게 살펴보아야 한다. 이것은 통상적으로 복음의

---

201) Ibid., 117.

사회성의 탐구라 부를 수 있지만, 나는 좀 더 구체적으로 복음의 정치성의 탐구라 부른다. 여기에서 사회적 정황을 이해해야 한다는 말은 성서가 발생한 그 당시의 '정치적' 상황을 고려한다는 말이다. '사회적'이라는 말이 전체적, 추상적 혹은 통상적이라면 '정치적'이라는 말은 좀 더 구체적, 실제적 그리고 구조적이라 할 수 있다. 사회성이라 하면 보통 사회 전반에 관련된 문화와 경제, 전통 등을 생각할 수 있다. 그러나 현대와 같이 복잡다단한 사회에서는 사회성보다는 정치성이라는 단어가 좀 더 구체적이고 정확한 의미를 내포하고 있다고 본다. 오늘날처럼 정치가 인간 상황의 모든 분야와 세밀하게 직간접으로 관련되어 있는 것을 이해하고 수용한다면 사회성보다는 정치성이 더 합당한 표현이 될 것이다.

한편 복음의 정치성은 시간이 흐름에 따라 인간해방과 자유 그리고 평등사상으로 발전되어 왔다. 여기에서 인권의 발전과 평화가 증대되고 모든 인류가 하나가 되는 우주적 공동체로의 변화가 진행 중이다. 그러므로 예언자의 설교를 실행함에 있어서 중요한 것은 복음의 정치성과 그 방향성을 이해하는 것이다. 이를 기본적인 틀로 하는 성서읽기와 해석 그리고 전달이 탈사영리 설교를 함에 있어서 매우 중요하다. 즉 성서 본문의 정치성과 현재 상황의 정치성과의 상관관계를 밝혀서 설교하는 것이 중요하다.

본문[Text]과 현재 상황[Context]에 촘촘하게 얽혀있는 매우 중요한 복음의 정치성을 외면하면 그럴듯해 보이는 성서의 영적화만 초래하고, 그것은 또 다시 비성경적인 반복음화를 지향하게 된다. 그래서 모든 것이 정치적이라는 명제는 중요하다. 성서는 지극히 정치적인 상황에서 발생했고, 성서를 읽고 해석하는 우리도 언제나 정치적인 상황에 놓여있다. 그리고 정치적인 상황은 우리가 접하는 모든 정치, 경제, 문화 등과 연결되어 있다.

여기에서 한 발 더 나아가 민종기 목사는 한국 복음주의권 목사로는 매우 드물게 기독교인들의 정치적 책임을 강조한다. 그는 "현재 대부분의 목회는 교회를 숫자상으로 확장시키는 기능에 만족하고 있으며, 교세 확장 기술 및 성장을 위한 '목회공학'이 유행처럼 번지고 있다"고 말한다.[202] 그는 『한국 정치신학과 정치윤리』에서 기독교의 정치적 제자도와 정치선교의 가능성을 피력하기도 했다.

그러나 이와 함께 미국의 복음주의 운동이 크게 실패했던 정치적 참여를 참고해야 한다. 『복음주의 정치 스캔들』을 저술한 로널드 사이더(Ronald Sider)는 1965년 당시 제리 폴웰이 그동안 반대하던 인권운동에 참여한 사례를 예로 들고 있다. 그리고 당시 지도자의 한 사람이었던 "도브슨은 신중한 성찰의 부재가 수많은 정치활동의 실패를 초래했다"고 전하기도 한다. 물론 한국에서도 종종 준비가 전혀 되지 않은 자칭 기독교 지도자들이 잘못된 정치에 참여하다가 교계를 부끄럽게 하기도 한다.[203]

이처럼 복음과 정치의 관계는 결코 간단하지 않지만, 그럼에도 복음의 정치성을 간과해서는 안 된다.

---

202) 민종기, 『한국정치신학과 정치윤리』(서울: 한국고등신학연구원, 2012), 104~05.
203) Ronold J. Sider, 『The Scandle of Evangelical Politics 복음주의 정치 스캔들』, trans. 김성겸(서울: 홍성사, 208), 13~14.

E
설교와 신앙성숙

영적 성숙과 관련한 종교와 신앙의 글을 다량으로 저술한 신경정신과 의사 스캇 펙(M. Scott Peck)은 그의 저서 『끝나지 않은 여행』에서 신앙을 4단계로 설명한다.[204] 사회 심리학자인 에릭 에릭슨(Erik Erikson)이 개발한 인간발달의 8단계(Eight Stages of Human Development)를 활용해 신앙을 6단계로 설명한 제임스 파울러(James Fowler)의 『신앙의 단계(Stages of Faith)』와 비슷한 내용이다. 다만 스캇 펙은 이를 더욱 단순화해 신앙의 4단계로 줄여서 설명한 셈이다.

펙은 제1단계를 '혼돈/반사회적' 단계로 명명하고, "거짓말을 하는 사람들을 포함해 인구의 20%"가 반사회적인 사람들이라고 주장한다. 이들은 혼돈에 빠지면 자살까지 생각하며, 극적인 경험이나 어떤 계기를 통해 다음 단계로 넘어간다.

제2단계는 '형식적/제도적' 단계라 부르는데, 이 단계의 사람들은 어떤 형태로든 제도권에 기대어 삶을 이어간다. 때로는 회사나 감옥 혹은 교회가

---

204) M. Scott Peck, 『Further along the Road Less Traveled 아직도 가야 할 길: 끝나지 않은 여행』, trans. 김영범(서울: 열음사, 2003), 152~72.

중요한 제도가 된다. 그러나 누군가 이 단계에 변화를 주려 하거나 형식 또는 의식에 회의를 품거나 하면 매우 혼란스러워하며 화를 내기도 한다. 기독교에서 이 단계는 근본주의인데, 신은 반드시 초월적이고 남성중심적이며 "원칙주의자"여야 한다.[205] 여기엔 오래된 근본주의와 전통적 근본주의를 좀 유연하게 개선한 교회 중심의 제도권인 복음주의권도 포함된다.

제3단계는 '회의적/개인적' 단계이다. 전 단계에서 습득한 '진리'에 회의가 들며 질문하기 시작하고, 개인의 주관적인 특성을 살리려 한다. 교회에 더 이상 안 나가더라도 보통 제2단계보다 더욱 영적인 단계로 진입하며 제도권을 빠져나온다. 3단계는 자칫 인생과 종교에 대해 회의하며 시간을 보내다 아예 길을 잃어버릴 수도 있다. 그러나 변함없이 진리를 추구하고 진리의 조각들을 잘 맞추다 보면 전체적인 그림을 만나게 된다.

마지막 제4단계는 '신비적/공동체적' 단계다.[206] 이 단계는 명칭으로는 2단계와 비슷하게 보이기도 하지만 이들은 "신비로움으로 둘러싸인 세상에서 편안히 살아"가며 이웃과 더불어 공동체를 만드는 일에 헌신한다.[207]

'펙의 4단계'로 보면 사영리 설교는 2단계의 신앙에 고착되어 있는 반면 탈사영리 설교는 3단계와 4단계로 진입하도록 돕는다. 그러므로 탈사영리 신앙과 인생으로 전환하는 것이 신앙여정의 중요한 발전이고 성숙이다.

많은 사람들이 정신적 또는 영적인 성장을 추구하지만 잘못된 신앙을 가지면 신앙을 갖지 않는 것보다 못한 경우가 종종 발생한다. 따라서 한국 교회의 근본주의 신앙인을 위해 설교자가 먼저 근본주의 신학에서 벗어나야 한다. 신학도 학문이다. 발전하고 성숙을 향해 나아가야 하며, 교인들도 신앙이 성장하기를 원한다. 하지만 그것을 위해 교회나 교회 지도자들은 준

---

205) Ibid., 156~57.
206) Ibid., 158~59.
207) Ibid., 160.

비가 되어 있는가? 사영리를 벗어난 탈사영리 설교를 원한다면 설교자는 마음을 열고 진보적인 신학에도 귀를 기울여야 한다.

많은 복음주의 신학자 가운데 맥그라스(McGrath)는 학계에서 복음주의는 "풋내기"로 받아들여질 뿐 아니라 여전히 "반(反) 지성주의 이미지"를 풍긴다고 인지하며 같은 진영 내의 학문적 미흡함을 고백했다.[208] 그러나 진보신학도 앞만 보고 나가다 자칫 길을 잃을 수 있으므로 묵상기도 등으로 내면을 향한 마음닦기와 성찰을 게을리하지 말아야 한다. 그리고 보수주의 신학자에게 마음을 열어야 하듯이 복음주의자도 학문적 발전과 성서연구에 헌신하면서 열정을 가지고 다음 단계의 영적 성장을 위해 겸손히 배워야 한다. 이 두 갈래의 기독교는 상호보완하며 통합하고 함께 가는 여정을 경험하고 공유해야 할 것이다.

---

208) McGrath, 12.

VI

기독교 개혁
500주년인데···

나는 이 책의 서두에서 몇 년 전부터 시작된 한국 교회의 쇠락을 얘기했다. 물론 쇠락의 이유는 신학과 목회 그리고 사회적 측면 등 매우 다양하지만, 특히 그중에 중요한 한 가지는 교회의 설교와 관련이 있다고 했다.

대부분의 한국 교인들은 미국에서 시작된 근본주의 교리 다섯 가지를 신봉하는 근본주의 및 보수적 복음주의 설교를 듣고 있다. 그리고 근본주의의 다섯 가지 교리로부터 사영리전도원리 운동의 네 가지 원리가 도출되었다. 사영리를 통해 괄목할 만한 전도의 효과를 거둔 사영리 전파운동은 시간이 경과함에 따라 자연스럽게 사영리 신학이 되었다. 이 신학은 한국 교회의 성장과 더불어 목회신학의 자리를 확고히 하고 사영리 목회로 전성기를 누렸다.

사영리 목회의 핵심에는 이를 효과적으로 전달하는 사영리 설교가 있다. 다시 말해 지난 40-50년간 복음주의권의 한국 교회에 지대한 영향을 준 사영리 신학은 처음부터 미국의 근본주의 및 보수적 복음주의 신학의 기반에서 출발했다. 이 흐름은 전체 한국 교회의 부흥에 전도와 열정으로 절대적인 영향을 발휘했다. 물론 그 과정의 배후에는 군사독재 정권의 비호가 있었다. 그리고 복음이 지닌 정치적 메시지를 비정치적인 것으로 만들어 보수적 정권의 힘과 연결되고 있다.

사영리 원리가 성서와 신학을 반지성으로 과도하게 축소하고 정리한 결과, 복음이 비복음으로 둔갑되었다. 그럼에도 사영리 신학에 기반을 둔 설교는 한국 교회의 대형 및 초대형 교회들을 이루었다. 그런 의미에서 그 신학적 기반을 수정하거나 보완하고 탈피하는 일은 결코 수월하지 않아 보인다.

A
사영리를 넘어서
다시 복음으로

이 책의 목적은 사영리 신학에 기반을 둔 설교에서 탈피해 탈사영리 설교로 나아가자는 것이다. 그래서 신학의 기반을 한국 교회에 서서히 소개되고 있는 역사의 예수 연구에 두고자 힘썼다. 설교의 변화 없이 한국 교회의 변화나 갱신을 생각할 수 없다.

한국 교회는 그리 길지 않은 기간에 전도와 설교를 통해 부흥을 맛보았다. 그러나 설교의 내용적인 측면의 문제점이 제기되면서 적지 않은 사람들이 교회를 등지거나 이웃종교로 옮겨갔다. 이제 종교개혁 500주년을 맞이하며 또 다른 변혁을 위해서 먼저 설교의 갱신을 추구해야 한다. 복음주의 교회들은 지금까지 개인 구원의 확신과 천국을 갈구하는 신앙을 훨씬 더 강조했다. 이 때문에 공동체가 속한 지역사회의 구조적 악이나 이 세상에서 하나님의 뜻이 구체적으로 도래하는 것은 잘 인지하지 못했다.

탈사영리 설교는 '예수에 대한' 복음에서 '예수의' 복음으로 전환하는 길이다. 부활한 그리스도의 케리그마(kerygma)를 전하는 설교에서 역사 속에

서 활동했던 예수를 따르는 설교가 되어야 할 것이다.[209]

기독교의 핵심은 예수의 복음이다. 그러나 그 복음은 늘 많은 오해를 불러왔다. 지금 당장 기독교인에게 복음이 무엇이냐고 물어보라. 거의 대부분이 교회가 결정하여 채택한 교리인 정리된 대답을 한다. 그 내용은 예수께서 세상(과 우리의) 죄를 지고 십자가에서 죽었다 부활했으니 이것을 믿으면 구원받아 천국에 간다는 것이다. 과연 그럴까? 복음을 간단히 거론하면 이렇다.

성경전서 어디를 찾아보아도 복음의 정의나 그 내용이 명확하게 정리된 곳은 없다. 가장 가까운 정의와 내용은 마가복음 1장 14-15절뿐이다(마태 4:17 참조). 가장 먼저 쓰여진 것으로 알려진 마가복음의 저자는 "예수께서 갈릴리에 오셔서, 하나님의 복음을 선포하셨다"(마가 1장 14절)라고 전해준다. 그리고 예수가 전한 복음의 내용은 "때가 찼다. 하나님의 나라가 가까이 왔다. 회개하여라. 복음을 믿어라"(마가 1장 15절)이다. 여기서 "하나님의 나라가 가까이 왔다"라는 말은 그 나라가 이제 더 이상 늘 생각하고 믿어왔던 대로 죽음 후에 가는 저 세상이 아니고 손에 잡힐 만큼 가까이 이르렀다는 뜻이다. 하늘나라는 우리 안(곁)에 있다는 것이다. 이것이 바로 예수가 전한 복음의 핵심 내용이다. 그러니 생각을 전환하여 즉 회개하여 이 내용을 믿으라는 것이다. 예수님의 복음 선포는 시간적으로 십자가와 부활 사건보다 앞선 것이다. 이 얼마나 놀랍고 기쁜 소식인가? 그러나 교회 성장과 심령 구원에 집착한 교회는 이 복음의 핵심 내용을 무시하여 왔다.

이제 탈역사, 탈정황 그리고 탈세상의 내세주의를 표방하며 근본주의와 성서문자주의를 핵심적인 내용으로 하는 사영리 설교를 탈피해야 한다. 역

---

209) 한인철.

사의 현실 세계에 책임있게 응답하는 것이 중요하다. 이는 성서를 중심으로 하는 예언자의 설교로 만들어가는 생명과 평화, 정의의 세상에서 밝고 맑고 환한 영성으로 피어나야 한다. 이를 위해 나는 지금까지 사영리 원리에 대한 본문들을 비판적으로 읽고, 신학적인 배경을 분석하고 비판했다. 또한 사영리를 실천하면서 생겼던 각종 기독교윤리적 차원의 실패와 오점들을 상기시켰다.

마지막으로 이 책을 쓰면서 느낀 점과 나의 변화는 다음과 같다.

이 책의 주제를 정할 때만 해도 주제가 너무 가볍고 학문적으로 별로 중요하지 않다고 우려했다. 그러나 놀랍게도 수많은 연관자료들을 찾아보았지만 누구도 '사영리 설교'라는 주제를 연구하거나 학문적으로 규명하지 않았다.

나는 이 연구를 통해 한국 교회의 주류를 이루는 목회 및 설교의 근간이 사영리 신학과 설교라는 확신이 들었다. 물론 교계에서 근래에는 사영리라는 단어 자체를 별로 사용하지 않는다. 하지만 대개의 설교자들은 신학교에서 배운 대로 목회하거나 설교하는 것이 아니라 그들이 자라면서 경험한 교회의 주류신학인 사영리 신학으로부터 떠나지 못하고 있다.

사정이 이러니 이 주제와 연구는 향후 목회 및 설교의 근간을 개혁할 수 있는 토대가 될 것이라는 판단이 들었다. 탈사영리로의 전환은 시급하고 중요하다. 하지만 수십 년간 교회의 수적 성장이 곧 사역의 목적이 되어 온 현실에서 이런 전환은 큰 도전이다. 오랫동안 사영리에 익숙해져 왔고 그것을 활용해온 목회자나 설교자들에게는 나의 견해가 너무 도전적으로 들려서 곧바로 비판하거나 듣기 싫어할 수 있다. 이에 대한 비판은 각오한다.

　나의 개인적인 신앙이 사영리 신학으로 출발했다는 것이 확실해지면서 나는 "너무 많이 잘 못 배웠다"는 당혹감과 함께 신앙의 선생들에게 기만을 당한 느낌이 컸다. 이와 관련해 교회와 지도자들에게 분노의 감정을 오랫동안 가졌다. 이를 수정하기 위한 몸부림인 탈사영리의 과정이 너무나 더디고 힘들어 많은 좌절도 경험했다. 그리고 생각보다 정밀한 사영리의 사고체계와 견고성에 눌려서 탈사영리에 대한 희망과 의욕이 약해지곤 했다.

　하지만 이 주제를 학문적으로 연구하고 목회학 박사 논문과 책을 쓰면서 정리를 하다 보니 분노는 많이 사그라졌고, 오히려 이 연구의 성과들을 보다 유연하게 전달하고 싶은 마음이 커졌다. 설교에도 좀 더 여유를 갖게 되었다. 탈사영리로의 변화를 밀어붙이기보다는 기다리면서 천천히 가고 있다. 나의 신앙적 변화와 탈사영리의 과정이 길고 지루했던 것처럼 독자들도 시간이 필요할 수 있겠다는 생각이 들기 때문이다. 만일 내가 탈사영리를 밀어붙인다면 과거에 누군가 나를 사영리로 밀어붙였던 것과 뭐가 다르겠는가?

　이 책이 주위의 많은 사영리 설교자들에게 탈사영리를 위한 하나의 안내서가 되었으면 한다. 앞으로는 계속 탈사영리와 함께 생명과 평화, 정의 그리고 해방과 통일의 길로 나아가고 싶다.

B
한 마디를 더하자면

　　나는 지금의 기독교가 교회시대의 마지막 단계를 지나고 있다고 본다. 기독교는 어거스틴 이후 유럽지역을 중심으로 서기 300년에서 1800년대까지 약 1,500여 년간 막강한 세력을 펼쳤다. 그리고 500년 전 종교개혁을 단행함으로써 스스로 새롭게 일어서는 듯했다. 그러나 거의 같은 시기에 일어난 문예부흥과 진화론, 그리고 계몽사상 앞에서 기독교는 막강한 영향력을 현저히 상실하기 시작했다. 인류를 향한 광범위한 지성적인 도전들 앞에 교회는 속수무책과 전전긍긍의 연속이다.

　　현재의 기독교는 아직도 이 시기에 제기된 물음에 대한 적절한 답을 제시하지 못하고 있는 실정이다. 현대의 교회는 3세기에 정립된 기초적인 신학을 가지고 18세기 이후에도 인류를 끌어가려고 안간힘을 써 왔다. 3세기의 신학이란 20세기에 들어와 새롭게 정리된 다섯 가지의 근본주의 교리 등을 말한다. 다섯 가지 근본교리가 바로 오늘날 복음주의의 근간이 되는 교리이니, 3세기의 신학이 20세기의 교회를 장악하고 있다고 해도 과언이 아니다.

그러므로 큰 틀에서 보면 기독교 신학은 지금도 어거스틴류의 신학에서 빠져나오지 못하고 있다. 세계적으로 탈기독교시대 이후에 성장한 기독교는 일반적으로 반지성적이고 몰역사적이며 비성서적이다.

우리는 마지막 교회시대의 설교자들이다. 주위에 있는 대형 교회의 설교를 들어보시라. 들을 만한 설교가 있는가. 『그 설교에 그 복음이 있는가?』 기독교는 이미 저물어가는 석양의 빛을 안타깝게 바라보고 있다. 삶으로 실행되지 않는 기독교는 무용지물이다. 세상에서 아예 천덕꾸러기 취급을 받고 있다. 아직도 설교의 변화를 늦춰야 하는가?

우리는 지금 죽어가는 기독교의 마지막을 안내하고 있다. 어찌 보면 기독교의 웰 다잉(Well Dying)의 임무를 맡고 있는 셈이다.

아직도 이런저런 이유로 교회에 남아있는 사람들에게 인생과 세상의 관계와 의미에 대한 21세기적 성서해석을 해 주어야 한다. 기독교가 세상의 마지막 날까지 의미있는 종교로 그들과 함께 할 수 있도록 도와야 한다.

이미 많은 젊은이들과 눈치 빠른 교인들은 기독교는 물이 들어오는 배라는 것을 알아차리고 침몰하는 배에서 뛰어내려 버렸다. 설교자들은 남아있는 교인들에게 더욱 정직하게 설교해야 한다. 그러나 남아있는 교인들도 이미 세상과 하나님을 새롭게 이해하고 있다. 이들은 교회만의 가르침으로 사는 것이 아니고 온갖 세상의 가르침들 속에서 살아가고 있다. 인터넷의 발달 덕분에 하나님의 말씀을 누구도 독점하지 못하는 시대에 살고 있다.

아쉽지만 추측컨대 앞으로 약 20년 내에 한국 교회의 교세는 지금의 반 정도로 줄어들 것이다. 그때에도 남는 교회가 얼마나 있을까 궁금하다. 이미 많은 사람들이 영적 성숙과 자아 실현 및 성장을 위해 교회 밖에서 도움을 받고 있다. 더 이상 사람들은 영혼의 구원이라는 값싼 영성에 쉽게 휘말리지 않는다. 이미 여러 가지 모양으로 깨어나는 사람들이 많이 생기기 시작했다. 하나님은 제도권 교회 밖에서 구원의 역사를 이루어 가시기 때문이다.

최근 한국에서 대규모 촛불시위를 통해 비폭력적으로 국가의 최고 지도자를 교체했다. 그리고 같은 시기에 많은 중대형 및 초대형 교회들은 그 반대편의 태극기 집회에 참여하도록 요청을 받은 것으로 알려졌다. 당시 촛불시위에도 수많은 보수적 복음주의 성향의 교인들이 참여했다. 이들은 아직 교회 개혁에는 미온적이지만 사회개혁에는 능동적으로 참여했던 것이다.

이들은 교회와 사회가 함께 개혁되는 민주정부를 원하고 있다. 새로운 민주정권의 등장과 함께 교회도 스스로 개혁하여 정의와 평화의 통일한국을 앞당겨야 한다. 지금의 한국 교회는 비록 작지만 향후에 유라시아 철도를 타고 북유럽의 선진국들과 협동하여 남미, 동남아시아 그리고 아프리카에 이르기까지 민주주의와 하나님 나라 건설을 위한 도구가 될 수 있을 것이다.

아직도 이 세계는 기독교의 역사와 풍성한 전통을 이해하는 지도자를 기다린다. 기독교의 구원의 핵심 사상에는 인권과 정의 그리고 평화가 있기 때문이다. 그러니 부디 세상을 살리는 생명의 기독교로 전환하여 이 세상에 하나님 나라를 전해야 한다. 한국의 기독교가 잘 발전하면 증폭되는 한류와 함께 세계를 위한 도우미와 살리미의 역할을 할 수 있을 것이다.

기독교의 가치인 민주주의와 평화의 영성을 겸비한 우리 젊은이들의 열정은 좋은 세계를 만들 수 있는 중요한 잠재력이다. 이들이 기쁘게 헌신한다면 좀 더 하나님 나라다운 세상이 올 것이다.

바로 이러한 꿈으로 나는 오늘도 기독교회에 대한 환상과 소망을 가지고 있다. 다음 세대가 유라시아 철도를 타고 러시아와 유럽, 아시아, 아프리카와 남미까지 세계에 하나님 나라의 도래와 예수를 바로 알리고 그리스도를 전하기를 기대하며 기도하고 설교하고 있다.

참고문헌 Bibliography

[관련도서: 한국어 서적, 번역 서적, 영어 서적]

- 강원용, 『내가 믿는 그리스도』, 서울: 대한기독교서회, 2005.
- 구미정, 김진호 and 이찬수, 『교회에서 알려주지 않은 기독교 이야기』, 서울: 자리, 2012.
- 김경재, 『김재준 평전: 성육신 신앙과 대승기독교』, 서울: 삼인, 2001.
- 김근수, 『행동하는 예수』, 경기 파주: 메디치, 2014.
- 김준곤, 『김준곤 설교』, 서울: 순 출판사, 1989.
- ____, 『영원한 첫 사랑과 생명언어』, 서울: 하나출판, 1993.
- 민종기, 『한국정치신학과 정치윤리』, 서울: 한국고등신학연구원, 2012.
- 박영호, 『잃어버린 예수: 다석 사상으로 다시 읽는 요한복음』, 서울: 교양인, 2007.
- 박용규, 『한국 교회를 깨운 복음주의 운동』, 서울: 두란노, 1998.
- 송기득, 『역사의 예수: 그는 누구이며 우리에게 무엇인가?』, 서울: 기독교서회, 2009.
- 안병무, 『갈릴래아 예수』, 충남: 한국신학연구소, 1990.
- 이승만, 『기도속에서 만나자: 화해의 사도 이승만 목사의 삶』, 서울: 쿰란출판, 2012.
- 이장식, 『세계 교회사 이야기: 이장식 박사의 동서양을 아우른』, 서울: 베리타스, 2011.
- 오강남, 『예수는 없다』, 서울: 현암사, 2001.
- 정용섭, 『설교란 무엇인가?』, 서울: 홍성사, 20011.
- ____, 『설교와 선동 사이에서』, 서울: 대한기독교서회, 2007.
- ____, 『속 빈 설교 꽉 찬 설교』, 서울: 대한기독교서회, 2006.
- 최형묵, 『한국 기독교의 두 갈래 길』, 서울: 이야기쟁이 낙타, 2013.
- 한국대학생선교회, 『C.C.C. 10단계 성경교재 인도자 교범』, 서울: 순 출판사, 1988.
- ____, 『신앙생활의 성장을 위한 10단계 성서교재』, 서울: 순 출판사, 1988.
- 홍정길, 『김준곤 명상』, 서울: 순 출판사, 1986.
- Armstrong, Karen, 『Twelve Steps to a Compassionate Life』, New York: Random House, 2010.
- Bebbington, David W, 『Evangelicalism in Modern Britain: A History from the 1730 to the 1980s 영국의 복음주의 1730-1980』, Translated by 이은선, 서울: 한들, 2009.
- Becker, Nils Witmer, 『Fireseeds from Korea to the World』, Singapore: Campus Crusade for Christ International, 2007.

- Borg, Marcus J, 『The God We Never Knew 새로 만난 하느님』, Translated by 한인철, 서울: 한국기독교연구소, 2001.
- _____, 『The Heart of Christianity 기독교의 심장』, Translated by 김준우, 서울: 한국기독교연구소, 2009.
- Brueggemann, Walter, 『The Prophetic Imagination』, 2nded, Minneapolis: Augsburg Fortress, 2001.
- Cupitt, Don., 『Reforming Christianity 예수 정신에 따른 기독교 개혁』, Translated by 박상선 and 김준우, 서울: 한국기독교연구소, 2006.
- Ellul Jacques, 『La Subversion du Christianisme 뒤틀려진 기독교』, Translated by 쟈크엘룰번역위원회, 서울: 대장간, 1990.
- Gonzalez, Justo L. and Catherine G. Gonzalez, 『Liberation Preaching: The Pulpit and the Oppressed』, Nashville: Abingdon, 1980.
- Hessel, Dieter T., 『Social Ministry』, Philadelphia: Westminster, 1982.
- Kushner, Harold S., 『When Bad Things Happen to Good People 착한 당신이 운명을 이기는 힘』, Translated by 오성환, 서울: 까치글방, 1981.
- Lee, Timothy S., 『Born Again: Evangelicalism in Korea』, Honolulu: University of Hawaii, 2010.
- Long, Thomas G., 『The Witness of Preaching 증언하는 설교』, Translated by 이우제 and 황의무, 서울: 기독교문서선교회, 2007.
- McGrath, Alister E., 『A Passion for Truth: The Intellectual Coherence of Evangelicalism 복음주의와 기독교적 지성』, Translated by 김선일, 서울: IVP, 2001.
- Min Jeong Kii, 『Sin and Politics』, New York: Peter Lang Publishing, 2009.
- Peck, M. Scott., 『Further Along the Road Less Traveled 아직도 가야 할 길: 끝나지 않은 여행』, Translated by 김영범, 서울: 열음사, 2003.
- _____, 『In Heaven as on Earth 저 하늘에서도 이 땅에서 처럼』, Translated by 신우인, 서울: 포이에마, 1996.
- Peck, M. Scott, 『The Road Less Traveled 아직도 가야 할 길』, Translated by 최미양, 서울: 율리시즈, 2011.
- Riley, Gregory J, One Jesus, 『Many Christs: How Jesus Inspired Not One True Christianity, But Many』, New York: Harper-Collins, 1997.

- Riley, Gregory J, One Jesus, 『The River of God: A New History of Christian Origin 하느님의 강』, Translated by 박원일, 서울: 한국기독교연구소, 2005.
- Sider, Ronold J, 『The Scandle of Evangelical Politics 복음주의 정치 스캔들』, Trnaslated by 김성겸, 서울: 홍성사, 2008.
- Spong, John Shelby, 『Why Christianity Must Change or Die 기독교 변하지 않으면 죽는다』, Translated by 김준우, 서울: 한국기독교연구소, 2001.
- Stentzel, Jim, Henry Em, Linda Jones, Gean Matthews and Louise Morris. 『More than Witness: How a Small Group of Missionaries Aided Korea's Democratic Revolution 시대를 지킨 양심: 한국 민주화와 인권을 위해 나선 월요모임 선교사들의 이야기』, Translated by 최명희, 서울: 민주화운동기념사업회, 2007.
- Swedenborg, Immanuel, 『The Greatest Gift f Swedenborg 스베덴보리의 위대한 선물』, Translated by 스베덴보리연구회, 서울: 다산북스, 2011.
- Tisdale, Leonora Tubbs, Prophetic Preaching: Pastoral Approach, Louisville: Westminster John Knox, 2010.

[Blog/PDF/Tistory/Website]

- 강근환, 「한국 교회 신학의 흐름과 전망」, 성결신학연구소: 강근환자료실, http://sgti.kehc.org/data/person/kang/1.htm(Accessed October 15, 2015).
- 강성호, 「유신과 함께 온 그리스도의 계절: 박정희와 김준곤」, Cairos: 비평 Root/Roote. December 28, 2013, http://cairos.tistory.com/m/post/230(Accessed October 1, 2015).
- 김규항, 「아버지 하느님 엄마 하느님」, September 29, 2007, http://gyuhang.net/archive/200709?TSSESSIONgyuhangnet=3584740268d2d426666ab00b7d19e076(Accessed October 1, 2015).
- 김명혁, 「복음주의 운동과 한국 교회」, 복음주의, 근본주의, 개혁주의 비교, 서울: Nuri Media Co, 2002, PDF.
- 김성태, 「서평: 한국 교회를 깨운 복음주의 운동, 박용규, 1999」, 서울: Nuri Media Co, 2002, PDF.
- 김용민, 「고 하용조 목사와 정치 편향적 설교」, 시사평론가 김용민 브러그, July 24, 2012, http://newstice.tistory.com/1459(Accessed November 1, 2015).

- 김정혁, 임진혁, 최민숙, 최요섭, 허욱 and 오세규, 「전도 방법론: 사영리 전도방법」, DreamWiz, October 14, 2010, http://report.dreamwiz.com/view/11046456/(Accessed October 1, 2015).
- 김종일, 「[자료] 민주회복 국민선언, '광야'에서 하나님만 바라보다」, July 11, 2010, http://blog.chosun.com/blog.log.view.screen?blogId=2257&logId=4833208(Accessed October 1, 2015).
- 「김준곤 목사와 김남식 목사 대담」, 하나님앤 사람 사랑, September 10, 2009, http://blog.naver.com/lms9125/30068923900(Accessed October 1, 2015).
- 「김준곤의 Explo 74 설교 원문: 1974년 8월 18일」, David. J, Noh: Holy Community, http://holycommunity.org/195(Accessed October 1, 2015).
- 김준우, 「교회의 영적인 전쟁과 사영리 목회」, 한국기독교연구소, January 16, 2008. http://www.historicaljesus.co.kr/xe/article/21286(Accessed May 25, 2015).
- 라이언, 「빌리 그레이엄 기념관」, 라이언 Blog, July 20, 2009, http://blog.naver.com/yeskim74/50058124320(Accessed October 1, 2015).
- 민영진, 「정용섭 목사의 설교비평에 대해」, 대구성서아카데미, April 28, 2006, http://dabia.net/xe/comment/8864(Accessed February 29, 2016).
- 박만, 「십자가 신학의 빛에서 본 미국의 복음주의」, 서울: Nuri Media Co, 2002. PDF.
- 박용규, 「한국 복음주의의 태동」, 서울: Nuri Media Co, 2002. PDF.
- 임안섭, 「삭제된 김준곤 목사의 '유신찬양 설교'」, Korea Weekly, October 23, 2012, http://www.koreaweeklyfl.com/news/cms_view_article.php?aid=13986&sid=06461 8f448594fe26cba5d84a7c2a405(Accessed October 1, 2015).
- 양재영, 「가나안 성도 현상, 어떻게 대답할 것인가?」, NewsM, July 9, 2015, http://www.newsm.com/news/articleView.html?idxno=5126(Accessed October 1, 2015).
- 양희송, 「너희가 복음주의(Evangelicalism)를 아느냐?」, Post-Evangelical, October 28, 2009, http://post-evangelical.tistory.com/66(Accessed November 1, 2015).
- 양희송, 「복음주의란 무엇인가?」, eKOSTA, June 1, 2006, http://www.ekosta.org/entry/복음주의란-무엇인가-양희송(Accessed October 1, 2015).
- 오강남, 「종교의 표층과 심층」, 녹명글방, January 9, 2013, http://svadharma.blog.me/50159216206(Accessed October 1, 2015).

■ 옥한흠, 「영생을 얻게 되는 영적 원리 4가지」, 새군산교회, February 19, 2008, http://blog.daum.net/_blog/BlogTypeView.do?blogid=0IICk&articleno=2368645(Accessed February 29, 2016).

■ 이동원, 「다섯가지 회개와 다섯가지 감사와 두가지 기대(이동원 목사 은퇴사)」, hisO004님의 Blog, December 29, 2010, http://hisO004.blog.me/80121314710(Accessed May 25, 2015).

■ 이진오, 「고 김준곤 목사님의 빛과 그림자」, 청년 혹은 희망 Blog, April 7, 2010, http://blog.daum.net/staff21/12855746(Accessed October 1, 2015).

■ 정용섭, 「설교비평: 감상주의로 치장한 근본주의의 독단- 하용조 목사」, 기독교 사상 vol. 547(July 2004): 180~92.

■ ____, 「설교비평: 열린 보수주의자의 한계- 홍정길 목사」, 대구성서아카데미, June 30, 2004, http://dabia.net/xe/index.php?mid=comment&page=4&document_srl=8682(Accessed January 10, 2016).

■ ____, 「설교비평, 멀지만 가야 할 길: 열림과 닫힘의 이중성- 남서울은혜교회 홍정길 목사」, 기독교 사상 vol. 582(June 2007): 154~70.

■ ____, 「설교비평: 특집 1, 설교비평의 변」, 대구성서아카데미, August 29, 2007, http://dabia.net/xe/index.php?mid=comment&page=2&document_srl=9544(Accessed October 1, 2015).

■ ____, 「특집, 근본주의와 신학무용론」, 기독교 사상 vol. 620(August 2010): 78~88.

■ 최범준, 「CCC의 사영리 전도에 대한 단상」, 낙타의 눈 Blog, October 14, 2010, http://blog.naver.com/lobfuehrer/100114609326(Accessed October 1, 2015).

■ 한인철, 「삶을 중심으로 다시 생각해 보는 기독교 사영리」, 한국기독교연구소, February 24, 2010, http://www.historicaljesus.co.kr/xe/article/28752(Accessed June 25, 2015).

■ 호주 성산 신약신학 연구실, 「역사의 예수 연구」, http://blog.naver.com/holyhillch(Accessed October 20, 2015).

■ 홍정수, 「근본주의 신학- 홍정수」, 에셀나무 Blog, October 6, 2005, http://blog.naver.com/2002talmid/40018247137(Accessed October 15, 2015).

■ 홍정호, 「싸구려 구원 퍼트린 괴물 신학, 아르뱅주의」, [서평] 신광은 「천하무적 아르뱅주의」, 「뉴스앤조이」, February 24, 2014, http://www.newsnjoy.or.kr/news/articleView.html?idxno=196195(Accessed January 10, 2016).

- Armstrong, Karen, 「My Wish: The Charter for Compassion」, May 2008, https://www.ted.com/speakers/karen_armstrong(Accessed November 20, 2016).
- 「Bill Bright 1921-2003」, Public Home, http://billbright.ccci.org/public/(Accessed November 5, 2015).
- Cru Website Homepage, http://www.cru.org/(Accessed October 1, 2015).
- Here's Life, 「사영리에 대해 들어 보셨습니까?」, A Ministry of Campus Crusade for Christ Australia, http://4laws.com/laws/downloads/KknEng4pWB04Jul.pdf.(Accessed January 2, 2016).
- KCCC Website Homepage, http://kccc.org/(Accessed October 1, 2015).
- Kellog, Joshua J, 「The Four Spiritual Laws: An Analysis of Campus Crusade's Method of Evangelism」, Liberty University, 2002, http://digitalcommons.liberty.edu/honors/271/(Accessed October 1, 2015).
- Naver인텃넷 사전, http://endic.naver.com/search.nhn?sLn=en&dicQuery=evangelism&query=evangelism&target=endic&ie=utf8&query_utf=&isOnlyViewEE=N&x=29&y=15.(Accessed January 6, 2016).
- Purinton, Wiliam T, 「Book Review, Born Again: Evangelicalism in Korea」, Pneuma-vol. 33, no.1(2011).
- Roberts, Mark, 「Flaws of Four Spiritual Laws」, The Expository Files, November, 2010.
- http://www.bible.ca/ef/topical-flaws-in-the-four-spiritual-laws.htm(Accessed October 1, 2015).

[YouTube/Newspapers]
- 김근수, 「이찬수 교수 인터뷰: 유일신론에서 범재신론으로」, Catholicpress, November 23, 2015, http://www.catholicpress.kr/news/view.php?idx=1695(Accessed November 23, 2015).
- 김준수, 「'예수 믿는 사람 맞나?' 조용기 목사에게 물었더니」, Ohmynews, December 18, 2014, http://star.ohmynews.com/NWS_Web/OhmyStar/at_pg.aspx?CNTN_CD=A0002062589(Accessed October 1, 2015).
- 김철영, 「빌 브라이트 박사님을 추모하며」, 「뉴스파워」, July 21, 2003, http://www.newspower.co.kr/sub_read.html?uid=820&section=sc4&section2(Accessed October 1, 2015).

- 박용규, 「특별기고- 한국 교회와 젊은이들 가슴에 선교의 불을 지핀 김준곤 목사」, 「국민 일보」, September 30, 2009, http://news.kmib.co.kr/article/view.asp?arcid=0000662 704&code=23111111(Accessed February 29, 2016).

- 신익준, 「한국에서 가장 신뢰받는 종교는 천주교」, 「평화방송」, November 9, 2015, http://www.pbc.co.kr/CMS/news/view_body.php?cid=602551&path=201511(Acces sed November 12, 2015).

- 이만열, 「한국 교회 성장과 그 둔화현상의 교회사적 고찰」, 교갱협- 기독신보 공동포럼, June 19, 1997, http://www.churchr.or.kr/news/articleView.html?idxno=2836(Access edFebruary 29, 2016).

- 옥한흠, 「옥한흠 목사님 20010919 강단교류 1 구원」, YouTube, May 1, 2003, https:// www.youtube.com/watch?v=y0IDAwIYjnc(Accessed October 1, 2015).

- 하용조, 「목사가 목사에게, 하용조 목사 강연」, YouTube, July 21, 2014, https://www. youtube.com/watch?v=pogmxg3U6eY(Accessed May 25, 2015).

- 함태경, 「하용조 목사 누구인가」, 「국민일보」, August 2, 2011, http://news.kmib.co.kr/ article/view.asp?arcid=0005215910&code=61221111(Accessed October 1, 2015).

- 홍정길, 「선으로 악을 이기라: 이 시대 통일을 위한 그리스도인의 자세」, 「뉴 스앤조이」, July 2, 2003, http://www.newsnjoy.or.kr/news/articleView. html?idxno=5458(Accessed March 1, 2016).

- 홍진우, 「김인중 간증: 사영리 전도로 6만 재적 성도 일궜다」, 청계산기도원, November 13, 2010, http://cafe.naver.com/cgsgidowon/6450(Accessed October 1, 2015).

- 최현, 「서울 한 대형 교회 대순진리회에…」, 「노컷뉴스」, 송주열, July 17, 2015, http:// www.nocutnews.co.kr/news/4445809(Accessed October 1, 2015).

- Bell, Rob., 「Rob Bell/Evangelical」, AZspot, November 8, 2015, http://azspot.net/ post/132791179486/rob-bell-evangelical(Accessed November 15, 2015).

- 「한국 교회 전반적인 하락 추세 뚜렷」, The Christian World Monitor, October 15, 2014, http://www.cwmonitor.com/news/articleView.html?idxno=40891(Accessed September 15, 2015).

- 「NAVER 뉴스」, 「'한국은 내게 기적을 만든 나라' 빌 브라이트 CCC 창립자 특별메시지」, 「국 민일보」, April 11, 2002, http://news.naver.com/main/read.nhn?mode=LSD&mid=sec &sid1=111&oid=005&aid=0000100632(Accessed November 1, 2015).

부록

A
4영리 (四靈理)에 대해 들어보셨습니까?

4영리(四靈理)에 대해 들어보셨습니까?
Have You Heard of the Four Spiritual Laws?

Just as there are physical laws that govern the physical universe, so are there spiritual laws which govern your relationship with God.

자연계에 자연법칙이 있듯이 하나님과 사람 사이에도 영적인 원리가 있습니다.

1. God **LOVES** you and offers a wonderful **PLAN** for your life.
(References contained in this booklet should be read in context from the Bible whenever possible)

1. 하나님은 당신을 사랑하시며, 당신을 위한 놀라운 계획을 가지고 계십니다.
(이 소책자 안에 포함된 참조문은 언제 어디서든 성경과 관련된 문맥에서 읽혀져야만 된다).

GOD'S LOVE

"God so loved the world that He gave His one and only Son, that whoever believes in Him shall not perish, but have eternal life"(John 3:16NIV).

GOD'S PLAN

[Christ speaking] "I came that they might have life, and might have it abundantly" [that it might be full and meaningful](John 10:10).

Why is it that most people are not experiencing the abundant life? Because···.

2. Man is **SINFUL** and **SEPARATED** from God. Thus, he cannot know and experience God's love and plan for his life.

MAN IS SINFUL

"All have sinned and fall short of the glory of God"(Romans 3:23).

하나님의 사랑

"하나님이 세상을 이처럼 사랑하사 독생자를 주셨으니 이는 저를 믿는 자마다 멸망치 않고 영생을 얻게 하려 하심이니라"고 했습니다(요한 3장 16절).

하나님의 계획

예수 그리스도께서 말씀하시기를 "내가 온 것은 양으로 생명을 얻게 하고 더 풍성히 얻게 하려는 것이다"라고 하셨습니다(요한 10장 10절).

그런데, 왜 대부분의 사람들이 이 풍성한 삶을 누리지 못하고 있을까요?

이유는···.

2. 사람은 죄에 빠져 하나님으로부터 떠나 있습니다. 그러므로 하나님의 사랑과 계획을 알 수 없고, 또 그것을 체험할 수 없습니다.

사람은 죄에 빠져 있습니다.

"모든 사람이 죄를 범했으매 하나님의 영광에 이르지 못하더니"라고 했습니다(로마서 3장 23절).

Man was created to live in fellowship with God; but, because of his disobedience, he chose to go his own independent way, and fellowship with God was broken. This self-will, characterized by an attitude of active rebellion or passive indifference, is an evidence of what the Bible calls sin.

본래 사람은 하나님과 사귀며 살도록 창조되었습니다. 그런데 사람은 자기 마음대로 살려고 했기 때문에 마침내 하나님과의 사귐은 끊어지고 말았습니다. 하나님 없이 제 마음대로 사는 사람은 적극적일 때는 하나님께 반항하게 되며, 소극적일 때는 하나님에 대해 무관심하게 되는데 이것이 바로 성경이 말하는 죄의 증거입니다.

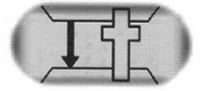

MAN IS SEPARATED

"The wages of sin is death" [spiritual separation from God](Romans 6:23). God is holy and man is sinful. A great gulf separates the two. The arrows illustrate that man is continually trying to reach God and the abundant life through his own efforts,

사람은 하나님으로부터 떠나 있습니다.

"죄의 삯은 사망"이라 했는데(영적으로 하나님을 떠난 상태)(롬 6장 23절). 하나님은 거룩하시며 사람은 죄에 빠져 있습니다. 그리하여 이 둘 사이에는 커다란 간격이 생겼습니다. 사람들은 끊임없이 선행, 철학, 종교 등의 자기 힘으로 하나님께 도달해 풍성한 삶

such as a good life, philosophy, or religion - but he inevitably fails. The third law explains the only way to bridge this gulf...

을 누려보려고 애쓰고 있습니다.
이 간격을 이어주는 유일한 길을 제3원리에서 설명하고 있습니다.

3. Jesus Christ is God's **ONLY** provision for man's sin. Through Him you can know and experience God's love and plan for your life.

3. 예수 그리스도만이 사람의 죄를 해결할 수 있는 하나님의 유일한 길입니다. 당신은 그를 통해 당신에 대한 하나님의 사랑과 계획을 알게 되며, 또 그것을 체험하게 됩니다.

HE DIED IN OUR PLACE

"God demonstrates His own love toward us, in that while we were yet sinners, Christ died for us"(Romans 5:8).

그는 우리를 대신하여 죽으셨습니다.

"우리가 아직 죄인 되었을 때에 그리스도께서 우리를 위하여 죽으심으로 하나님께서 우리게 대한 자기의 사랑을 확증하셨느니라"라고 했습니다(롬 5장 8절).

HE ROSE FROM THE DEAD

"Christ died for our sins. He was buried...He was raised on the third day, according to the Scriptures. He appeared to Peter, then to the twelve. After that He appeared to

그는 또한 죽음에서 살아나셨습니다.

"그리스도께서 우리 죄를 위하여 죽으시고 장사 지낸 바 되었다가 성경대로 사흘 만에 다시 살아서 게바에게 보이시고 후에 열두 제자에게 와 그 후에 오백여 형제에게 일시에 보

more than five hundred···."(1 Corinthians 15:3-6).

HE IS THE ONLY WAY TO GOD

"Jesus said to him, 'I am the way, and the truth, and the life; no one comes to the Father, but through Me'"(John 14:6).

God has bridged the gulf which separates us from Him by sending His Son, Jesus Christ, to die on the cross in our place to pay the penalty for our sins.

It is not enough just to know these three laws···

4. We must individually **RECEIVE** Jesus Christ as Saviour and Lord; then we can know and experience God's love and plan for our lives.

이셨나니···"라고 했습니다(고전 15장 3-6절).

예수 그리스도만이 하나님께 이르는 유일한 길입니다.

예수 그리스도께서 말씀하시기를 "내가 곧 길이요 진리요 생명이니 나로 말미암지 않고는 아버지께로 올 자가 없느니라"라고 하셨습니다(요한복음 14장 6절).

하나님은 그의 아들이신 예수 그리스도를 이 세상에 보내어 우리를 대신해 십자가에 죽게 하심으로 우리의 죗값을 담당케 하시고 하나님과 우리 사이에 다리를 놓아주셨습니다.

그러나 이상의 세 가지 원리를 아는 것만으로는 충분하지 않습니다.

4. 우리 각 사람은 예수 그리스도를 '나의 구주, 나의 하나님'으로 영접해야 합니다. 그러면 우리는 우리 각 사람에 대한 하나님의 사랑과 계획을 알게 되며, 또 그것을 체험하게 됩니다.

WE MUST RECEIVE CHRIST

"As many as received Him, to them He gave the right to become children of God, even to those who believe in His name"(John 1:12).

WE RECEIVE CHRIST THROUGH FAITH

"By grace you have been saved through faith; and that not of yourselves, it is the gift of God; not as a result of works, that no one should boast"(Ephesians 2:8,9).

WE RECEIVE CHRIST BY PERSONAL

INVITATION [Christ speaking] "Behold, I stand at the door and knock; if any one hears My voice and opens the door, I will come in to him"(Revelation 3:20).

우리는 예수 그리스도를 영접해야 합니다.

"영접하는 자 곧 그 이름을 믿는 자들에게는 하나님의 자녀가 되는 권세를 주셨으니"라고 약속합니다(요한 1장 12절).

우리는 믿음으로 예수 그리스도를 영접합니다.

"너희가 그 은혜를 인해 믿음으로 말미암아 구원을 얻었나니 이것이 너희에게서 난 것이 아니요 하나님의 선물이라 행위에서 난 것이 아니니 이는 누구든지 자랑치 못하게 함이니라"라고 했습니다(엡 2장 8,9절).

우리는 각자의 초청으로 그리스도를 영접합니다.

예수 그리스도께서 말씀하시기를 "볼지어다 내가 문 밖에 서서 두드리노니 누구든지 내 음성을 듣고 문을 열면 내가 그에게로 들어가 그로 더불어 먹고 그는 나로 더불어 먹으리라"라고 하셨습니다(계 3장 20절).

Receiving Christ involves turning to God from self (repentance) and trusting Christ to come into our lives to forgive our sins and to make us what He wants us to be. Just to agree intellectually that Jesus Christ is the Son of God and that He died on the cross for our sins is not enough. Nor is it enough to have anemotional experience. We receive Jesus Christ by faith, as an act of the will.

These two circles represent two kinds of lives:

SELF-DIRECTED LIFE

Self is on the throne

† Christ is outside the life

• Interests are directed by self, often resulting in discord and frustration

그리스도를 영접한다는 뜻은 나 중심에서 하나님 중심으로 전환하는 것이며, 내 안에 들어오셔서 내 죄를 용서하시고 그분이 원하시는 사람이 되도록 그리스도께 나를 맡기는 것입니다. 예수 그리스도의 말씀에 지적으로 동의한다든가 감정적인 경험만으로는 충분하지 않습니다. 우리는 의지의 행위인 믿음으로 예수 그리스도를 영접합니다.

옆의 두 그림은 두 종류의 사람을 나타내고 있습니다.

내가 나의 주인인 사람

나 내 인생의 왕좌에 나 자신이 앉아 있으며

† 그리스도는 내 인생의 밖에 계십니다.

• 모든 일을 나 자신이 주관하므로 자주 좌절과 혼란에 빠집니다.

CHRIST-DIRECTED LIFE

† Christ is in the life and on the throne

Self is yielding to Christ

- Interests are directed by Christ, resulting in harmony with God's plan.

Which circle best describes your life? Which circle would you like to have represent your life?

The following explains how you can receive Christ:

YOU CAN RECEIVE CHRIST RIGHT NOW BY FAITH THROUGH PRAYER. *(Prayer is talking to God)*

God knows your heart and is not so concerned with your words as He is

예수 그리스도가 나의 주인인 사람

† 그리스도가 내 인생의 왕좌에 앉아 계시며

나 나는 내 인생의 왕좌에서 내려와 모든 것을 그리스도께 맡겼습니다.

- 모든 일을 그리스도께서 주관하시므로 하나님의 계획과 일치된 생활을 하게 됩니다.

어느 그림이 당신의 삶을 잘 나타내고 있습니까? 또 당신은 어느 그림에 속하게 되기를 원하십니까?

어떻게 그리스도를 영접할 수 있는지 아래 설명을 보세요.

당신은 바로 지금 이 자리에서 기도로 그리스도를 영접할 수 있습니다. *(기도는 하나님과 이야기하는 것입니다.)*

하나님은 우리의 중심을 알고 계십니다. 그래서 입으로 하는 말보다는 중

with the attitude of your heart. The following is a suggested prayer:

"Lord Jesus, I need You. Thank You for dying on the cross for my sins. I open the door of my life and receive You as my Saviour and Lord. Thank You for forgiving my sins and giving me eternal life. Take control of the throne of my life. Make me the kind of person You want me to be."

Does this prayer express the desire of your heart? If it does, I invite you to pray this prayer right now, and Christ will come into your life, as He promised.

HOW TO KNOW THAT CHRIST IS IN YOUR LIFE

Did you receive Christ into your life? According to His promise in

심의 태도를 보고 싶어 하십니다. 이렇게 기도해 보십시오.

"주 예수님, 나는 주님을 믿고 싶습니다. 십자가에서 죽으심으로 내 죄값을 담당하시니 감사합니다. 지금 나는 내 마음의 문을 열고 예수님을 나의 구주, 나의 하나님으로 영접합니다. 나의 죄를 용서하시고 영생을 주심을 감사합니다. 나를 다스려주시고, 나를 주님이 원하시는 사람으로 만들어주옵소서. 예수님의 이름으로 기도합니다. 아멘."

이 기도가 당신의 마음에 드십니까? 그렇다면 바로 지금 이 기도를 드리십시오. 그러면 예수 그리스도는 그가 약속하신 대로 당신 안에 들어오실 것입니다.

그리스도가 당신 안에 계심을 어떻게 알 수 있나요?

그리스도를 당신 안에 영접하셨습니까? 계시록 3장 20절의 약속에 의하

Revelation 3:20, where is Christ rightnow in relation to you? Christ said that He wouldcome into your life. Would He mislead you?

On what authority do you know that God has answered your prayer?

(The trustworthiness of GodHimself and His Word.)

THE BIBLE PROMISES ETERNAL LIFE

"The witness is this, that God has given us eternal life, and this life is in His Son. He who has the Son has the life; he who does not have the Son of God does not have life. These things I have written to you who believe in the name of the Son of God, in order that you may know that you have eternal life"(1 John 5:11-13).

면, 지금 그리스도는 당신의 경우 어느 곳에 계십니까? 그리스도는 당신 안에 들어오시겠다고 약속했습니다. 그가 거짓말을 하실까요?

그러면 무슨 근거로 하나님이 당신의 기도를 들으셨다는 사실을 알 수 있습니까?(하나님 자신과 그의 말씀인 성경의 신실성 즉 하나님은 그의 약속을 반드시 지키십니다.)

성경은 예수 그리스도를 영접하는 모든 사람에게 영원한 생명을 약속하고 있습니다.

"또 증거는 이것이니 하나님이 우리에게 영생을 주신 것과 이 생명이 그의 아들 안에 있는 그것이니라. 아들이 있는 자에게는 생명이 있고 하나님의 아들이 없는 자에게는 생명이 없느니라. 내가 하나님의 아들의 이름을 믿는 너희에게 이것을 쓴 것은 너희로 하여금 너희에게 영생이 있음을 알게 하려 함이라."(요한일서 5장 11-13절).

224

Thank God often that Christ is in your life and that He will never leave you(Hebrews 13:5). You can know on the basis of His promise that Christ lives in you and that you have eternal life from the very moment you invite Him in. He will not deceive you. *An important reminder.*

DO NOT DEPEND ON FEELINGS

The promise of God's Word, the Bible - not our feelings - is our authority. The Christian lives by faith (trust) in the trustworthiness of God Himself and His Word.

This train diagram illustrates the relationship among fact(God and His Word), faith(our trust in God and His Word), and feeling(the result of our faith and obedience) (John 14:21).

예수 그리스도께서 당신 안에 들어오셔서 영원히 떠나지 아니하심을 항상 감사하십시오(히브리서 13장 5절). 영접한 순간부터 살아계신 그분은 당신 안에 거하시며 당신은 영원한 생명을 얻었음을 명심하십시오. 하나님은 결코 속이지 않습니다. 꼭 기억할 사실은…:

감정에 의존하지 마십시오.

우리의 믿음은 하나님과 그의 말씀 곧 성경에 근거하는 것이지 우리 자신의 느낌이나 감정에 근거하는 것이 아닙니다. 그리스도인은 하나님과 그의 말씀을 믿는 믿음으로 사는 것입니다.
특별한 느낌이 있을 수도 있지만 없을지라도 안심하십시오.
아래의 기차그림은 사실(하나님과 그의 말씀)과 믿음(하나님과 그의 말씀에 대한 우리의 신뢰)과 감정(믿음과 순종의 결과)과의 관계를 설명해주고 있습니다(요한복음 14장 21절).

The train will run with or without the passenger car. However, it would be useless to attempt to pull the train by the passenger car. In the same way, as Christians we do not depend on feelings or emotions, but we place our faith(trust) in the trustworthiness of God and the promises of His Word.

기관차는 객차가 있으나 없으나 달릴 수 있습니다. 그러나 객차로 기관차나 연료차를 끌려고 하는 것은 어리석은 일입니다.

마찬가지로 그리스도인도 느낌이나 감정에 의존하는 것이 아니라 하나님과 그의 말씀의 신실성에 믿음의 근거를 두는 것입니다.

NOW THAT YOU HAVE RECEIVED CHRIST

The moment that you received Christ by faith, as an act of the will, many things happened, including the following:

이제 당신은 예수 그리스도를 영접했습니다.

당신이 의지의 행위인 믿음으로 그리스도를 영접한 결과, 다음 몇 가지를 비롯해 많은 일들이일어났습니다.

1) Christ came into your life through the Holy Spirit into your heart(Revelation 3:20; Colossians 1:27).

1) 예수 그리스도께서 당신 안에 들어와 계십니다(요한계시록 3장 20절; 골로새서 1장 27절).

2) Your sins were forgiven(Co-lossians 1:14).

3) You became a child of God(John 1:12).

4) You received eternal life(John 5:24).

5) You began the great adventure for which God created you(John 10:10, 2 Corinthians 5:17).

Can you think of anything more wonderful that could happen to you than receiving Christ? Would you like to thank God in prayer right now for what He has done for you? By thanking God, you demonstrate your faith.(1 Thessalonians 5:18).

To enjoy your new life to the fullest··:

2) 당신의 모든 죄는 사함을 받았습니다(골로새서 1장 14절).

3) 당신은 하나님의 자녀가 되었습니다 (요한복음 1장 12절).

4) 당신은 영원한 생명을 얻었습니다(요한복음 5장 24절).

5) 하나님께서 예비하신 풍성한 새 삶 이 시작됩니다(요한복음 10장 10절; 고린도후서 5장 17절).

당신의 생애에서 예수 그리스도를 영접한 것보다 더 놀라운 일이 있을까요? 바로 지금 하나님께서 당신을 위해 행하신 일에 대해 감사하는 기도를 드리시겠습니까? 감사는 믿음의 표현입니다(살전 5장 18절).

풍성한 새 삶을 누리기 위해서는 이제 어떻게 해야 할까요?

SUGGESTIONS FOR CHRISTIAN GROWTH

Spiritual growth results from trusting Jesus Christ.

"The righteous man shall live by faith"(Galatians 3:11). A life of faith will enable you to trust God increasingly with every detail of your life, and to practice the following:

G Go to God in prayer daily(John 15:7).

R Read God's Word daily(Acts 17:11); begin with the Gospel of John.

O Obey God moment by moment (John 14:21).

W Witness for Christ by your life and words(Matthew 4:19; John 15:8).

T Trust God for every detail of your life(1 Peter 5:7).

H Holy Spirit - allow Him to con-

그리스도인의 성장을 위한 권면

그리스도인은 예수 그리스도를 신뢰함으로 영적 성장을 하게 됩니다.

"의인이 믿음으로 살리라"라고 했습니다(갈 3장 11절). 믿음으로 사는 생활이란 생활의 지극히 작은 일까지도 하나님께 맡기고 다음의 일들을 기쁨으로 실천하게 되는 것을 말합니다.

1) 날마다 하나님께 기도하십시오(요한복음 15장 7절).

2) 하나님의 말씀인 성경을 날마다 읽으십시오(사도행전 17장 11절). 요한복음부터 읽으십시오.

3) 하나님께 항상 순종하십시오(요한복음 14장 21절).

4) 말과 행동으로 그리스도를 증거하십시오(마태복음 4장 19절; 요한복음 15장 8절).

5) 지극히 작은 일까지도 하나님께 맡기십시오(베드로전서 5장 7절).

6) 성령께서 당신의 일상생활을 주관

trol and empower your daily life and witness(Gala-tians 5:16,17;Acts 1:8).

FELLOWSHIP IN A GOOD CHURCH

God's Word instructs us "not to for-sake the assembling of ourselves together"(Hebrews 10:25). Several logs burn brightly together; but put one aside on the cold hearth and the fire goes out. So it is with your relation-ship with other Christians. If you do not belong to a church, do not wait to be invited. Take the initiative; call or visit a nearby church where Christ is honored and His Word is preached. Start this week, and make plans to at-tend regularly.

SPECIAL MATERIALS ARE AVAIL-ABLE FOR CHRISTIAN GROWTH.

If you have come to Christ per-

하시게 하고 능력을 받아 그리스도의 증인이 되십시오(갈라디아서 5장 16-17절; 사도행전 1장 8절).

교회를 잘 선택하여 출석하는 일은 중요합니다.

히브리서 10장 25절을 보면, 모이는 일을 게을리하지 말라고 권면하고 있습니다. 아궁이에 여러 개의 나무토막을 넣으면 불이 잘 타지만 하나씩 따로 떼어놓으면 불은 곧 꺼지고 맙니다.

당신과 다른 그리스도인과의 관계도 이와 마찬가지입니다. 예수 그리스도를 더 잘 배우고, 그가 원하시는 삶을 살며, 다른 그리스도인과의 교제를 갖기 위해서는 반드시 교회 생활을 해야 합니다.

그리스도인으로 성장하는 데 필요한 좋은 교재들이 준비되어 있습니다.

당신이 이 책자를 통해 그리스도를 개

sonally through this presentation of the gospel, helpful materials for Christian growth are available to you. For more information write:

Campus Crusade for Christ Australia, PO Box 40, Sydney Markets, NSW 2129

phone: (02) 9877 6077

Fax: (02) 9877 6088

email: materials@hereslife.com

website: www.hereslife.com

©Campus Crusade for Christ Australia, 2003 A.C.N. 002 310 796

Item: KknEng4pWB04Jul

인적으로 알게 되었다면 당신이 그리스도인으로 성장하는 데 도움이 되는 다른 책자들이 준비되어 있습니다.

더 자세히 알고 싶으신 분은 다음 주소로 연락주시면 자세히 안내해드리겠습니다.

한국대학생선교회 서울 중앙우체국사 서함 1042

Email: cccinfo@ chollian.net

Website: www.kccc.org.kr *Helping you reach multicultural communities with the Gospel*

You can get bi-lingual Gospel tracts in more than 70 languages from our website(www.hereslife. com/evangel/tracts.htm)

Now you can have the tracts in the languages you need when you need them

B
A목사의 설교 전문

요한복음 14장 1-4절. 너희는 마음에 근심하지 말라
- 2010년 9월 17일 녹취록

1. 너희는 마음에 근심하지 말라. 하나님을 믿고 또 나를 믿어라. 2. 내 아버지의 집에는 있을 곳이 많다. 그렇지 않다면, 내가 너희가 있을 곳을 마련하러 간다고 너희에게 말했겠느냐? 나는 너희가 있을 곳을 마련하러 간다. 3. 내가 가서 너희가 있을 곳을 마련하면, 다시 와서 너희를 나에게로 데려다가, 내가 있는 곳에 너희도 함께 있게 하겠다. 4. 너희는 내가 어디로 가는지 그 길을 알고 있다.

오늘부터 요한복음 14-16장을 집중적으로 공부하겠습니다. 오늘 설교하고 돌아와서 또 계속 설교하겠습니다. 이 다락방 강화는 마태복음 5-7장 산상설교와 쌍벽을 이루는, 성경에서 가장 핵심적인 예수님의 설교입니다. 예수님의 설교가 전체적으로 기록돼 있는 아주 독특한 복음입니다.

산상설교와 예수님의 다락방 강화는 아주 대조적입니다. 산상설교는 예수님의 공생애 첫 시작에 하셨던 설교고, 다락방 강화는 예수님의 생애 마감 때 십자가 지시기 전에 하신 설교입니다. 3년의 차이가 있습니다. 산상설교는 공개적으로 대중에게 산에서 설교하셨습니다. 그렇지만 다락방 강화는 정반대로, 비공개적으로 소수의 사람, 선택된 사람들을 위해 다락방에서 은밀하게 하신 것입니다. 산상설교가 예수님의 삶의 본질과 원리를 보여준다고 한다면 다락방 강화는 죽음 직전에 예수 그리스도의 죽음과 죽음 이후에 성령이 임하실 것 그리고 죽음 이후에 우리들이 어떻게 살아야할 것인가를 가르쳐주는 굉장히 내면적이고 깊이가 있는 그런 메시지입니다.(Pause)

여러분들이 이 성경을 다 읽으시지만 마태복음 5-7장, 또 요한복음 14-16장 이 두 장을 여행할 때나 어려울 때나 마음이 혼돈스러울 때나 이것을 자꾸 읽으면, 예수님의 삶의 원리와 그 본질을 꿰뚫는 은혜를 언제든지 주십니다. 그래서 가능하면 외울 수 있으면 더 좋지만 자꾸 이 말씀을 읽으시면 축복이 임할 줄로 믿습니다.

산상설교는 "마음이 가난한 자는 복이 있나니 천국이 저희 것이요" 이렇게 시작합니다. 그러나 예수님의 죽음 직전, 십자가 직전에 소수의 제자들에게 비공개적으로 아주 깊은 내면적 설교를 하는 요한복음 14-16장의 시작은 "너희는 마음에 근심하지 말라. 하나님을 믿으니 또 나를 믿으라"라고 시작합니다.

예수님은 자신의 죽음 앞에서 왜 "너희는 마음에 근심하지 말라. 하나님을 믿으니 또 나를 믿으라"라고 하는 메시지를 주셨을까요?

사실 오늘 우리들에게 이 말씀이 필요하지 않나 생각을 합니다. 오늘 우리들에게. 왜냐면 우리는 너무나 걱정이 많고 근심이 많기 때문에 그렇습니다. 하나님을 잘 믿는 척하지만 근심이 있습니다. 표현은 안 하는데, 가슴을 열고 깊이 들어가 보면 근심, 걱정, 염려를 다 한 짐씩 안고 살아가고 있는 것이 우리의 현실입니다.

예수님께서 왜 죽음 직전에 사랑하는 제자들에게 "너희는 마음에 근심하지 말라. 하나님을 믿으니 또 나를 믿으라"라는 메시지를 주었을까요? 최소한 두 가지 이유를 찾을 수 있어요. 첫째는 다락방에서 제자들과 심각한 대화 때문에 그랬을 것입니다. 예수님께서 제자들의 발을 씻겨 주십니다. 그리고 떡과 포도주를 잡수시다가 갑자기 "이것은 내 살이다. 이것은 내 피다" 그러면서 예전에 하지 않으셨던, 한 번도 하지 않았던 그런 얘기를 하십니다. 그리고 곧 죽으실 것을 이야기하셨습니다.

그러니까 제자들의 마음이 근심하기 시작을 한 거예요. 그런데다가 열두 제자하고 식사하다 갑자기 "너희 중에 나를 팔리라" 이렇게 가룟 유다가 자기를 배신할 것도 얘기하신 거예요. 그러다가, 그래도 예수님의 열두 제자 중에서 가장 믿을 만하고 상징적인 베드로마저도 "너는 닭이 울기 전에 나를 세 번 부인하게 될 것이다" 이렇게 말하니까 분위기가 좀 썰렁해지고 사람들의 마음이 좀 어려워졌을 거라고 생각합니다. 그래서 얼굴 표정이 다 좀 어둡고 그래서 아마 이런 배경이 깔려 있을 것입니다.

그러나 그것보다 더 본질적인 이유는 예수님 자신의 죽음 때문입니다. 이건 예수님에게도 해당이 되지요. 내가 곧 죽을 터인데 이렇게 철없는 제자들은 아무것도 몰라요. 3년 따라다닌 제자들도 뭘 몰라요. 헛소리만 계속하고, 따라다니기는 하는데 뭘 몰라요. 예수님에게는 쉽지 않은 일이었을 거예요. 또 예수님의 제자들도 예수님이 곧 죽으실 거라는 이 명제 앞에 근심하지 않을 수가 없었을 것입니다.

'도대체 예수님은 왜 죽으신다는 것일까? 도대체 예수님은 어디로 가신다는 말일까?'

예수님이 십자가에 못 박혀 죽어야 한다는 사실을 여러 번 암시해줬지만 정말 기가 막히게 제자들이 못 깨달았다는 것입니다. 우리는 왜 깨달은 줄 아세요? 잘나서가 아니라 성령 받아서 그래요. 성령이 임하지 않으면 이 구원의 진리와 복음의 진리를 모르는 거예요. 아무리 아이큐가 좋아도.

자, 요한복음 14장 1절을 함께 읽도록 하겠습니다.

"너희는 마음에 근심하지 말라. 하나님을 믿으니 또 나를 믿어라."

여러분, 사람을 죽이고 파멸시키는 가장 무서운 적은 암이 아니라 근심입니다. 암이 아니고 근심이에요. 여러분이 가장 경계하고 조심하고 빠져서는 안 되는 것이 근심, 걱정, 불안, 염려예요. 여러분, 암이나 에이즈나 싸스는 사람의 육체를 파괴하죠? 근심, 걱정은 여러분의 영혼을 파괴합니다. 그래서 무서운 것입니다. 나는 오늘 여러분 안에 은밀히 찾아온 모든 염려, 근심, 불안한 생각이 예수님의 이름으로 사라지기를 축원합니다. 이것이 없어야 하나님이 주신 축복이 무한대로 뻗어 나갈 수가 있는 것입니다.

왜 근심하면 안 되는가? 여러 가지 이유로 근심 걱정이 있어요. 이유가 여러 가지가 있어요. 육체적인 질병이 올 때 근심 걱정이 와요. 이러다 죽는 게 아닌가. 회사가 무너지고, 회사에서 쫓겨나고, 사업이 부도나면 근심 걱정이 생겨요. 내가 이러다가 망하는 게 아닌가. 또 관계가 깨지면, 남편과 아내의 관계, 사랑하는 사람과의 관계, 자식들과의 관계가 흔들리면 또 불안해지기 시작합니다. 저 자식이 어쩔려나. 우리는 이혼하는 게 아닌가. 이런 불안과 근심이 또 찾아오는 것이죠.

가장 큰 근심과 걱정은 죄 때문이에요. 은밀한 죄를 지었을 때, 남모르는 죄를 지었을 때, 감당할 수 없는 죄를 지었을 때 그 죄의 무게가 주야로 주의 손이 나를, 나를 누르오리다. 여름 가뭄에 가뭄같이 내가 되었나이다. 시편의 말씀처럼 그런 죄책감, 영적인 고통을 겪는 것입니다.

근심이 암보다 에이즈보다 싸스보다 더 무서운 것은 첫째 근심 걱정하면 하나님이 안 보이기 때문에 그렇습니다. 일단 근심 걱정하면 안 보입니다. 그렇게 잘 믿던 하나님이 멀어지고, 안 느껴지고, 안 보입니다. 하나님이 없어서 안 보이는 것이 아니라 안 보입니다. 태양은 떠도 내가 지하실로 들어가면 태양을 볼 수 없는 것과 마찬가지로 근심에 한 번 딱 사로잡히면 하나님이 무능해 보이고, 하나님이 믿어지지 않고, 하나님이 주무시는 것 같고, 멀리 간 것처럼 느껴지는 것이에요.

두 번째, 근심을 하게 되면 미래의 문을 닫게 되는 거예요. 열려 있던 미래의 문을 자기가 스스로 닫습니다. 절망하고 죽음을 묵상하게 되고 자기 삶의 파멸의 그림자가 다가오는 까닭은 환경이 나빠서가 아니라 우리 안에 근심을 받아들였을 때 이런 현상이 생겨요. 더 이상 가능성도 없고 희망도 없습니다.

세 번째, 근심을 하게 되면 최악을 상상하게 돼요. 여러 가지 내 인생의 가능성이 있는데, 근심 걱정하면 제일 나쁜 걸로, 극도로 코너로 들어갑니다. 이제 좋은 길은 다 생각 안 하고 안 될 것만 골라서 생각을 하게 됩니다. 부정적이고 절망적이고 파괴적인 생각을 하게 돼요.

마지막으로 근심 걱정하면 자살합니다. 나중에 자꾸 부정적인 최악을 상상하고 사람 안 만나고요 그럴 때 귀신이 들어가요. 그리고 죽어라 죽어. 살 게 뭐 있냐. 죽는 게 낫다. 이게 근심이에요. 그래서 근심은 암이나 에이즈나 싸스보다 더 경계해야 될 우리의 적이라는 것을 아시기를 바랍니다.

근심하면 엔도르핀은 안 나오고 아드레날린이 나와요. 그래서 막 사람을 긴장을 시키고 온몸을 수척시키고 그런 일들이 계속 쌓이게 되는 것입니다.

그런데 근심에 대해서 우리가 일반적으로, 상식적으로 알아야 할 것이 있습니다. 근심 걱정은 사실이 아니라는 것입니다. 그것은 여러분이 꾸며낸 하나의 허상입니다. 여러분이 근심 걱정하는 것만큼 실제로 그러냐? 안 그래요. 그것은 내가 과장한 거예요. 내가 그것을 스스로 만든 것이지 실제가 아니라는 거예요.

저기, 아브라함 기억나십니까? 아브라함이 한창 믿음이 없을 때 애굽으로 피신하지 않습니까? 기근이 와서. 잘 가다가 갑자기 옆에 따라오는 자기 부인을 보니까, 너무 잘생겼어요. 자기 눈에도 이렇게 예쁜데, 딴 남자도 탐을 내겠다. 그러다가 '내 아내 빼앗아 가면 어떡하지?' 괜히 이 생각을 한 거예요. 이 생각이 막 삥삥삥삥 돌아가지고 자기가 소설을 쓰는 거예요. 큰일 났지. 그래가지고 '저놈들이 나를 죽이고 내 아내를 뺏어 갈 거다. 어떡하면 되나? 내 아내를 누이라고 하자.' 혼자 막 연구하는 거예요. 기막힌 아이디어다. 기막힌 아이디어다. 기막힌 아이디어를 항상 조심하십시오. '그래서 사람들이 이 여자 누구냐 하면 누이라고 하자.'

그러나 실제로 그런 일이 있었어요? 없었어요. 어디에 있었어요? 아브라함의 상상 속에. 우리가 근심 걱정하는 것은 대개 다 그런 겁니다. 자기가 과장하고 상상하고 최악의 스토리를 만들어요. 이게 무엇하고 똑같은 줄 아세요? 의처증 의부증 같은 거예요. 정숙한 부인인데도 그렇게 믿어요. 그리고 또 막 때려. 난 그런 사람 너무 많이 봤어요. 무섭더라구요. 사실인 것처럼 자기가 만든 거예요, 이게.

여러분, 근심은 사실이 아니라는 사실을 아십시오. 사실 아닙니다.

두 번째, 근심은 사실이 아니기 때문에 피할 수 있다, 없다? 벗어날 수 있다, 없다? 있습니다. 우리가 정말 믿음을 가지면, 하나님을 다시 믿으면 근심은 안개가 사라지는 것처럼 사라집니다.

세 번째로 근심에 대해 알아두어야 할 일은 근심 걱정의 배후에는 마귀의, 귀신의 세력이 있다는 것입니다. 염려 귀신이 들어가면 걷잡을 수 없이 불안해지고 의심이 생기고 염려가 생긴다는 것입니다. 따라서 어둠의 세력, 마귀의 세력, 근심을 하게 하는 더러운 세력을 여러분이 대적하면 여러분 마음에 샬롬, 평강이 임할 줄로 믿습니다.

사랑하는 성도 여러분. 이 잘못된 근심이라는 미신에서부터 탈출하시기를 축원합니다. "하나님은 살아 계십니다" 그 말만 해도 근심이 떠나요. "하나님은 능력이 무한하신 분이십니다" 그 말만 해도 그렇게 조마조마 혈압이 오르고 가슴이 두근 두근거렸던 게 다 떠나는 줄로 믿습니다.

미래의 문은 닫혀있지 않습니다. 여러분의 미래의 문은 열려져 있습니다. 한 번, 옆에 분에게 빨리 말하세요. "당신의 미래의 문은 열려져 있습니다."

당신 스스로가 막지 마십시오. 여러분의 미래에는 최선의 축복과 은총의 기회가 있다는 사실을 믿으십시오. 그리고 하나님은 희망의 등불을 끄지 않았다는 사실도 믿으시기를 축원합니다.

예수님께서 죽음 직전에 사랑하는 제자들에게 어떻게 근심, 걱정, 염려에서 벗어날 수 있는지 세 가지 이유를 (설명했는데), 지금까지 한 얘기는 우리가 그냥 한 말이구요. 이제부터 하는 말은 예수님이 한 말입니다. 이거는요 상담학자도 할 수 있구요, 인생경험 많은 사람도 할 수 있구요, 나도 할 수 있구 그런 거예요. 지금까지 한 말은. 이제 지금부터 하는 말은 근심 걱정하지 않아야 할 세 가지 이유를 예수님이 (말씀)하신 거예요.

첫째 1절을 한 번 큰 소리로 읽겠습니다.

"너희는 마음에 근심하지 말라. 하나님을 믿으니 또 나를 믿으라"

첫째로 우리가 근심하지 않아야 할 이유는 하나님이 계시기 때문입니다. 하나님이 계시기 때문에. 하나님은 결코 죽을 수도 없고 죽지도 않습니다. 생각해보십시오. 하나님이 만약 죽을 수 있다면 그는 하나님이 이미 아니신 분입니다. 그건 당신의 하나의 종교적 허상이지 실제로 하나님은 아녜요. 태양은 믿거나 말거나 떠 있어요. 여러분이 믿는다고 태양이 더 반짝거리거나 더 빛을 내지도 않고, 안 믿는다고 태양이 없어지지도 않아요. 믿고 안 믿고는 내 문제지 태양의 문제가 아니란 말이죠. 태양은 떠 있습니다. 하나님은 살아 계십니다. 그분이 하나님이십니다.

마귀는 자꾸 우리들에게 찾아와서 하나님이 없다고 말합니다. 자꾸 속삭거려요. 그 말 듣고 하나님은 없다, 사람들은 말하는 거예요. 자기가 말하는 것이 아니고 뒤에서 누가 자꾸 속삭여요. 이 속삭였던 마귀는 아담과 이브를 선악과 따 먹게 하고 넘어뜨리잖아요. 마귀는 하나님이 죽었다고 말하는 겁니다. 여러분, 하나님이 비존재면요 인간도 비존재입니다. 내가 존재거든요. 나는 비존재가 아니란 말이에요. 해석이 다 다를 뿐이지 내가 있다는 건 사실 아녜요? 그죠? 아 여기 만져보세요. 나 있잖아요? 나 있잖아요? 머리가 좀 빠져서 그렇지만 있잖아요? 내가. 나는 존재거든요. 그렇다면 하나님도 존재예요. 이게 존재론적으로 보는 거지요.

목적론적으로 봐도 마찬가지예요. 아니, 안경이 있으면 안경을 만든 사람이 있어요. 이게 우연히 툭 튀어나왔겠어요? 도수 맞춰가지고? 그러지 않아요. 내가 병원에 가서 다 도수 맞춰가지고, 이 안경이 어떤 목적에 의해 태어난 것처럼 이 지구라는 것이, 이 우주라는 것이 억만겁년에 툭 튀어나와요?

내가 세상에 왜 존재해요? 하나님이 나를 만드셨기 때문에 존재하는 거라구요. 이게 인생의 목적이라고요. 의미이고. 이걸, 하나님을 안 믿는 사람은 목적이 없어요. 삶의 의미가 없단 말이예요. 성경은 하나님의 존재에 대해서 절대로 논쟁하지 않아요. 창세기 1장 1절을 기억하십니까? 한번 외워볼까요? 시작! "태초에 하나님이 천지를 창조하시니라."

하나님에 대해서, 행동에 대해서 말하고 있지 하나님의 존재에 대해 얘기하지 않아요. 하나님은 이미 있는 거예요. 태양이 존재하냐 안 하냐 논쟁해 봐야 아무 소용이 없어요. "태초에 하나님은 존재하신다" 이렇게 시작하지를 않고 태초에 하나님은 행동하신다고 시작합니다. 천지를 창조하셨다고 시작합니다.

시편 14편 1절을 한번 함께 읽어보겠습니다.

"어리석은 자는 그 마음에 이르기를 하나님이 없다 하는도다. 저희는 부패하고 소행이 가증하여 선을 행하는 자가 없도다."

여기서 어리석은 자는 그 마음에 이르기를 하나님이 없다. 요즘 MBC에서 공개적으로 어리석은 말과 오만한 말을 아주 하는 사람이 하나 있더라구요. 그 얘기를 들어보면 그렇게 어리석고 오만할 수가 없어요. 우리가 근심하지 않아야 할 이유는 하나님이 살아계시기 때문에 그렇습니다.

예수님께서 말씀하셨습니다. 만약 당신이 하나님을 믿는다면, 또 나를 믿어라. 왜냐하면 예수 그리스도는 하나님의 아들이시고 그는 말씀이시고 빛이시고 그는 생명이시고 사랑이시기 때문에 예수님을 여러분이 믿는 순간에 모든 염려와 근심과 걱정과 어두움은 순식간에 사라질 것입니다.

하여튼 예수 믿는 사람 대단해. 죽어도 산다니까? 그런 믿음이 막 생기는 거예요. 미래에 대해서 막 희망이 생기구요. 예수 믿는 사람은 그가 병에 걸리건 감옥에 가건 오늘 죽게 됐건 막 흥분이 돼 있어요. 희망 때문에. 근심 걱정이 들어올 틈이 없어요. 그런 축복이 여러분에게 있게 되기를 바랍니다.

예수님이 말씀하시기를, 근심 걱정하지 않아야 할 두 번째 이유는 천국이 있기 때문이다. 첫째는 하나님이 계시기 때문이다. 두 번째는 천국이 있기 때문이다. 14장 2절을 읽어주십시오.

"내 아버지 집에는 내가 거할 곳이 많도다. 그렇지 않으면 너희에게 일렀으리라. 내가 너희를 위해 처소를 예비하러 가노니."

예수님이 말씀하셨습니다. "아버지 집에는 내가 거할 집이 많다" 이렇게 말씀하셨습니다. 천국이 있어요, 없어요? 있지요. 만약에 천국이 가공적이고 없는 거라면 천국이라는 단어가 없습니다. 아니, 없는 단어를 인간이 왜 씁니까? 가공해서 만든 거라면 지옥이 있어요, 없어요? 있지요. 인간이 쓰는 언어는요 그것이 보이든 안 보이든 실체가 있기 때문에 언어가 존재하는 거예요. 이게 뭐예요? 안경이 있기 때문에 안경이라는 단어가 있는 거예요. 컵이라는 실제가 있기 때문에 컵이라고 말해요. 물이 있기 때문에 물이라는 언어가 있는 거예요. 언어라고 하는 것은 만약에 없는데 가공해서 만들었다면 세월이 지나면서 없어져 버려요. 안 쓰니까. 하나님 계세요, 안 계세요? 마귀는요? 다 있지요. 죄는요? 있지요. 사랑은? 있지요.

천국은 내 아버지의 집입니다. 하나님 나라입니다. 천국에는 근심과 걱정과 염려와 의심이 없습니다. 초막이나 궁궐이나 내 주 예수 모신 곳은 그 어디나 하늘나라, 할렐루야. 내 마음은 천국입니다. 여러분의 마음도 천국입니다. 따라서 근심과 걱정이 비집고 들어오지 못하도록 믿음으로 차단하십시오.

이 세상이 끝이라면 우리는 염려하고 근심할 수 밖에 없을 거예요. 근데 걱정하지 마십시오. 여러분이 죽는다고 끝이 아니에요. 내가 끝이라고 끝이 아니라 하나님이 끝이라고 해야 끝입니다. 죽음이 전부라고 한다면 죽음에 이르는 병, 절망하는 병을 인간은 가질 수밖에 없는 거예요. 죽음이 전부가 아닙니다. 죽음은 영원을 여는 문이에요. 그래서 죽음을 그렇게 거부하지 마세요. 성도들에겐 죽음도 선물이에요. 그냥 이대로는 갈 수 없잖아요? 그냥 일단 죽었다가 가야지, 이대로는 갈 수 없잖아요. 병도 있고, 내가 암덩어리 가지고 가겠어요? 어떡하겠어요? 암을 전염시키려고 가겠어요? 다 죽여놓고 그 다음에 부활한 몸으로 다시 데려가는 거예요.

자, 무신론자의 고민이 뭘까요? 죽어서 어디로 가느냐는 거예요. 이게 아주 고민이에요, 무신론자들에게는. 하나님을 안 믿으니까. 개나 돼지나 소나 말처럼 그냥 사라지는 것일까? 불교에서 말하는 것처럼 억겁 만년 윤회하는 것일까? 아니면 귀신이 되어서 떠돌아다니는 것일까? 뭐든 하나 있을 것 아닙니까?

방황하지 마십시오. 예수 그리스도를 믿는 자는 천국 갑니다. 그래서 두려워할 필요가 없다. 죽어도 두려워하지 말아라. 망해도 두려워하지 말아라.

여러분 사업 실패가 인생 실패가 아니에요. 여러분 병든 것이 인생이 병든 것이 아니라구요. 그렇게 결정하지 마세요. 그거 유치한 거예요. 유치한 생각, 아주 육적인 생각이라는 것이죠. 천국은 하나님의 통치와 다스림이 있는 곳이에요. 죽음도 눈물도 슬픔도 애통도 질병도 없는 곳이에요. 천국은 다른 말로 하면 부족함이 없는 곳이에요. 이 세상은 만사가 부족해요. 천국은 부족함이 없는 곳이에요. 새 하늘과 새 땅인 줄로 믿으시기를 바랍니다.

죽음은 끝이 아닙니다. 죽음 후에는 심판이 있습니다. 히브리서 9장 27절

말씀을 읽겠습니다. "한 번 죽는 것은 사람에게 정하신 것이요, 그 후에는 심판이 있으리라." 요한복음 11장 26절. "하나님이 세상을 이처럼 사랑하사 독생자를 주셨으니 이는 저를 믿는 자마다 멸망치 않고 영생을 얻게 하려 하심이니라." 요한복음 11장 25-26절. "예수께서 가라사대 나는 부활이요 생명이니 나를 믿는 자는 죽어도 살겠고 무릇 살아서 나를 믿는 자는 영원히 죽지 아니하리라." 아멘.

그래서 아침에 일어나자마자 이런 성경 막 읽어야 돼요. 이런 성경은요, 몇 개 딱 정리했다가, 성경 다 읽으라면 막 기절하니까, 몇 가지만 해놓고 아침에 큰 소리로 막 읽어.

"놀라지 말고 두려워하지 말라. 나는 너의 하나님이다. 너는 마음에 근심하지 말라. 하나님을 믿으니 또 나를 믿으라. 내게 능력 주시는 데서 능치 못함이 없느니라."

이게 다 아는 건데, 안 읽으면 없는 거나 마찬가지예요. 큰 소리로 한 번 쫙 읽고 하루를 사십시오. 그러면 근심 걱정이 다 없어질 것입니다. 자, 하나님은 살아계시기 때문에 근심 걱정할 필요가 없다. 천국이 있기 때문에 근심 걱정할 필요가 없다.

세 번째입니다. 요한복음 14장 2절 안에 두 가지가 있어요. 그래서 다시 읽겠어요.

"내 아버지 집에 거할 곳이 많도다. 그렇지 않으면 너희에게 일렀으리라. 내가 너희를 위해 처소를 예비하러 가노라."

세 번째 이유는 뭐냐면, 아무리 천국이 있다 하더라도 나하고 무슨 상관이 있어요? 그런데 예수님께서 말씀하셨습니다. 내가, 네가 들어갈 천국을, 처소를 준비하러 가겠다는 말은 없는 천국을 다시 만들겠다는 뜻이 아니고, 당신으로 하여금, 당신이 예수 그리스도를 믿으면 당신이 천국에 들어갈 수 있도록 길을 터놓겠다는 거예요. 그 전에는 율법으로 갔거든요. 이제는 예수 그리스도로 말미암아 천국에 프리패스를 받도록 내가 미리 가서 작업을 해 놓겠다. 안심이 돼요 안 돼요?

그래도 걱정되세요? 요한복음 12장 3절 보면 더 자세히 되어 있어요.

"가서 너희를 위해 처소를 예비하면 내가 다시 와서 너희를 내게로 영접해 나 있는 곳에 너희도 있게 하리라." 이거 잘 보세요. 예수님이 천국을 갈 수 있도록 먼저 가겠다. 가서 이것이 만들어지면 다시 오겠다. 다시 와서 내 손 붙잡고 다시 가겠다 이런 얘기예요. 우리가 하도 의심이 많고 겉으로는 아멘 해놓고 속으로 의심하거든요. 이거 다 아시고 하나님께서 이 문제만은 확실하게 해주셨어요.

제가요, 미국 처음 여행할 때 LA에, 지금은 애틀랜타에 살지만 제 여동생이 시집가서 거기서 살았어요. 남편은 변호사로 시험 준비하고 있어서 아주 어렵게 공부하고 있을 땐데, 제가 성지를 가기 때문에 미국을 거쳐서 세미나 하고 이스라엘과 터키 쪽으로 가야 해서 오래간만에 여동생을 만나야 해서 여동생에게 전화를 했어요.

"내가 언제 언제 홍정길 목사랑 둘이 같이 도착한다."

나는 미국을 전혀, 한 번도 가본 적이 없는 그땝니다. 마중 나와 달라고 하고 갔는데 동생이 없어요. 안 나온 거예요. 그러니까 제가 미국 경험이 처음이라 이거 어떻게 해야 될지를 모르겠더라구요. 아무리 봐도 없고, 짐은 찾아냈는데 이거 택시를 타도 집을 알아야 가지요. 주소도 없고. 전화를 해보니까 전화도 잘 안 돼요. 무슨 교통사고가 나서 제 시간에 못 온 거예요.

한 시간을 기다려도 없어요. 짐은 들고 있지요.

여러분 상상되세요? 공항에서 짐 들고 서 있는 거. 뭘 어떻게 조치를 할 방법이 없어요. 경험이 없어서 전화를 하는 것도 생소해요. 말은 못 알아듣지요. 아주 복잡해요. 할 수 없어서 같이 여행하는 사람 그 옆에 같이 타면 안 되냐고 그래서 그 사람 옆에 타 가지고 일단 LA로 나왔어요. 그런 첫 번째 미국 여행 경험이에요.

그런데 만약에 어떤 사람이 나를 미국을 전혀 모르는데 요즘처럼 뉴스도 있고 책도 있고 뭐 정보가 많으니까. 이렇게 안방같이 다 있지 않습니까? 전혀 모르는 땅에 내가 간다고 했을 때 지도 하나 들고 얼마나 불안해요.

천국은 그렇게 가는 게 아니라는 거예요. 죽으면 뭐 내 영혼이 미로를 빠져 나와 가지고, 그러다 내가 죽으면 천국을 어떻게 가느냐 이거예요. 그런데 오늘 성경이 말했어요. 그런데 만약 내가 굉장히 귀빈이라 나를 미국을 데려가려니까 어떤 사람이, 사절단이 오는 거예요. 나를 만나고 비행기표 다 끊어주고 딱 와 가지고 그 사람이 내 옆자리에 앉아 가지고 도착해서 자동차가 준비돼 있고 그렇게 해서 집을 간다면 얼마나 안심이 되겠어요? 천국을 그렇게 가는 줄로 믿습니다.

죽으면 여러분이 알아서 찾아가는 게 아니고 예수님께서 천국을 준비하시고 다시 와서 나를 데리고, 죽는 순간에, 여러분의 영과 육이 분리되는 바로 그 순간에 여러분의 영과 육을 천군천사와 예수님이 딱 감싸고 직통으로 가는 줄로 믿습니다. 안심하고 죽으시길 바랍니다. 절대 죽을 때 내 영이 어떻게 되냐 그렇게 방황하지 않아요.

오늘 그 얘깁니다, 이 얘기가. 그래서 마음에 쓸데없는 생각 말아라. 부질없는 상상력을 접어라. 여러분의 미래에는 문이 열려있다. 하나님은 살아

계신다. 천국은 있다. 그 천국까지 나를 인도해 주신다. 두려워 말고 놀라지 말라. 염려하지 말라. 세상 살면서 어떤 일을 만나도 감사와 기쁨과 찬양하면서 세상을 멋지게 살아라. 병에 걸리면요, 엔조이하세요. 나같이 엔조이하세요, 나같이.

어떤 사람이 책을 썼는데 『living with cancer』 캔서를 끼고 사는 거예요. 그냥. 이걸 떼버리려고 하는 것도 좋지만 여러분 고난과 더불어 엔조이하세요. 실패와 더불어 엔조이하세요. 그러면 그 실패는 여러분을 불행하게 못 만들어요. 직장 그만두셨습니까? 할렐루야. 교회 봉사할 시간이 됐다. 그동안 내가 교회 봉사 한 번도 이 핑계 저 핑계로 못했는데 6개월 동안 교회 가서 청소도 하고 교회 문지기가 되고 할렐루야, 이러구 마음을 바꾸세요.

꼭 돈으로만 섬깁니까? 몸으로도 섬길 수 있잖아요? 시간으로도 섬길 수 있잖아요? 우리가, 생각해보면 기쁘고 즐거운 일들이 우리 주변에 깔려 있습니다. 오늘 축복된 삶을 사시기를 축원합니다. 기도하겠습니다.

"하나님 아버지. 우리 성도님들이 마음에 근심 걱정 의심 방황하는 사람이 없게 하여 주옵소서. 예수님 이름으로 기도드립니다."

http://www.onnuri.org/video/%eb%84%88%ed%9d%ac%eb%8a%94-%eb%a7%88%ec%9d%8c%ec%97%90-%ea%b7%bc%ec%8b%ac%ed%95%98%ec%a7%80-%eb%a7%90%eb%9d%bc/?vtype=worship&back_url=http%3A%2F%2Fwww.onnuri.org%2Fvideos%2Fformer-senior-pastor-has-sermons%2F%23maintab%3D0%26subtab0%3D13%26paged%3D2%26cat%3D452에서 녹취함.

C
O목사의 설교 전문

그리스도인의 자세

- 로마서 12장 18-21절, 2003년 6월 22일 주일예배 설교

6.25 전란은 53년 전의 끔찍한 민족상잔의 비극이었습니다. 그 후 주변에 많은 변화가 있었지만, 지금처럼 어려운 시기는 없었습니다. 대량살상 무기를 보유하고 있을 수 있다는 가능성 때문에 미국은 국제협약을 무시하고 이라크를 침공했습니다. 미국이 많이 달라졌습니다. 자국민 4,000여 명이 사상된 9.11 사태 앞에서 그들은 이제 자국민을 보호하는 일이라면 자의로 어떤 일도 불사하겠다는 결의로 가득 차 있습니다.

이번에 미국을 여행하면서, 유럽인이나 동양인들이 어떻게 생각하든지 전혀 상관하지 않는 그들의 결의를 여러 지인을 통해서 감지할 수 있었습니다. 그런 미국에게 북한의 핵 보유는 그냥 넘길 수 없는 사건이 되었습니다. 물러설 수 없도록 만들어놓았습니다. 지금 우리는 외국에 있는 우리의 가족들이 우리나라를 가장 걱정하는 시기에 살고 있습니다.

지금 우리는 언제 이 땅에 엄청난 재난이 닥칠지 모르는 시대를 살고 있습니다. 북핵 문제로 다시 돌이킬 수 없는 대가를 지불하든지, 아니면 우리가 생각할 수 없는 방향으로 통일의 지름길을 만들지는 전혀 알 수 없습니다. 이런 때에 국민 된 도리로서, 아니 이 땅에 살고 있는 그리스도인으로서 '어떻게 기도하고 행동해야 할 것인지' 고민하는 일은 몹시 중요합니다.

한국 교회는 두 세력으로 나눠져 있습니다. 하나는 진보 계열이고, 다른 하나는 보수 계열입니다. 보수 계열은 이런 주장을 했습니다. '아무리 못되었기로서니 김일성의 공산 독재보다는 박정희 정권이 훨씬 낫다. 김일성 밑에서 고통당하고 인간의 존엄성이 무너져가는 것보다는 복음을 반대하지 않는 전두환 정권이 괜찮다.' 이것이 보수 계열의 생각이었습니다.

이에 비해 진보 계열의 그리스도인들은 '아니다, 우리가 당하는 인권유린은 없어져야 하고, 안 되면 쟁취해서라도 얻어야 한다'고 믿었습니다. 그래서 진보 계열에서는 민주화를 주장하게 되었습니다.

보수주의 한국 교회는 공산화보다는 제한된 자유라도 누릴 수 있는 지금의 독재가 낫고, 이 문제보다 먼저 해야 할 일은 이 민족이 예수 그리스도를 믿는 복음화라고 생각하며 1960년대 후반부터 복음화운동을 시작했습니다. 이 복음화운동은 1980년대 이 땅에 한국 교회의 힘을 보여주는 계기가 되었습니다. 한국 교회는 그 수가 계속 늘어갔습니다. 곳곳에 교회가 세워졌습니다. 그때의 슬로건은 '민족의 가슴마다 피 묻은 예수 그리스도를 심자. 5만 9,000개 마을 마을마다 십자가가 보이도록 하자'는 것이었습니다. 그리고 '모든 빌딩 빌딩마다 기도와 성경 공부가 있는 나라를 만들자'였는데, 이제 5만 9,000개 마을마다 거의 교회가 세워졌고, 도시의 큰 빌딩마다 성경공부와 기도회가 이뤄지고 있습니다. 이 나라 일정 부분에서 보수 계열의 노력이 가시적으로 드러난 부분이 참 많습니다.

보수 계열에서 복음화운동이 한창일 때, 진보 계열에서는 민주화운동에 초점을 맞추어 표현의 자유와 억눌린 자 편들기를 시작했고, 노동자의 인권과 복지 문제 개선에 노력했습니다. 그러다 광주사태를 고비로 생각이 바뀌어집니다. 인권 문제, 자유의 확대가 유보되는 가장 큰 이유는 통일이 되지 않았기 때문이라고 생각한 진보 계열은 통일 문제에 관심을 갖기 시작했습니다. 1986년, 스위스 글리온에서 WCC(세계교회협의회)의 이름 아래 남북 그리스도인들이 처음으로 만났습니다. 그리고 1988년, '88통일백서'를 발표하고, 그 후 1990년까지 세 번의 만남을 갖고, 1989년 3월에 문익환 목사가 방북한 후 임수경의 방북이 이어졌습니다.

이들이 통일 문제에 앞장설 때, 당시 한국기독교교회협의회(KNCC) 대표였던 권호경 목사님이 1992년에 평양을 방문해 김일성 주석궁에 초대받았습니다. 조선그리스도교연맹의 고기준 서기장, 강영섭 위원장이 참석한 가운데 우선 기독교인들끼리라도 만나자는 의견이 모아졌고, 남북나눔모임(북에서는 북남나눔모임)을 시작하게 되었습니다. 누가 누구를 돕고, 주고받는다고 하는 것이 곤란해서 '남북나눔모임, 북남나눔모임'으로 말을 바꾸어 시작했습니다.

그런데 이분들은 남쪽으로 돌아와서 힘의 한계를 느끼게 됩니다. 왜냐하면 진보 계열은 우선 교회 숫자가 적었고, 그 모임을 경제적으로나 수적으로 감당할 수 있는 능력이 없었습니다. 복음화로 많은 성과를 올린 복음주의자들 가운데, '성서 한국' 다음 목표인 '통일 한국'에 관심을 기울이는 열린 보수주의자들과 동일한 목표인 통일 문제를 같이 의논코자 처음으로 보수 계열의 목사들과 함께 만날 것을 제안합니다.

1992년 말부터 열려있는 보수와 열려있는 진보가 처음으로 만났는데, 복음주의 계통의 손봉호 교수님, 이만열 교수님, 신성종 목사님, 김상복 목사님, 김명혁 목사님을 중심으로 해서 참신한 목회자들과 학자들이 같이 기도회를 시작했습니다. 그리고 1993년 4월에 보수와 진보가 어울려서 구체적으로 북을 돕자는 '남북나눔운동'을 만들었고, 어쩌다 보니 제가 제1대 사무총장으로 한국 교회의 지명을 받았습니다. 그 일을 1년만 하기로 작정한 것이 10년이 되어 이번에 남북나눔운동 10주년 기념행사를 우리 하나님 앞에서 아름답게 치를 수가 있었습니다.

인권 문제와 복음운동을 주장하며 둘로 나눠졌던 기독교 양대 세력이 통일 문제 앞에서 최초로 한 목소리를 냈고, 한 기도를 하게 되었습니다. 지난 4월 28일에 코리아나 호텔에서 80여 분과 함께 남북나눔운동 10주년 감사예배를 드리며 제가 얼마나 기뻤는지 모릅니다.

우리가 이 일을 시작할 때 제일 처음 축사해주신 분이 한완상 전 통일부 장관이었고, 기조 발제해주신 분이 임동원 전 국정원장이었습니다. 이번 10주년 모임에서 제가 앉은 테이블에 한완상 전 통일부 장관, 임동원 전 국정원장 그리고 윤영관 외교통상부 장관이 함께 앉았습니다. 김영삼 대통령 때 통일 설계를 했던 한완상 전 통일부 장관, 그 후 햇볕정책의 수행자였던 임동원 전 국정원장, 각각 5년씩 일해오신 분들과 앞으로 5년간 일하실 윤영관 장관과 함께 식사하면서 많은 얘기를 나눴습니다.

그 자리에서 한완상 전 통일부 장관이 먼저 이렇게 말했습니다. 자신이 통일부총리가 되어 김영삼 대통령과 독대한 자리에서 이렇게 얘기했답니다.

"대통령 각하, 각하도 저도 장로입니다. 그러니 통일 문제만은 성경적인 방법으로 합시다."

"성경적인 방법이 뭡니까?"

"그거야 예수 사랑이지요!"

김영삼 대통령께서 그렇게 하자고 말했습니다. 그래서 어떻게 북을 품을 것인가를 생각하다가 북측이 원하는 이인모 노인까지 보내주는 바람에 이분이 중간에 낙마했습니다. 그렇게 왔다 갔다 했지만, 그분이 설계했던 통일 문제의 기초 위에 5년이 지나갔습니다. '예수 사랑으로' 그것이 통일부 장관이 통일이라는 징검다리에 첫 번째로 놓은 초석이었습니다.

두 번째, 임동원 전 국정원장은 모임에 참석은 하겠지만 일체의 발언은 하지 않겠다고 했었습니다. 그런데 사회자가 처음 발제하신 분이니 그냥 말한 마디라도 하셨으면 좋겠다고 하자 다음과 같은 얘기를 했습니다.

"저는 지난 5년 동안 로마서 12장의 말씀을 한 번도 잊어본 적이 없습니다. 매일매일은 아니었지만 저는 그 말씀을 늘 생각하며 일을 진행해왔습니다."

임 전 국정원장은 오늘 우리가 읽은 성경 본문을 말했습니다. 그때 제가 생각했습니다. '한국의 통일운동은 진리이신 하나님 말씀 위에서 시작되었구나! 그냥 그냥 되어지는 것만 같았고 정치적인 책략으로 이 일이 되는 줄 알았는데, 실제는 그 내면에 그 일을 담당하시는 분들이 하나님 말씀에 기초한 통일운동을 이끌고 왔었구나.' 저는 그 사실에 얼마나 많이 감동했는지 모릅니다. 앞으로 5년은 윤영관 장관의 세월인데, 하나님께서 그때도 그들과 함께하실 줄 믿습니다.

한 가지 감사한 일은 남북나눔운동 안에 20여 명의 통일을 생각하는 좋은 학자 분들(연구위원)이 모여서 매달 의논하고, 세미나를 열고 세계에서 통일된 국가들을 찾아 연구해서 보고하는 것입니다. 임동원 전 국정원장이나 한완상 전 통일부 장관이 홀로 일했다면, 윤영관 장관에게는 그를 뒷받침해서 통일정책을 펴나갈 이들이 있기 때문에 과거보다 훨씬 객관적인 통일 문제를 펼칠 수 있게 되었다는 것입니다. 연구위원들은 좋은 그리스도인이며 기도하는 사람들입니다. 이것이 얼마나 큰 위안인지 모릅니다.

오늘 이 시간에 우리는 현 상황 앞에서 그리스도인들이 어떻게 통일 문제를 대해야 할까 생각해보겠습니다. 효순이 미선이의 죽음 앞에 애도의 촛불들이 켜지기 시작했습니다. 그런데 거기에 반미의 색을 덧칠해 놓았습니다. 그러더니 보수 기독교와 보수주의자들은 북한 타도를 외치는 거대한 군중집회를 열었습니다. 이때 우리 그리스도인들은 어떤 자세로 나가야 합니까? 하나님 말씀 앞에 우리가 서야 합니다.

주께서는 로마서 12장에서 말씀하고 있습니다. 이 말씀은 임동원 전 국정원장이 통일 문제 앞에 5년 동안 붙잡았던 말씀이기도 합니다. 오늘 어떤 말씀을 증거할까 생각하다 이 말씀이 우리 그리스도인들에게 가장 좋은 최상의 답이라고 생각했습니다. 왜냐하면, 로마서 12장은 구원받은 성도들이 세상을 어떤 태도로 살아야 하는가를 말하고 있기 때문입니다.

12장 1절은 산 제사로 하나님께 드리는 생애가 되라고 말합니다. 2절은 하나님의 뜻이 무엇인지 분별하는 삶에 대해, 우리가 하나님 앞에 산 제사 드리는 삶의 모습을 말했습니다. 3절부터는 우리와 함께 있는 사람과 그리고 우리가 도울 사람에 대해서 어떤 태도를 갖는 것이 하나님의 뜻인지, 그리고 14절부터는 우리에게 적대감을 가지고 있는 사람들에게 어떻게 하는 것이 하나님의 선하신 뜻인지를 가르쳐주고 있습니다.

본문 18절부터는 우리 그리스도인들이 당장 무엇을 할 수 있는지에 대해 이렇게 말하고 있습니다. "할 수 있거든 너희로서는 모든 사람으로 더불어 평화하라."(로마서 12장 18절) 공동번역에서는 "여러분의 힘으로 되는 일이라면 모든 사람과 평화롭게 지내십시오"라고 했습니다. 우리가 할 수 있는 일이라면 말입니다. 또 표준새번역은 "여러분 쪽에서 할 수 있는 대로 모든 사람과 더불어 화평하게 지내십시오"라고 했습니다. 그리고 우리가 읽는 성경에서는 "할 수 있거든"입니다. 물론, 할 수 없을 때가 있을 수 있습니다. 서해교전은 할 수 있는 범위를 넘어선 사건이었습니다. 그 상황에서는 상황대로 대처해야 합니다.

성경은 우리에게 주어진 환경에 최선을 다해서 평화를 만들려는 노력을 해야 한다고 말합니다. 성경은 평화를 지키라고 말하지 않고 있습니다. 평화를 만들라고 하고 있습니다. '피스(peace)'를 '키핑(keeping)'하라고 말하지 않고 '피스'를 '메이크(make)'하라고 말합니다. 만들어 나가야 합니다. 성경은 그냥 평화를 견뎌내는 것이 아니라 진정한 평화로 이끌도록 노력하라고 말하고 있습니다. 사랑하는 성도 여러분, 싸워야 할 때는 싸워야 할 것입니다. 그러나 지금 우리 그리스도인들은 평화를 만드는 일에 최선을 다해야 합니다. 이것이 하나님의 선하시고, 기뻐하시고, 온전하신 첫 번째 뜻입니다.

두 번째로는 하나님의 진노하심에 맡겨야 합니다. "내 사랑하는 자들아 너희가 친히 원수를 갚지 말고 진노하심에 맡기라 기록되었으되 원수 갚는 것이 내게 있으니 내가 갚으리라고 주께서 말씀하시니라."(로마서 12장 19절)

6.25를 생각하면 빼앗긴 것이 많아서 이가 갈립니다. 전쟁의 무수한 고통을 우리가 당했습니다. 그런데 우리에게 그 원수를 갚으라고 말하지 않습니다. 하나님은 말씀하십니다. "원수 갚는 것은 내 주권이다. 네가 원수 갚는 것은 주권침해다." 하나님은 심판자이십니다.

제가 지금 말하려는 것이 이 말씀에 어느 정도 해당될지는 잘 모르겠습니다. 연변 과기대를 설립하기 위해 연변에 자주 들락거릴 때의 일입니다. 북한에서 나온 사람들이 신기해서 제가 한 번 만나자고 해서 호텔에서 만났습니다. 그때 제 방에 바나나 두 송이가 있었습니다. 1980년대 후반이라 그쪽에서 먹을 것이 별로 많지 않을 때였습니다. 그런데 이분이 바나나를 처음 먹어본다고 하며 한 개를 먹었습니다. 한 개를 먹더니 "한 개 더 먹어도 되겠습니까?"라고 해서 잡수시라고 했더니 그 큰 두 송이의 바나나를 다 먹었습니다. 참 많은 양이었습니다. 그런데 그분이 이렇게 얘기했습니다. "여기 와보니까 우리만 저주받은 것 같습니다. 저는 사람들이 이렇게 잘

사는 줄 몰랐습니다. 연길에 나와서 알았습니다. 그리고 여기서 남조선 소식을 들어보니 연길 사람들이 거기는 천국 같다고 그러데요. 그러면 그 가운데 있는 우리만 저주받은 거네요."

그러고 보니 제가 북한에 관심을 가진 10년 동안 풍년이 들었다는 소식을 한 번도 듣지 못했습니다. 매년 물난리 아니면 한파로 온 땅이 황폐해졌다는 소식만 거듭 반복되고 있습니다. 여러분, 원수 갚는 일은 그리스도인들이 할 일이 아닙니다.

부커 워싱턴(Booker T. Washington)이라는 흑인 지도자가 있습니다. 그는 미국 사람들이 가장 존경하는 몇 사람 중의 하나입니다. 그는 백인들의 멸시와 위험 속에 살면서 이런 말을 했습니다. "나는 아무 사람이라도 내가 그 사람을 증오함으로 내 자신을 천하게 만들지 아니해야 할 그리스도인이라고 생각합니다." 누군가 나를 미워하고, 내가 그 사람을 미워하면 똑같아진다는 뜻입니다. 그러면 미워한 그 사람만 잘 되었겠습니까? 미워하고 악의를 가진 못된 사람만 승리하고 성공했겠습니까? 하나님께서 말씀하십니다. "원수 갚는 것은 내 것이다. 내 권한이다. 내 권한을 침해하지 말아라."

북을 증오하고 그들에 의해 입은 손해를 생각할 수 있습니다. 그러나 우리는 원수 갚는 일은 할 수 없습니다. 그리스도인이 할 수 있는 일은 언제나 방어적입니다. 공격적이면 안 됩니다. 전쟁도 할 수 있지만 방어적으로 해야 합니다. 6.25 때에도 우리가 먼저 공격하는 일은 없었습니다. 이라크를 침입하는 미국을 보면서 가슴 아파했던 이유는 청교도 정신에 입각한 미국이 성경의 원리를 저버리고 전쟁을 일으켰기 때문입니다.

원수 갚는 일은 우리 하나님께 있습니다. 하나님이 맨 마지막 재판장이신 것을 믿습니다. 이것이 우리의 신앙고백입니다. 하나님은 최후의 심판자이십니다. 그러므로 이 땅에서 억울한 일을 당하고 손해를 봐도 하나님은 아십니다. 그리고 하나님은 그 사람의 생애 전체를 놓고 심판하실 것입니다. 하나님의 재판정에서 그 사람이 당했던 손해의 눈물과 그 고통의 아픔을 하나님은 낱낱이 기억하시고 축복하실 것입니다. 우리는 이 사실을 믿습니다. 이 말씀 앞에 '성경은 그렇지만…'이라고 꼬리를 달면 안 됩니다. 성경이 그러면 '아멘' 하십시오. '성경은 그렇지만…'이라고 말하는 사람은 하나님의 사람이 아닙니다.

세 번째로 우리가 구체적으로 해야 할 일이 있습니다. "네 원수가 주리거든 먹이고 목마르거든 마시우라. 그리함으로 네가 숯불을 그 머리에 쌓아 놓으리라."(로마서 12장 20절) "원수가 주리거든 먹이고 목마르거든 마시우라." 우리에게 주신 명령입니다.

처음에 남북나눔운동 일을 맡아 할 때에 도대체 어떻게 일해야 할 줄을 몰랐습니다. 제가 가장 쉽게, 함께 일할 수 있는 단체가 연변에 있는 교회입니다. 그때는 성경공부를 가르쳤고, 또 재정적으로 뒷받침해주며 여러 가지 일로 관계를 가졌기 때문입니다. 돈을 모금해서 북한과 접경한 지역의 교회들에 배낭처럼 지고 갈 수 있도록 20킬로그램짜리 쌀푸대를 만들었습니다. 그래서 조선족이건 북한 사람이건 나왔다가 들어갈 때에 '누구든지 질 만큼 지고 가라'고 했습니다.

그 일을 일 년쯤 하니 평안북도의 책임자가 저를 만나서 "아 홍 목사 선생, 그렇게 조금씩 주지 말고, 직접 우리에게 주라우"라고 했습니다. 그래서 당신들이 받지 않으려고 하는데 어떻게 줄 수 있겠느냐고 했더니 주는데 왜 안 받아가겠느냐고 해서 주면 받겠다는 약속을 받아 냈습니다. 그 후 통일원에 들어가 당시 장관님에게 북에서 쌀을 달라고 하는데 주면 안 되느냐고 물었습니다. 그러니 그 사람들이 자존심이 강해서 절대 받지 않을 거라고 했습니다. 제가 "주면 어떻게 하겠습니까?" 물었더니, "그러면 우리는 모르는 거지"라고 대답했습니다.

북한의 기아상태는 사회주의 기아의 전형입니다. 자본주의 기아와 사회주의 기아는 그 모습이 다릅니다. 자본주의에서는 있는 사람은 있고 없는 사람은 없습니다. 창고의 용량이 다 다릅니다. 그래서 처음에는 가난한 사람들이 죽는 것이 보이고, 악쓰는 소리가 납니다. 그런데 사회주의는 그 중앙 창고가 완전히 빌 때까지는 모두 먹지만, 어느 날 창고가 완전히 비면 전체가 다 같이 배를 곯아야 합니다. 그 때문에 중국의 대약진 운동 때 2,000만 명이 죽었다고 했습니다. 그러나 외국에서는 6,000만 명이 대약진 운동의 결과로 굶어 죽었다고 말합니다.

그런데 중국의 보고서에는 중앙창고에 쌀이 엄청나게 남아 있었습니다. 모두 거짓으로 보고해 대니까 엄청나게 남은 줄 알고 모두 나눠주라고 했고, 그 결과 엄청난 중국 인구가 일 년에 두 달을 제외한 10개월을 굶고 지냈습니다. 그래서 6,000만 명이 굶어 죽었습니다. 이것이 사회주의 기근입니다.

그 기근이 북한에 닥쳤습니다. 그래서 국가에서 정식으로 허락하지 않았지만 쌀을 주기로 결정했습니다. 10톤 트럭으로 10대, 20대, 30대, 50대 이렇게 쌀을 만주에서 실어 북한으로 보내는 일을 12번 했습니다. 12번 보낸 다음 남북 적십자회담이 성사되었고, 1997년부터 우리가 정식으로 쌀을 보낼 수가 있었습니다.

앞으로도 이 일은 계속되어야 합니다. 조금 전에 북한 아이들의 영양상태에 관해 의사들이 쓴 보고서를 읽어보았습니다. 열두 살 된 아이가 여섯 살만큼도 채 자라지 못했습니다. 문제는 몸만 자라지 않은 것이 아니라, 그 아이의 뇌도 자라지 않는다는 것입니다. 저희가 연세대 소아정신과 교수님을 모시고 북한의 아이들이 있는 곳에 가서 몇 가지 지능검사를 해보았습니다. 잘못하면 한 세대의 아이들 모두 정신지체로 자랄 수 있습니다. 우리가 220명의 자폐를 가진 아이들을 섬기기 위해서 이렇게 엄청난 투자를 하는데, 우리의 핏줄인 북의 아이들 한 세대가 그렇게 자란다면 우리 세대야 지나가지만 이를 감당해야 하는 것은 우리의 아이들입니다. 이 재앙은 막아야 합니다.

그간 공식적으로 북에 보낸 기록을 보면 남북나눔운동에서 올해까지 500억 원어치 이상의 물품들을 보냈습니다. 저희들이 가장 주안점을 두고 보낸 것이 우유, 이유식 등 아이들의 성장에 필요한 용품이고, 다음으로 농업기구, 생필품 등입니다. 계속해서 보내주고 있습니다.

"주리거든 먹이고 목마르거든 마시우라." 주께서 말씀하십니다. 주께서는 첫 번째로 할 수 있으면 평화를 만들어가라고 하셨습니다. 둘째, 하나님의 진노하심에 그들의 악을 맡기라고 하셨고, 세 번째로 원수가 주리거든 먹이고 목마르거든 마시우라고 하셨습니다. 그러면 그 머리에 숯불을 쌓아 놓는 거라고 하셨습니다.

북한 동포들 중에는 저를 전술 전략으로만 대하는 사람이 있다는 것을 제가 잘 압니다. 그곳에서는 인간의 정이 순수하게 통하는 경험을 하기는 참 어렵습니다. 그래도 주께서 제게 말씀하십니다. "너는 계속 그 자세를 유지해라." 마지막으로 주께서 말씀하셨습니다. "악에게 지지 말고 선으로 악을 이기라."

여러분, 예수 믿는 사람은 이것저것 하지 않는 사람이 아닙니다. 술 마시지 않고 담배 피우지 않는 것으로 끝나는 것이 그리스도인의 모습은 아닙니다. 대개 나는 술도 담배도 안 하고 죄도 안 지었다고 하며 그것이 좋은 그리스도인인 줄 압니다. 그러나 그렇지 않습니다.

그리스도인에게 더 적극성이 요구됩니다. 원수를 미워하지 않는 것으로만 끝나면 안 됩니다. 원수를 사랑해야 합니다. 악에게 지지 않는 것으로 끝나면 안 됩니다. 선으로서 악을 이겨야 합니다. 우리는 믿습니다. 하나님께서 선이심을 믿습니다. 그런고로 우리가 선을 붙잡고 가면 선하신 하나님 때문에 이 선은 악을 이길 줄로 믿습니다. 이것이 우리의 신앙고백입니다. 우리가 이 자세를 견지하고 나갈 때에 선하신 하나님은 우리 편이십니다. 선하신 하나님께서 그의 지혜로 이 민족의 역사를 최선의 길로 인도해 주실 줄로 믿습니다. 하나님은 재판장이십니다. "원수가 주리거든 먹이고 목마르거든 마시우라." 그들의 마음을 하나님께 맡기십시다. 그러면 달라지는 것을 봅니다. 선이신 하나님을 붙잡고 그 선으로 악을 이겨야 합니다.

올해는 6.25전쟁이 발발한 지 53년이 되는 해입니다. 전쟁의 위기가 어느 때보다 우리 곁에 가까이 있는 이때, 이 귀한 진리를 붙잡고 나아가면 선이신 하나님, 마지막 판결자 되신 하나님, 그 하나님은 이 민족에게 가장 복된 통일을 선물로 주실 줄로 믿습니다. 이 은혜가 이 민족에게 넘치기를 우리는 기도해야 할 것입니다.

http://www.newsnjoy.or.kr/news/articleView.html?idxno=5458. July 2, 2003. (Accessed March 1, 2016).

D
저자의 설교 전문

갈릴리의 부활

(마태복음 28장 1-10절), 2016년 3월 27일, 부활주일

예수님은 부활하셨습니다. (교우들은 "진실로 부활하셨습니다"라고 화답한다.)

2016년 부활주일 설교 말씀입니다. 전에 말씀드린 적이 있습니다만 절기 설교를 준비할 때는 좀 부담이 됐었습니다. 절기 설교에 대한 고민과 걱정이 있었습니다. 그 이유는 간단합니다. 절기에는 절기가 가리키는 것 말고는 딱히 할 말이 없었습니다. 가령 성탄절의 기쁨을 온 세상이 다 즐기는데, 관련 성서 중에 마리아의 찬가를 설교한다고 합시다. 그러나 마리아의 기도는 내용에 있어서 매우 위험한 정치적 발언이라는 뜻을 설명하다 보면 마치 성탄절 분위기를 깨는 것 같습니다. 그러니 예수님이 인간의 몸을 입고 탄생하셨다는 기적의 이야기 말고 다른 무엇을 말하겠습니까?

부활절도 마찬가지입니다. "예수님은 부활하셨습니다. 부활을 믿으세요"

라는 것 말고는 딱히 드릴 얘기가 없는 것 같았습니다. 그래서인지 대부분의 절기 설교는 들어보면 다 비슷하다는 느낌을 가질 수밖에 없습니다. 이처럼 절기 때마다 설교에 대한 고민이 깊었습니다.

지난 주간에 지금까지 제가 전한 부활주일 설교 8편을 다 읽어보았습니다. 다른 한 번은 외부 강사가 했었습니다. 부활에 대한 설교가 제가 보기엔 조금씩 발전한 것을 알 수 있었습니다.

개괄적으로 살펴보면 "예수는 부활하셨다"에 대한 강조에서, 부활의 의미 쪽으로 서서히 옮겨 갔습니다. 이를 다른 말로 하면, 가끔 말씀드린 대로 저의 설교가 전체적으로 '신앙의 그리스도'의 관점에서 '역사의 예수'의 관점으로 변화했습니다. 여기서 신앙의 그리스도라는 말과 역사의 예수라는 말의 개념을 잘 이해할 필요가 있습니다.

신약성서는 아시는 대로 마태복음부터 마가, 누가, 요한, 사도행전의 순서로 씌어진 것이 아닙니다. 오히려 데살로니가 전/후, 고린도 전/후, 로마서 등 바울 서신이 먼저이고, 다음에 마가, 마태, 누가 그리고 한참 후에 요한복음이 쓰여졌습니다(Marcus Borg, Huffington post, http://www.huffington-post.com/marcus-borg/a-chronological-new-testament_b_1823018.html August 31, 2012).

지금도 가톨릭에서는 마찬가지인데, 많은 분들에게 마태복음이 가장 인기가 많고 중요하다고 생각합니다. 그러나 약 200년 전부터 시작된 성서에 대한 과학적, 학문적, 비평적 접근은 성서연구에 대단한 업적을 남겼습니다. 성서연구의 발전으로 사도 바울의 서신이 먼저 쓰여졌고, 복음서 중 가장 먼저 쓰여진 마가복음도 예수님의 어록으로 불리는 (Q) 자료와 바울의 서신들을 참고했다는 것을 알게 되었습니다. 이후 지금까지 마가복음의 연구는 훨씬 증가되었고 이제는 거의 원복음서라는 얘기를 할 정도로 사랑받고 있습니다. 이런 이유로 우리 교회도 몇 년 전에 김규항의 『예수전』을 함께 읽은 바 있습니다.

이러한 연구들을 바탕으로 해서 알게 된 중요한 것은 바로 신약성서는 기본적으로 "예수는 그리스도이다"라는 것을 믿고, 증명하고, 전달하려고 쓴 것이라는 것입니다. 즉 신앙에서 가장 중요한 것은 '예수가 그리스도임'을 믿게 하는 것이었습니다. 정치적·군사적 그리스도가 아니라 이사야서 53장에 나와 있는 고난받는 그리스도/메시아로서 우리의 죄를 대속했다는 것을 알리고, 이를 받아들이면 구원을 받는다는 것을 주장하는 듯합니다.

이렇게 주장하며 교회에서는 여기에 걸맞은 교리도 개발하고 설교하고 가르쳤습니다. 예수를 신앙의 그리스도라 믿으면 죽은 후의 구원에 대한 확신도 있고, 전도해서 교회를 팽창시키고, 십자군전쟁까지 치러가면서 전 세계를 그리스도의 나라로 만드는 것이 중요했습니다.

그런데 조금 전에 말씀드린 대로 약 200년 전후로 성서연구가 활발하게 발전했습니다. 예수님에 대한 공부가 깊어지면서 '예수는 그리스도이다' 이외에 예수는 무슨 생각을 가지고 무엇을 위해 죽기까지 살았는가를 알려는 소위 '역사의 예수 연구'가 시작되었습니다.

신약성서에는 그의 유년시절 이야기는 거의 전무하고 출생과 성장과정, 믿음생활, 가정생활, 교육 정도 등 잘 모르는 것이 너무 많았습니다. 그래서 신약성서를 자세히 읽기 시작했습니다. 문자적으로만 읽지 않고 은유와 비유적으로, 상징적으로, 신화적으로 그리고 고백적으로 읽어보니 성서가 새롭게 이해되었습니다.

신앙의 그리스도를 믿고 따르던 관점에서는 예수의 부활은 거의 모두가 육체의 부활로 믿어야만 구원을 받는다고 가르쳤습니다. 우리들 거의 대부분이 세례를 받을 때 그렇게 인정하고 혹은 그렇게 믿는다고 하고 교인이 되었습니다. 지금도 거의 대부분의 교인들은 안 믿어지지만 '그렇다고 치고' 살아갈 뿐 부활의 의미를 깊이 이해하려 들지 않습니다. 얘기했다간 괜히 믿음 없는 사람 취급받을까 봐 이런 주제의 대화 자체를 싫어합니다. 그러다 보니 많은 사람들이 기독교는 더 이상 이성적으로 믿을 수 없다면서 교회를 떠납니다.

그러나 성서를 자세히 들여다보면, 네 복음서에 나오는 부활 이야기가 같은 복음서 안에서 상호 상충되기도 하고 혼란스럽습니다. 복음서들은 하나같이 예수의 고난에 대해선 길게 설명을 하지만 부활에 대해서 훨씬 짧게 쓰고 있습니다. 오늘 읽은 마태복음 28장 1-10절도 네 복음서에 다 나오는 이야기입니다. 그러나 조금씩 그 설명이 다릅니다.

우선 먼저 쓰여진 마가복음(16장 1-8절)은 그 내용이 아주 간단합니다. 세 여인이 새벽에 향유를 발라드리려고 무덤에 갔는데 천사와 같은 젊은 남자가 "그는 살아나셨소" 하며 빈 무덤을 확인시켜줍니다. 그리고 "갈릴리로 가서 그를 만나라'라고 합니다.

그런데 마태복음은 여기를 약간 각색했습니다. 셋이 아닌 두 여인이 등장하고, 지진과 천사 얘기가 자세히 나옵니다. 그리고 "그는 살아나셨다"며 빈 무덤을 확인시키고 "갈릴리로 가서 만나라'라고 합니다. 그런데 9-10절에는 예수를 마주친 여자들이 "그의 발을 붙잡고, 절을 합니다" 하며 첨가가 되어 있습니다. 확실히 육체적 부활을 전하는 듯싶습니다. 누가복음(24장 1-12절)은 여자들이 가 보니 이미 빈 무덤이고, 천사 같은 두 남자를 만납니다. 두 남자는 "그는 살아나셨다"고 전해주면서 옛날에 가르쳐준 수난에 대해 기억해 보라고 합니다. 그리고 베드로도 뛰어가 봤다고 나옵니다. 요한복음(20장 1-10절)에는 막달라 마리아만 등장하고 곧이어 베드로와 요한도 왔다고 합니다. 요한은 믿었지만 아직 깨닫지는 못했습니다. 그러나 갈릴리 얘기는 빠졌습니다.

이미 말씀드린 대로 전통적인 교리에서 주장하는 부활은 육체의 부활에 더 치중하는 듯합니다. 예수님의 발을 만졌고, 또한 그가 생선을 드셨다니(누가복음 24장 43절) 그럴 만도 합니다. 반면에 엠마오로 가는 제자들에게 갑자기 나타났다 사라졌다(누가복음 24장 31절)거나, 제자들이 무서워서 문을 다 닫아 걸었는데도 가운데에 나타났다(마태복음 20장 19절)는 것은 영적인 부활을 주장하기에 알맞아 보입니다. 그러므로 육체의 부활과 영적인 부활 사이에서 어느 지점을 수용하는 것도 일리가 있어 보입니다.

그런데 오늘 예배 서두에 교독문으로 읽은 고린도전서 15장 3-8절에 보면, 바울에게 보이신 그리스도를 이야기하고 있습니다. 사도행전(9장 3-7절)을 통해 우리가 아는 것은 바울이 하늘에 나타난 예수의 음성을 들은 것인데, 자기가 만난 예수님의 나타나심을 제자들이 경험한 예수의 나타나심과 동일시하고 있습니다. 그렇다면 오히려 영적인 부활의 가능성이 더 우세합니다.

좀 전에 사도 바울의 서신인 고린도전서가 마가복음보다 먼저 쓰여졌다고 했습니다. 그리고 복음서 중에 먼저 쓰여진 마가복음도 영의 부활을 더 설명하는 듯합니다. 그러나 마태, 누가, 요한으로 가면서 점점 부활 사건의 내용이 육체의 부활 쪽으로 변해가고 있습니다. 그러므로 신앙의 그리스도를 주장하기 시작하던 초대교회는 점점 육체의 부활을 강조하게 되었다고 보입니다. 그러나 약 200년 전부터 시작하는 역사의 예수 연구 측에서는 영의 부활 쪽을 좀 더 수용하게 되었습니다.

그런데 지금까지 둘러본 네 복음서에 나오는 부활의 이야기엔 '부활'이라는 단어가 없습니다. 물론 예수의 생애 중에 있었던 부활 논쟁의 기사가 네 복음서에 나옵니다. 소위 죽은 형을 대신해서 형수를 취해야 한다는 형사취수(兄死取嫂)법이 마가복음 12장 18-27절, 마태복음 22장 23-33절, 누가복음 20장 27-40절에 나옵니다. 아시는 대로 '형제 7명이 있는데, 큰형이 죽고 대를 잇기 위해 율법대로 다음 동생이 형수를 취했는데 또 죽고, 또 취하고 하다가 나중에 모두 부활하면 누구의 아내가 됩니까?' 하는 질문입니다.

당시의 사두개파는 부활을 인정한다고 되어 있습니다. 그런데 사도행전 23장 8절에 보면 바울이 아는 당시의 부활관을 잘 보여줍니다.

"사두개파 사람은 부활도 천사도 영도 없다고 하는데, 바리새파 사람은 그것을 다 인정하기 때문이다"라는 것입니다. 부활에 대한 개념은 사실 히브리 성서에는 없는 것으로 주전 200년경에 조로아스터교를 통해 헬라문화권에 퍼진 사상입니다(김근수, 『에큐메니안 뉴스』, 2016. 3. 24).

예수님 때에도 그렇고, 죽은 다음에 관련된다고 생각하는 부활 개념이 당시에는 꽤 생소한 것이었습니다. 요즈음 제가 창세기 설교에서 땅의 일에 대한 중요성을 여러 번 강조했습니다. 성서는 하나님의 뜻으로 이 세상에서 어떻게 살아야 할까를 강조할 뿐 죽은 다음에 무슨 일이 일어날 것인가에 대한 세세한 설명을 하지 않습니다.

마태복음 본문 28장 1-10절을 좀 더 살펴보겠습니다.

마리아라는 동명이인의 여인들이 이른 아침에 무덤에 갑니다. 2절에 '큰 지진'이 일어났다고 하는 것을 보니 하늘에서부터 지상으로 무슨 일이 연관되어 일어나고 있습니다(신약에 6번 사용). 경천동지할 사건이 일어난 것입니다. 천사도 내려왔습니다. 하나님이 천사를 동원해 무엇인가를 하고 계십니다. 3절엔 "천사의 모습은 번개와 같았고, 그의 옷은 눈과 같이 희었다"라고 합니다. 대단한 어떤 일이 벌어지는 광경입니다. '우르릉 쾅쾅' 하니 모두가 숨죽이고 죽었더라 하는 것 같습니다. 4절에서는 무덤을 "지키던 사람들은 천사를 보고 두려워 떨었고, 죽은 사람처럼 되었다"라고 합니다. 그러나 아무도 죽지 않았고 죽이지도 않았습니다.

이러한 기이한 경천동지의 순간에 두려워하지 않을 위인이 어디 있겠습니까? 천사를 만나면 보통 두려워 떱니다. 천사가 나타나 좋은 소식을 전할 때에도 두렵거나 몹시 두렵거나 한다고 성서는 자주 기록하고 있습니다. "두려워하지 말아라" 하며 우선 안심을 시킵니다.

"너희가 예수를 찾는 것을 아는데 그는 여기 없다." 그리고 "그가 말씀하신 대로, 그는 살아나셨다." 그가 전에 가르쳐준 대로, 예언하신 대로 되었으니 확인해보라고 합니다. "그리고 빨리 가서 제자들에게 전하라"고 한 다음 먼저 갈릴리로 가시니 거기서 만나라고 합니다. 여인들은 무서움과 기쁨 속에서 급히 떠났습니다.

마태는 마가보다 더 확실한 부활을 전하기 위해서 예수님을 만난 얘기를 추가로 넣고 "발을 붙잡고 절을 했다"고 함으로써 예수를 '예배의 대상'으로 삼았습니다. 마태 공동체의 신앙의 단면을 보여줍니다.

마태복음을 적을 때인 서기 80-90년경에 예수는 이미 신으로 추앙을 받았습니다. 예수가 신으로 받아들여졌다는 얘기입니다. 즉 마태 공동체가 예수를 신으로 섬기기 시작했다는 의미라고 볼 수 있습니다.

마지막으로 갈릴리로 돌아간 예수에 대한 이야기를 하겠습니다. 얼마 전에 말씀드렸던 신화학자인 조셉 캠벨(Joseph Campbell)에 의하면 "영적 모험을 감행한 동서양의 정신적 영웅이 간 길에 대한 여러 영웅담(hero myths)을 종합해보면 거기에는 네 가지의 대목이 있다고 합니다."(오강남, 『예수는 없다』, 245쪽).

첫째는 1) 집을 떠나는 것(leaving home)이고,
둘째는 2) 위험의 고비를 넘기는 것(threshold).
셋째는 3) 궁극적 목적을 성취하는 것(ultimate boon)이고,

넷째는 4) 다시 집으로 돌아가는 것(return)입니다.

이래서 예수도 자신의 고향인 갈릴리로 다시 돌아가는 것 같습니다. 사실 부활까지 했고, 예루살렘이라는 중앙무대까지 경험했으니 이젠 지역구가 아닌 전국구로 뛰어도 될 텐데 다시 시골 촌구석 갈릴리로 돌아갑니다. 부활 후에 다시 가난한 형제에게로 돌아가는 모습이 꽤 인상 깊습니다.

부활절 설교를 준비할 때마다 예전에는 고민스러웠고 힘들었다고 했습니다. 내심 전통적인 부활을 믿으라고 하기가 부담스러웠던 것입니다. 우리 교회에서 지난 10년간 목회하면서 교인 숫자가 줄어들어서 늘 마음에 짐이 되고 힘듭니다. 그럼에도 다행인 것은 열심히 성서연구를 할 수 있었던 시간들입니다. 성서연구를 계속할 수 있었던 것은 하나님의 은혜였습니다. 그런 결과 때문인지 이제 부활 설교를 준비하면서 부활의 뜻을 더 깨달을 때마다 어떻게 부활의 삶을 살까 하는 고민이 생기기 시작했습니다. 부활의 유무보다는 부활의 참뜻을 진지하게 추구하게 됩니다.

이런 예를 하나 들려드리겠습니다. 이번에 한국에 갔다 오면서 감기 몸살로 좀 고생했는데, 그 와중에 어떤 사람을 만나고 왔습니다. 페이스북을 통해 알게 된 사람입니다. 경기도 안성에서 더불어 함께 살자는 뜻의 '더불어의 집'을 운영하고 있는 젊은 목사입니다. 연락해서 하루 저녁을 그곳에서 잤습니다. 그는 어린 시절에 너무 가난하여 고등학교도 검정고시로 해결하고 신학을 했답니다. 그러나 늘 책을 많이 읽었답니다. 방대한 독서열로 인해 몇 년 전부터는 일 년에 책을 한 권씩 쓰고 있습니다. 쉽게 잘 쓰더라구요. 저는 수년 전에 얘기한 『모든 종교는 구라다』라는 책을 사서 읽어보고 그를 알게 되었습니다.

그는 교회 목회를 조금 하다가 '이건 아니다' 싶어서 완전히 교단도 떠나고 변변한 직장도 없이 타지에 와서 마을공동체를 섬기며 전통적인 목회자가 아닌 삶을 살고 있습니다. 가정 예배도 없고 교회도 안 갑니다. 그런데 근방의 문제성 있는 젊은 청년들을 돕고 있습니다. 도와서 신문도 만들고 연극패도 꾸리고 영화도 만들고…. 그들에게 이래라 저래라 하지 않지만 결국은 갈 길을 안내하는 역할을 합니다. 돈을 안 받으니 속 편하고 늘 자유롭습니다. 가난하지만 마음은 천국입니다.

그처럼 교회에서 사례비를 안 받고 살려면 다른 일을 해야 하는데, 그러려면 아무래도 저는 성서 연구를 잘 할 수가 없을 것 같습니다. 지금과 같은 기존의 목회 구조는 점점 줄어들 것이기는 합니다만 저도 은퇴하기 전에 무보수로 성서를 가르치고 나를 필요로 하는 갈릴리를 찾고 싶습니다. 목회자로서 월급을 받는다는 것이 불편하다는 생각을 자주 합니다. 그래서 헌금 설교 못하고 안 합니다.

기존의 전통적인 부활 교리로 사람을 모으고 확장시키는 일은 전혀 의미가 없는 것 같습니다. 그건 성서가 증언하는 부활이 아니기 때문입니다. 그건 오히려 멸망으로 가는 길입니다. 갈릴리는 기득권층이 아닙니다. 못 배우고 가난한 사람들이 많고, 세련되지 못하지만 사람의 정이 있는 곳입니다. 매일 싸움과 고성이 오가지만 사람 사는 냄새가 나는, 인정이 넘치는 곳입니다.

그는 그의 갈릴리를 찾은 것 같습니다. 저도 저의 갈릴리를 찾고 있습니다. 정말 더 의미 있고 남은 생을 모두 투자할 만한 봉사의 삶은 무엇일까를 고민해봅니다. 부활의 삶을 더 멋지게 경험해보고 싶습니다.

예수를 따르던 제자들은 마침내 무엇인가 세상에서 가장 신명나는 일을 찾은 것 같습니다. 저들은 예수의 부활이 죽었던 시체가 다시 소생하는 것이 아니라 억울하고 부당하고 악한 권력에 의해 처참하게 무너진 예수의 삶이 정의로운 삶이었다는 하나님의 선언을 굳게 믿은 것입니다. 정의는 불의를 이긴다, 역사의 승자는 선이다, 선은 반드시 악을 이긴다는 하나님의 말씀을 저들은 확인한 것입니다. 정의와 선을 위해 살다가 보니 죽음이 끝이 아니고, 보기에는 초라하고 미련하게 산 것 같지만 불의에 저항하는 것은 의미가 있고 하나님은 역사의 희생자의 편을 든다고 희망의 끈을 놓지 않았던 사람들입니다(김근수, Ibid).

보통은 갈릴리가 아닌 예루살렘에서 성공하기를 바랍니다. 1970년대 군사독재 정권 때 미국과 캐나다의 선교사들이 월요모임을 만들었답니다. 서로 정보를 교환하고, 해외에 한국의 인권상황을 알리고, 불의한 정권에 희생당한 가족들을 돌본 이야기를 30년이 지나서 책으로 엮어냈습니다. 그 책에서 짐 스텐츨(Jim Stenzel)은 민주화운동을 하던, 즉 갈릴리에 머무르던 그가 만난 "한국 기독교인들은 다른 신학을 가지고 있었다"고 증언합니다. 그들을 '반정부' 인사나 '재야' 인사라고 부르는 것은 부적당하다고 합니다. 그들은 "정부에 대한 복종 대신 조국에 대한 사랑으로 충만했고" 무엇보다 "인생, 신앙, 민족, 변화에 대한 전망과 민주주의의 승리에 대해 항상 놀라울 정도로 긍정적이었다"면서 이들을 애국자라 불러야 한다고 증언했

습니다.[210]

그러나 같은 시대 '예루살렘'에 살던 대학생선교회와 김모 목사는 독재정권과 밀월관계를 맺고 인권운동을 방해했으며, 그 대가로 정권의 도움 속에서 구 러시아 영사관 자리에 회관을 짓고 교세를 확장했습니다. 그의 제자들 역시 승승장구하여 초대형 교회들을 이루었지만, 이는 모두 역사가 심판하고 있습니다.

저는 믿습니다. 인공지능이 발전하는 시대에 살고 있지만, 나누는 것을 외면하는 오늘의 부자들이 얼마나 잘 못 됐는지를 역사는 반드시 판단할 것입니다. 많이 가진 것이 얼마나 창피한지를 후세는 알게 될 것입니다. 후세는 분명히 이들을 악하다고 할 것입니다. 갈릴리와 같은 가난한 자들이 없으면 사실 교회의 존재 이유는 없습니다. 오늘 성공한 자들이, 오늘의 권력자들이 얼마나 악한 일을 이룬 것인지를 후세는 설명해줄 것입니다.

아직도 세월호가 그대로 앉아 있는데, 그 부모들을 오히려 빨갱이로 모는 권력자들을 하나님은 심판하실 것입니다. 용산 참사의 책임자(김석기)가 오히려 대구 국회의원 공천을 받는 이 악한 현실은 결코 오래 가지 못합니다.

부활의 능력은 반드시 작동하게 될 것입니다. 도무지 바뀌지 않을 것 같은 세상이지만 희망의 끈을 놓을 수 없는 것은 그것이 갈릴리에서 작동되었던 부활의 역사이기 때문입니다. 우리는 부활의 증인답게 우리의 갈릴리를 찾아나서야 합니다. 수단과 방법을 무시한 힘의 논리인 승리의 부활이 아닙니다. 아우성치는 벽촌인 갈릴리의 부활의 소리를 찾아봅니다. 아멘.

210) Stentzel, Jim, Henry Em, Linda Jones, Gean Matthews and Louise Morris, 『More than Witness: How a Small Group of Missionaries Aided Korea's Democratic Revolution 시대를 지킨 양심: 한국 민주화와 인권을 위해 나선 월요모임 선교사들의 이야기』, 최명희 역. 서울: 민주화운동기념사업회, 2007, 32~33쪽.

E
사영리 설교와
탈사영리 설교의 비교 표

구 분	사영리 설교 및 사영리 신학	탈사영리 설교 및 역사의 예수 연구
신학유형	근본주의, 복음주의, 은사주의	진보주의, 자유주의
설교유형	전도 및 위로 설교, 기복적 신앙	예언자의 사회 책임 설교, 탈기복적
예배유형	감정 중시, 부흥회식 헌신 강조	지성주의 및 자발적 헌신 추구
성서해석	문자적, 윤리적, 몰역사적 해석	은유적, 통전적, 정치사회적 해석
구원관	개인 구원 및 내세 강조	전인 구원 및 현세와 내세 강조
역사관	탈역사, 몰역사, 탈정황적	역사적, 현실적, 정황적
사회관	사회봉사 및 선행 강조	사회개혁 및 책임 강조
교회관	교회성장주의, 개교회주의	교회개혁주의, 우주적 교회관
이웃종교관	전도하여 구원해야 할 대상	함께 더불어 살아야 할 이웃
인문학적 태도	성서 강조, 간학문(間學問, 2개 이상의 전문 분야에 걸친 학문상의 영역) 간 교류 경시	성서와 간학문간 교류 중시